더 깊이 복음 안으로
더 멀리 세상 속으로

## 더 깊이 복음 안으로
## 더 멀리 세상 속으로

지은이 | 전창근
펴낸이 | 원성삼
펴낸곳 | 예영커뮤니케이션
초판 1쇄 발행 | 2025년 4월 18일
등록일 | 1992년 3월 1일 제2-1349호
주소 | 03128 서울특별시 종로구 대학로3길 29, 313호(연지동, 한국교회100주년기념관)
전화 | (02)766-8931
팩스 | (02)766-8934
이메일 | jeyoung_shadow@naver.com
ISBN 979-11-89887-93-3 (03230)

값 18,000원

 모든 인간은 하나님의 형상을 닮은 존귀한 존재입니다. 사람은 인종, 민족, 피부색, 문화, 언어에 관계없이 모두 다 존귀합니다. 예영커뮤니케이션은 이러한 정신에 근거해 모든 인간이 존귀한 삶을 사는 데 필요한 지식과 문화를 예수 그리스도의 사랑으로 보급함으로써 우리가 속한 사회에 기여하고자 합니다.

# 더 깊이 복음 안으로
# 더 멀리 세상 속으로

사도행전과 함께하는 영적 순례

With Deep Spirituality

Make the World Beautiful

전창근 지음

예영

추천의 글

**김유수 목사 광주월광교회 원로, 월광기독학교 이사장**

　지금 한국 교회는 그 어느 때보다도 풍성한 말씀의 시대를 살고 있습니다. 그러나 홍수 속에 깨끗한 생수를 찾기 어려운 것처럼, 오히려 말씀이 넘치는 시대에 말씀이 소홀히 여겨지는 위기를 맞고 있지는 않은지 돌아보게 됩니다. 이와 같은 때에 저와 함께 월광교회에서 동역했던 전창근 목사님께서 한 해 동안 성실하게 성도들과 함께 나눈 강단의 메시지를 군더더기 없이 정리하여 한 권의 책으로 엮어 냈습니다. 사도행전 1장 8절을 중심으로 '더 깊이 복음 안으로, 더 멀리 세상 속으로'라는 주제를 따라 사도행전 전체를 다루는 이 책은, 저자의 예리한 영적 통찰과 탁월한 해석, 그리고 섬세한 삶의 적용이 조화롭게 녹아 있어, 읽는 이들에게 깊은 감동과 큰 도전을 줍니다. 본서를 통해 많은 분들이 살아 계신 하나님의 역사와 말씀을 더욱 깊이 이해하고, 특별히 성령님의 감동을 경험하며 교회에 대한 바른 이해와 구체적인 삶의 지혜를 얻게 될 것을 확신합니다. 이 책이 또 하나의 설교집이 아닌 꼭 읽어야 할 바로 그 책이 되기를 간절히 바랍니다.

**박영호 목사 포항제일교회 위임, 미래목회와 말씀연구원 원장**

2024년은 한국의 수백 교회가 매 주일 같은 사도행전 본문으로 설교했던 뜻깊은 해였다. 탁월한 필진들이 묵상을 집필하며 섬겨 주셨다. 나는 매주 본문 주해를 썼다. 그러한 다양한 묵상과 정보들이 하나의 설교 안에 이렇게 조화롭게, 또 이렇게 독창적으로 담길 수 있다는 점이 놀랍다. 깊이 연구하고 쉽게 풀어낸 책이다. 치열하게 씨름한 결과를 친절하게 알려주는 책이다. 좋은 설교는 듣는 이들에게 하나님을 바라보게 한다. 이 책을 읽으면서 자주 멈추어 기도하게 되고, 하나님을 찬양하게 되었다. 사도행전은 역동적인 역사이지만, 설교자에게는 부담스러운 책이기도 하다. 오늘 우리의 삶이 위축되어 있기 때문이다. 이 책은 본문 이면으로 들어가 그 시대의 고뇌와 한계를 직시한다. 복잡다단한 역사적 상황 가운데서 연약한 사람들을 통해서 하신 하나님의 일에 집중하게 한다. 독자들은 사도행전의 역동적인 역사가 지나가 버린 과거의 일이 아닌, 살아 계신 하나님이 오늘도 펼치기 원하시는 일임을 확신하고, 소망과 사명감으로 무장하게 될 것이다.

한국일 교수 장로회신학대학교 은퇴, 선교학

문호교회 협동목사로서 주일예배 때 전창근 목사님의 설교를 들으며, 그 충실한 설교 원고가 책으로 엮이면 참 좋겠다고 생각해 왔습니다. 그런 가운데, 사도행전을 중심으로 한 설교집이 출판된 것을 진심으로 축하드립니다. 한 주간 세상에서 온갖 복잡한 삶을 살아가는 성도들에게 주일예배는 말씀을 통해 세상의 옳고 그름을 분별하고, 자신을 성찰하는 소중한 시간입니다. 전창근 목사님의 설교는 철저히 성경 말씀에 기초하여 꼼꼼하게 준비된 원고 중심으로 전해지기에, 매주 성도들에게 깊은 울림을 줍니다. 이번에 출간된 '더 깊이 복음 안으로, 더 멀리 세상 속으로'라는 제목은 사도행전의 본질을 잘 담아낼 뿐 아니라, 오늘날 교회가 나아가야 할 방향을 바르게 제시하고 있습니다. 이 책을 통해 한국 교회가 초대교회의 선교적 열정과 사명을 다시금 회복하는 계기가 되기를 바랍니다.

**서정오 목사 동숭교회 원로, 진새골 영성수련원 원장**

"선교에 목숨을 걸었다"라고 외치며 사도행전 강해를 시작하셨던 하용조 목사님의 강해 설교집 이후, 가장 감동적으로 읽은 사도행전 설교집입니다. '더 깊이 복음 안으로, 더 멀리 세상 속으로'라는 제목은 설교자의 시선이 어디에 있는지, 어느 곳으로 달려가기를 원하는지 그 지향점이 분명하고, 부제는 더욱 그 생각이 명료해서 '깊은 영성으로 아름다운 세상을 만들고자' 하는 뜨거운 열망이 느껴졌습니다. 성서적 깊은 이해 위에 기독교 역사적 전통 안에서 복음의 핵심인 예수 그리스도 그 한 분을 드러내고자 하는 치열한 고민이 담겼습니다. 그러면서도 말씀을 받는 성도들에 대한 따뜻한 사랑과 위로, 용기 있는 책망이 하나님의 교회를 바로 세우고자 하는 간절한 소망이 절절히 느껴졌습니다. 많은 성도들이 이 책을 통해 주님을 사랑하고, 선교적 열망이 불타올라 세상을 아름답게 만드는 일에 동참하기를 기도합니다.

정달영 장로 홍익교회 원로, 전(前) 서울노회 노회장

전창근 목사님께서 문호교회 창립 120주년을 기념하여 첫 저서를 출간하게 되심을 진심으로 축하드립니다. 한 해 동안 강단에서 선포했던 사도행전 말씀을 한 권의 책으로 엮어 내시니 더욱 뜻깊게 느껴집니다. 저는 목사님의 말씀을 직접 들으며 은혜와 감동, 도전을 받았고, 하나님의 선교에 대한 깊은 관심을 갖게 되었습니다. 이제 그 말씀을 활자로 다시 접하면서 위대한 두 사도의 여정을 따라가고, 그들 뒤에서 역사하시는 주님의 손길을 더욱 선명하게 발견할 수 있었습니다. 특히 저의 롤모델인 바나바를 새롭게 조명할 기회가 되어 더욱 의미 있었습니다. 이 책에는 선교적 관점을 중심으로 한 저자의 목회 철학이 담겨 있으며, 보냄을 받은 선교사로서, 또한 보내는 선교사로서 우리가 감당해야 할 기쁨과 영적 사명을 깊이 깨닫게 해줍니다. 더 나아가, 신앙인이 걸어가야 할 올바른 삶의 방향을 제시하며 독자들에게 큰 감동을 선사할 것입니다.

**주성학 목사** 제주온교회 담임, 전(前) 총회 파송 인도 선교사

전창근 목사님의 저서 『더 깊이 복음 안으로, 더 멀리 세상 속으로』는 목회 현장에서 이룬 선교적 성경 읽기의 결과물입니다. 사도행전을 단순히 교회 확장의 역사와 위대한 사도들의 교훈적 삶을 다루는 것으로 끝나지 않고, 그들의 이야기를 오늘 우리의 이야기로 끌어와 우리 삶의 현장과 연결시키고 있습니다. 제가 총회 파송 선교사로 인도에서 17년간 사역하면서 느꼈던 것 중 하나는, '선교는 복음을 전하고 가르치는 행위뿐만 아니라 그것을 삶으로 살아내는 과정'이라는 것입니다. 복음은 우리가 마주한 상황에 대한 인식과 세계관의 변화를 일으키며 새로운 삶을 살아가게 하는 근원적 동기가 되기 때문입니다. 『더 깊이 복음 안으로, 더 멀리 세상 속으로』는 선교적 삶에 관심 있는 목회자와 평신도에게 우리 언어로 재해석된 선교 현장을 만나게 합니다. 그리고 의미와 가치로 해석된 메시지는 삶의 방향을 살피는 이정표가 되고, 복음을 살아내는 방법에 대한 통찰력을 더할 것입니다.

# 차례

# 1부 더 깊이 복음 안으로

## 2부  더 멀리 세상 속으로

이 책을 출판하는 데는 용기가 필요했습니다. 설교집이 홍수같이 넘쳐나는 시대에 또 하나의 설교집을 더하는 것 같아 많이 망설여졌기 때문입니다. 그럼에도 용기를 내어 출판한 것은 올해 교회 창립 120주년을 맞이하는 문호교회와 성도들을 위해서입니다.

이 책에는 2024년 문호교회 성도들과 주일예배 강단에서 함께 나눈 사도행전 말씀 중 28편의 설교가 담겨있습니다. 매 주일 선포되는 말씀 앞에 베뢰아 사람들처럼 간절한 마음으로 말씀을 받고 성경을 상고한 문호교회 성도들이 있었기에 이 책의 출판이 가능했습니다.

이 책이 나오기까지 많은 분의 격려와 도움이 있었습니다. 특히 원고를 꼼꼼히 읽으시고 기쁘게 추천서를 써 주신 분들이 계십니다. 평생의 목회를 통해 '어머니로서의 교회'가 곧 선교적 교회임을 몸소 보여주신 김유수 목사님(광주월광교회 원로), 2024년 한국에서 열린 4차 로잔 대회를 준비하며 사도행전 공동 설교를 제안하고 말씀 프로페짜이 운동의 불씨를 지피신 박영호 목사님(포항제일교회), 성서적인 선교적 교회의 모

델을 제시하는 일에 진력해 오신 한국일 교수님(장로회신학대학교 은퇴),
한국 교회 안에 문화 선교의 새로운 가능성을 보여주신 서정오 목사님
(동숭교회 원로), 주의 몸 된 교회를 사랑하고 따뜻한 격려를 아끼지 않으
신 정달영 장로님(홍익교회 원로), 그리고 17년간 총회 파송 인도 선교사
의 삶을 사신 후 교회를 새로 개척하신 주성학 목사님(제주온교회)께 깊
이 감사드립니다.

　끝으로, 30년을 한결같이 목회 사역에 동행해 준 아내 김해연 목사와
사랑하는 유신, 성은, 유은 세 자녀에게 고마움을 전합니다.

깊은 영성으로
세상을 아름답게 하기를 꿈꾸며
**은종(恩從) 전창근 목사**

1부

더 깊이 복음 안으로

# 더 깊이 복음 안으로, 더 멀리 세상 속으로

**사도행전 1:1-8**

오직 성령이 너희에게 임하시면 너희가 권능을 받고
예루살렘과 온 유대와 사마리아와 땅끝까지 이르러
내 증인이 되리라 하시니라(행 1:8)

잘 쓰던 컴퓨터가 원인도 모르게 갑자기 작동하지 않을 때가 있습니다. 그럴 때마다 가장 먼저 하는 일이 있습니다. 컴퓨터를 재시동, 즉 리부팅(Re-booting)해 보는 것입니다. 리부팅은 컴퓨터 운영 시스템을 껐다 다시 켜는 일입니다.

우리는 예수 그리스도 안에서 거듭났습니다.
**"이전 것은 지나갔으니 보라 새것이 되었도다"**(고후 5:17).
그리스도 안에서 완전히 새로 리부팅된 것입니다. 하지만 시간이 흐를수록 우리의 신앙은 날마다 새로워지기보다 점차 퇴색하기 쉽습니다. 그런 우리에게 꼭 필요한 것이 '신앙의 리부팅(Re-booting)'입니다. 신앙의 리부팅이란 본질을 잃지 않고 다시 새롭게 시작하는 것을 말합니다. 사도행전 말씀을 통해 퇴색한 우리의 신앙이 리부팅되기를 바랍니다.

사도행전은 누가복음에 이어지는 2부작 중 두 번째 책입니다. 그 서두가 앞선 누가복음을 요약하는 말씀으로 시작됩니다.

**"데오빌로여 내가 먼저 쓴 글에는 무릇 예수께서 행하시며 가르치시기를 시작하심부터 그가 택하신 사도들에게 성령으로 명하시고 승천하신 날까지의 일을 기록하였노라"**(행 1:1-2).

여기서 먼저 쓴 글은 바로 누가복음입니다. 누가복음에는 부활하신 예수님께서 승천하시기 전까지의 행적이 따로 나오지 않습니다. 그런데 사도행전에는 승천하시기 전 예수님의 행적을 이렇게 증거합니다.

**"그가 고난 받으신 후에 또한 그들에게 확실한 많은 증거로 친히 살아 계심을 나타내사 사십 일 동안 그들에게 보이시며 하나님 나라의 일을 말씀하시니라"**(행 1:3).

우리 죄를 위해 십자가에서 못 박혀 돌아가셨으나 사흘 만에 다시 살아나신 예수님께서는 이후 승천하시기 전까지 40일간 11명의 사도에게 확실하고 많은 증거로 친히 살아 계심을 나타내 보이셨습니다. 그 40일 동안 예수님께서 집중하신 일이 있습니다. 부활 후 40일간 예수님께서는 사도들에게 하나님 나라의 일을 집중적으로 말씀해 주셨습니다. 세상 나라의 일이 아닙니다. 하나님 나라의 일입니다.

하고 많은 일 중에 왜 예수님은 사도들에게 "하나님 나라의 일"을 집중적으로 말씀하셨을까요? 부활하신 예수님의 가장 주된 관심사가 바로 "하나님 나라(The kingdom of God)"이기 때문입니다. 예수님께서 공생애를 시작하고 첫 번째로 행한 설교의 내용은 **"회개하라 천국이 가까이 왔느니라"**(마 4:17)입니다. 예수님의 지상에서의 첫 번째 설교의 주제는 '천국, 즉 하나님 나라'였습니다. 예수님께서 공생애 중에 들려주신 비유의 대부분이 하나님 나라와 관련된 비유였습니다. 성경의 궁극적인 관심은 하나님 나라입니다. 성경의 첫 번째 책인 창세기가 하나님 나라를 상실한 인간의 이야기라면, 성경의 마지막 책인 요한계시록은 그 잃어버린 하나님 나라의 회복에 관한 이야기입니다.

왜 예수님이 이 땅에 오셨습니까? 하나님 나라를 우리에게 선물로 주시기 위해서 오신 것입니다. 예수님은 십자가에서 돌아가심으로 죄로 인해 굳게 닫혔던 하나님 나라를 활짝 열어주셨습니다. 그 결정적인 증거가 예수님의 부활입니다. 그래서 죽은 자 가운데 다시 사신 예수님은 승천하시기 전, 그 천금 같은 40일 동안에 하나님 나라의 일을 사도들에게 말씀하신 것입니다. 유대인들에게 있어서 40은 완전수이자 부족함이 없는 충분함을 상징하는 숫자입니다. 그만큼 충분하게 사도들에게 하나님 나라에 대해 말씀하셨습니다.

40일간, 이 땅에 머무시며 집중적으로 하나님 나라의 일을 말씀하신 예수님께서 사도들과 함께 모였을 때 신신당부하신 일이 있습니다.

**"예루살렘을 떠나지 말고**
**내게서 들은 바 아버지께서 약속하신 것을 기다리라"**(행 1:4).

예수님은 사도들에게 예루살렘을 떠나지 말라고 하십니다. 당시 사도들에게 예루살렘은 사실 하루라도 빨리 떠나고 싶은 곳이었습니다.

예루살렘은 사랑하는 예수님께서 비참하게 십자가에 못 박혀 돌아가신 죽음의 자리입니다. 사도들, 그중에서도 베드로에게 예루살렘은 예수님을 세 번이나 모른다고 부인했던 실패의 자리입니다. 예수님을 십자가에 못 박아 죽인 예루살렘의 정치 종교 지도자들이 자신들을 사로잡기 위해 언제 들이닥칠지 모르는 상황입니다. 이런 예루살렘에 사도들이 왜 머물고 싶겠습니까? 더구나 사도들 대부분의 고향이 예루살렘이 아닌 갈릴리입니다. 굳이 예루살렘에 머물 이유가 없었습니다.

예루살렘에 머물 이유보다 떠나야 할 이유가 훨씬 더 많은 사도들에게 왜 예수님은 예루살렘을 떠나지 말라고 하셨을까요? 십자가의 자리가 곧 부활의 자리이기 때문입니다. 넘어지고 실패했던 그 자리가 곧 일어나야 할 자리이기 때문입니다. 아직 그들은 예루살렘을 떠날 때가 아닙니다. 때가 되면 하나님께서 흩으시겠지만, 지금은 그들이 예루살렘에 머물며 해야 할 일이 있습니다. 주님은 이들에게 "내게서 들은 바 아버지께서 약속하신 것을 기다리라"라고 하십니다.

사도들에게 주신 아버지의 약속이 무엇입니까?
**"내가 아버지께 구하겠으니 그가 또 다른 보혜사를 너희에게 주사 영원토록 너희와 함께 있게 하리니"**(요 14:16).
예수님께서 말씀하신 아버지께서 약속하신 것은 바로 이 보혜사 성령님입니다. 사도들이 예루살렘을 떠나지 않고 아버지께서 역사하신 것을 기다릴 때 그들에게 일어날 일이 있습니다.
**"요한은 물로 세례를 베풀었으나 너희는 몇 날이 못되어 성령으로 세례를 받으리라 하셨느니라"**(행 1:5).
예수님은 사도들에게 성령으로 세례를 받아야 한다고 하십니다. 여기서 말하는 성령 세례는 성령 충만을 가리킵니다. 사도들은 성령으로 예수님을 주시라 고백했습니다. 하지만 아직 성령이 충만하지 않아 염려와 두려움 속에서 예루살렘을 떠나고자 한 것입니다. 지금 사도들에게 필요한 것은 "더 깊이 복음 안으로" 들어가는 것입니다. 더 깊이 예수 안에 거해야 합니다. 그들이 성령으로 세례받아야 하는 이유가 여기에 있습니다. 주께서 내게 맡기신 일(사명)이 있습니까? 그렇다면 간절히 사모하며 기다려야 할 것이 있습니다. 성령으로 세례받는 일입니다. 성령으로 충만해지는 것입니다.

예수님께서 예루살렘을 떠나지 말고 아버지께서 약속하신 성령 세례를 기다리라고 말씀하셨을 때, 사도들은 **"주께서 이스라엘 나라를 회복하심이 이때니이까"**(행 1:6)라고 되묻습니다. 당시 로마 제국의 식민 통치 아래 살아가던 경건한 유대인들이 간절하게 기다린 것이 조국 이스라엘의 회복이었기 때문입니다.

'회복하심'은 성경의 핵심 주제입니다. 제자들은 예수님의 부활을 믿었고 그 부활이 자신의 조국 이스라엘의 회복을 가져올 것으로 기대했습니다. 그래서 예수님께 "주께서 이스라엘 나라를 회복하심이 이때니이까?"라고 물은 것입니다. 궁금했습니다. 11명의 사도 중에 누가 이 질문을 예수님께 했을까요? 베드로였을까요? 열심당원이었던 가나안인 시몬이었을까요? 하지만 본문은 이 질문의 주인공을 구체적으로 말하지 않고 '그들'이라고 했습니다. 11명 사도 모두 같은 마음을 가지고 있었던 것입니다. "주께서 이스라엘 나라를 회복하심이 이때니이까?" 이 질문은 당시 사도들의 최우선적인 관심이 무엇이었는지 극명하게 보여줍니다. 부활하신 예수님께서 40일간 함께 계시면서 "하나님 나라의 일"을 그토록 말씀하셨음에도 제자들의 관심은 "하나님 나라의 일"이 아니라 여전히 '이스라엘 나라의 회복'이었습니다.

예수님을 믿고 따르는 나의 관심은 무엇입니까? 내가 드리는 기도를 살펴보면 내 관심이 무엇인지 금세 알 수 있습니다. 우리의 주된 기도는 모든 것이 나와 관련되어 있습니다. "나의 건강, 나의 평안, 나의 행복, 나의 자녀 등." 사도들은 비록 하나님 나라의 일에 관해서는 관심이 없었지만, 이스라엘 나라의 회복에 관해서 관심을 가졌는데 우리는 아예 그런 관심조차도 없습니다. 예수님의 눈길이 머무는 곳에 우리의 눈길이 머물면 좋겠습니다. 예수님의 손길이 머무는 곳에 우리의 손길이 머물렀으면 좋겠습니다. 예수님의 발길이 머무는 곳에 우리의 발걸음도 머물렀으면 좋겠습니다. 예수님의 가슴에는 하나님 나라가 품어져 있었습니다. 예수님이 품으셨던 그 하나님 나라가 오늘 우리의 마음에도 품어지기를 바랍니다.

사도들이 부활하신 예수님께 "주께서 이스라엘 나라를 회복하심이 이때니이까"라고 물었을 때 이에 대한 예수님의 즉각적인 대답이 있습니다.

**"때와 시기는 아버지께서 자기의 권한에 두셨으니**
**너희가 알 바 아니요"**(행 1:7).

예수님께서는 사도들의 질문에 대해 "그렇다" 혹은 "아니다"라고 대답하지 않으셨습니다. "너희가 알 바 아니요"라고 마치 꾸짖듯이 다소 냉정하게 대답하십니다. 이는 이스라엘의 회복을 바라는 사도들의 열망이 잘못되어서가 아닙니다. 그때와 시기가 전적으로 아버지 하나님의 권한이기 때문입니다.

우리는 하루라도 빨리 하나님의 정의와 공의가 이 땅에 실현되고 평화가 모든 인류에게 현실이 되는 날이 왔으면 좋겠다고 생각합니다. 가난한 사람도 없고, 악한 자들이 심판을 받고, 전쟁으로 집과 가족을 잃는 일도 더 이상 일어나지 않았으면 좋겠다고 기대합니다. 폭력이 멈추고, 이기적인 나라들이 하나님의 심판을 받기를 원합니다. 그렇게 우리의 마음은 급한데 예수님은 그때와 시기에 관심을 두지 말라고 하십니다. 중요한 것은 종말의 때가 언제인가를 아는 것이 아니라 그 종말의 때를 어떻게 준비하느냐입니다.

예수님은 세상에 보냄을 받은 사도들이 관심 가져야 할 것이 무엇인지 분명히 말씀하십니다.

"오직 성령이 너희에게 임하시면 너희가 권능을 받고 예루살렘과 온 유대와 사마리아와 땅끝까지 이르러 내 증인이 되리라"(행 1:8).

"예루살렘과 온 유대와 사마리아와 땅끝까지 이르러 내 증인이 되리라"를 다른 말로 하면 '더 멀리 세상 속으로' 나아가라는 것입니다. 예수님의 관심은 단지 예루살렘에 그치지 않습니다. 유다에 그치지 않습니다. 사마리아에 그치지 않습니다. 땅끝까지입니다. 예수님은 예루살렘을 넘어 땅끝까지 보시는데 우리가 겨우 예루살렘만 보아서야 되겠습니까? 유다와 사마리아에만 머물러서야 되겠습니까?

우리 믿음의 그릇을 넓혀야 합니다. 기회만 되면 당장이라도 예루살렘을 떠나려고 하는 제자들에게 **"예루살렘과 온 유대와 사마리아와 땅끝까지 이르러 내 증인이 되리라"**니 이게 말이 됩니까? 사도들이 땅끝까지 이르러 예수님의 증인이 될 만한 그릇이 됩니까? 아무리 생각해도 아닙니다. 그런데 이 말씀대로 이후 사도들은 땅끝까지 이르러 예수님의 증인이 됩니다. 사도행전이 바로 그 이야기입니다. 사도행전은 복음이 예루살렘을 넘어 유다와 사마리아를 넘어 땅끝까지 전해지는 이야기입니다. 어떻게 그 일이 가능했을까요?

**"오직 성령이 너희에게 임하시면 너희가 권능을 받고"**(행 1:8a).

바로 그 부족하고 연약한 사도들이 예루살렘을 넘어 땅끝까지 이르러 예수님의 증인이 될 수 있었던 이유입니다. "오직 성령이 너희에게 임하시면 너희가 권능을 받고"를 다른 말로 하면 "더 깊이 복음 안으로"라고 할 수 있습니다. 땅끝까지 이르러 예수님의 증인이 되는 삶을 살기 원합니까? 그렇다면 그 무엇보다 우선 해야 할 일이 있습니다. 성령의 충만함을 받아야 합니다. 더 멀리 세상 속으로 나아가려면 먼저 더 깊이 복음 안으로 들어가야 합니다. 복음 안으로 더 깊이 들어갈수록 우리는 세상 속으로 더 멀리 나아갈 수 있습니다.

예수 믿는 우리가 왜 세상에 나가면 그토록 무기력할까요? '더 깊이 복음 안으로' 들어가는 일에 힘쓰지 않기 때문입니다. 지금보다 한 걸음만 더 복음 안으로 들어가십시오. 전심을 다해 예배하십시오. 새벽을 깨우며 기도하십시오. 말씀을 붙들고 씨름하십시오. 성령의 충만함을 사모하고 이를 위해 늘 기도하십시오. '더 멀리 세상 속으로' 나아가게 될 것입니다. 복음 안으로 더 깊이 들어가는 나를 통해 가정이 복될 것입니다. 복음 안으로 더 깊이 들어가는 나를 통해 교회가 복될 것입니다. 복음 안으로 더 깊이 들어가는 나를 통해 이 나라와 이 민족이 복될 것입니다. 복음 안으로 더 깊이 들어가는 나를 통해 세상 속에 하나님 나라가 임하고 하나님의 뜻이 이루어질 것입니다.

**한마디 기도**
더 깊이 복음 안으로, 더 멀리 세상 속으로 나아가게 하소서.

# 복음이 삶이 될 때

사도행전 2:14-47
하나님을 찬미하며 또 온 백성에게 칭송을 받으니
주께서 구원받는 사람을 날마다 더하게 하시니라(행 2:47)

길가에 내버려져 방치된 고물 자전거 한 대가 있습니다. 낡고 녹슬어 쓸모없는 쓰레기처럼 보이는 고물 자전거에 사람들은 눈길조차 주지 않습니다. 그런데 그 누구도 거들떠보지도 않는 이 낡은 자전거를 눈여겨본 한 사람이 있습니다. 20세기의 대표적인 미술가로 손꼽히는 파블로 피카소(Pablo Picasso)입니다. 그는 길옆에 내버려져 방치된 녹슨 고물 자전거의 안장과 손잡이를 떼어낸 후 서로 붙여 작품 하나를 만듭니다. 그 작품의 제목이 '황소 머리'입니다. 피카소는 이 작품을 만든 뒤, "쓰레기도 위대한 예술품의 가능성을 가지고 있다. 나는 찾지 않는다. 다만 있는 것 중에서 발견할 뿐이다"라는 말을 남깁니다.

내버려져 녹슨 자전거의 핸들과 안장을 연결해 만든 피카소의 이 작품은 이후 50년이 지난 1993년에 런던 경매장에서 300억 원에 낙찰됩니다. 이는 피카소의 상상력과 발상의 전환에 매겨진 가치입니다. 거저 줘도 가져가지 않은 녹슨 고물 자전거의 핸들과 안장이 작품이 되어

300억 원에 팔리리라고 누가 상상이나 했겠습니까? 쓸모없어 보이던 고물 자전거의 안장과 핸들이 피카소의 손을 통해 이전과 전혀 다른 가치를 갖게 되듯 그리스도 안에서 성령으로 변화된 사람도 그러합니다.

본문에는 그리스도 안에서 성령으로 놀랍게 변화된 한 사람의 이야기로 시작됩니다. 바로 베드로입니다. 오순절 성령강림으로 성령 충만함을 입은 베드로가 열한 사도와 함께 서서 외칩니다.

**"유대인들과 예루살렘에 사는 모든 사람들아 이 일을 너희로 알게 할 것이니 내 말에 귀를 기울이라"**(행 2:14).

열한 사도와 함께 서서 소리를 높여 외치는 베드로의 모습은 이전에 알았던 베드로의 모습이 아닙니다. 50일 전만 해도 베드로는 붙들려 가시는 예수님을 멀찍이 따라가며 어린 여종 앞에서도 예수님을 모른다고 세 번이나 부인했던 겁많은 사람이었습니다. 그런 베드로가 몰려온 유대인들과 예루살렘에 사는 사람들 앞에 나서서 말씀을 전하는 데 조금의 주저함이나 추호의 머뭇거림도 없습니다. 그의 얼굴에 기쁨과 확신이 가득 차 있습니다.

이 모습을 한마디로 표현하는 단어가 있습니다. 29절에 나오는 '담대히'라는 단어입니다. 헬라어로 '파레시아($\pi\alpha\rho\rho\eta\sigma\acute{\iota}\alpha$)'라고 되어 있는 '담대히'라는 단어는 오순절 성령강림이 임하기 전 베드로와, 성령강림이 임한 후 베드로의 모습 차이를 가장 극명하게 보여주는 단어입니다. 성령을 받기 전에 베드로는 담대하지 못했습니다. 사람들이 두려웠습니다. 그러나 성령을 받고 나니 더 이상 사람이 두렵지 않습니다. "내가 누구를 두려워하리요"라는 담대함이 마음에 가득했습니다. 베드로만이 아닙니다. 말씀을 전하는 베드로와 함께 서 있는 다른 사도들 역시 마찬가지입니다. 성령을 받기 전에 이들은 유대인들이 자신들을 예수님의 제자로 알아볼까 두려워했습니다. 그런데 성령을 받고 나니 이제는 두려움 없이 당당하게 사람들 앞에 자신들을 드러냅니다.

마귀가 끊임없이 하는 일이 있습니다. 우리의 마음에 찾아와 두려움의 씨앗을 뿌리는 일입니다. 속지 마십시오. 하나님이 우리에게 주신 마음은 두려워하는 마음이 아닙니다. 하나님께서 우리에게 주신 마음은 강하고 담대함입니다. 거대한 골리앗과 싸울 때 다윗은 전혀 위축되지 않았습니다. 하나님이 주신 강하고 담대함이 마음에 충만했기 때문입니다. 마음에 두려움이 엄습해 올 때 두려움과 싸우지 말아야 합니다. 두려움은 맞설수록 커집니다. 두려움이 엄습할 때는 성령의 충만함을 구하십시오. 빛이 임하면 어둠이 자연히 물러가듯 성령이 충만하면 마음속의 두려움이 떠납니다.

오순절에 성령의 충만함을 받은 베드로에게 일어난 변화는 단지 외적인 변화만이 아닙니다. 더 놀라운 것은 이때 베드로가 모여든 사람들에게 담대히 선포한 메시지입니다.

**"이스라엘 사람들아 이 말을 들으라 너희도 아는 바와 같이 하나님께서 나사렛 예수로 큰 권능과 기사와 표적을 너희 가운데서 베푸사 너희 앞에서 그를 증언하였느니라"**(행 2:22).

베드로는 하나님께서 나사렛 예수로 큰 권능과 기사와 표적을 베푸사 친히 그가 하나님의 아들이심을 증언했습니다.

성령 충만한 베드로가 오순절에 전한 메시지는 철저히 예수님의 십자가 죽음과 부활에 그 초점이 맞추어져 있습니다. 성령님께서 예나 지금이나 변함없이 우리에게 하시는 일이 있습니다. 성령님은 예수님의 십자가를 분명하게 드러내 줍니다. 또한 예수님의 부활을 확증시켜 주십니다. 2천 년 전 예수님의 십자가 죽음과 부활을 직접 보지 못했지만, 성령님께서 임하시면 그 일이 마음에 믿어집니다.

성령이 충만한 베드로가 오순절 날 모여든 사람들에게 전한 메시지의 결론이 있습니다.

**"그런즉 이스라엘 온 집은 확실히 알지니 너희가 십자가에 못 박은 이 예수를 하나님이 주와 그리스도가 되게 하셨느니라 하니라"**(행 2:36).

지금 베드로 앞에 모여 말씀을 듣는 사람들은 사도들에게 호의를 갖고 있는 사람들만 있는 것이 아닙니다. 그중에는 예수님과 그를 따르는 사도들에 대해 강한 적의를 가진 제사장들 서기관들 바리새인들도 다수 있었습니다. 그런데 그런 사람들 앞에서 "너희가 예수를 십자가에 못 박았다"라고 대놓고 지적합니다. 더 충격적인 것은 십자가에 못 박혀 죽은 예수를 "하나님이 주와 그리스도가 되게 하셨다"는 선포입니다. 자칫 거부감과 적대감을 넘어 신성 모독으로 정죄 받아 죽임을 당할 수 있는 주장이었습니다.

그런데 그렇게 직접적이고 원색적으로 **"너희가 십자가에 못 박은 이 예수를 하나님이 주와 그리스도가 되게 하셨느니라"**고 선포했을 때 베드로가 전한 메시지를 들은 사람들은 **"마음에 찔림"**(행 2:37a)을 받습니다. 여기 '찔려'라는 헬라어 단어는 '때리다, 격하게 찔러 관통시키다, 실신시킨다'라는 뜻으로, 격심한 마음의 염려와 양심의 가책으로 인한 매우 심각한 고통을 의미합니다.

그렇게 말씀을 듣고 마음의 찔림을 받은 사람들이 보인 반응이 있습니다.

**"형제들아 우리가 어찌할꼬"**(행 2:37b).

베드로가 마음에 감동이 될 만한 예화를 들어 메시지를 전한 것이 아닙니다. 도리어 강한 반감을 품을만한 내용을 앞에 대놓고 선포했는데 이를 들은 사람들이 "형제들아 우리가 어찌할꼬"라고 가슴을 저밉니다.

어떤 설교가 좋은 설교입니까? 내 귀에 듣기 좋은 설교가 아닙니다. 듣고 내 마음에 찔림이 오는 설교입니다. 내 삶에 변화를 가져오는 설교, 말씀의 빛이 내 삶의 어두움을 비춰줌으로 회개가 터져 나오는 설교, 그런 설교가 좋은 설교입니다. 강단을 통해 들려오는 말씀이 "어쩜, 꼭 나 들으라고 한 말이네"라는 생각이 들 때가 있습니까? 맞습니다. 나 들으라고 한 말씀입니다. 강단을 통해 선포되는 말씀이 마치 나 들으라고 한 것처럼 들린다면, 그래서 마음이 콕콕 찔려 "이렇게 살면 안 되겠구나"라는 생각이 들었다면 은혜가 임한 날입니다.

말씀이 들려오면 예수님을 십자가에 못 박은 사람이 2천 년 전 로마 군병이 아니라 나 자신이라고 깨달아집니다. 내가 다 옳은 줄로만 알았는데 말씀이 들려오면 '일체가 내 탓입니다'라고 깨달아집니다. 그래도 나름 내가 괜찮다고 생각했는데 말씀이 들려오면 바로 내가 죄인 중에 괴수임이 깨달아집니다. 다른 것이 은혜가 아닙니다. 강단을 통해 들려오는 말씀이 내게 인격적으로 들려오는 것이 은혜입니다.

말씀을 듣고 마음에 찔림을 받은 사람들이 "형제들아 우리가 어찌할꼬"라고 탄식하며 물었을 때 사도 베드로가 주저 없이 외친 말씀이 있습니다.

**"너희가 회개하여 각각 예수 그리스도의 이름으로 세례를 받고 죄 사함을 받으라 그리하면 성령의 선물을 받으리니"**(행 2:38).

이는 사도 베드로의 입을 통해 선포된 복음입니다. "회개하라" 복음입니다. 왜 "회개하라"가 복음입니까? '회개'는 하나님 나라에 들어가는 입구이기 때문입니다.

회개하지 않고는 복음을 받아들일 수 없고, 복음을 받아들이지 않으면 구원을 받을 수 없습니다. 그러니 삶 속에서 "회개하라"는 음성을 들었다면 크게 기뻐하십시오. 주어진 회개의 기회를 절대 놓치지 마십시오. 회개할 때 하나님은 우리에게 회복을 주십니다. 구원의 은혜를 베푸십니다. 그리고 성령을 선물로 주십니다. 성령을 선물로 받기 원한다면 죄 용서함을 받아야 합니다. 죄 용서함을 받기 원한다면 먼저 회개해야 합니다. 이것은 하나님이 주신 약속입니다.

그렇다면 누구에게 주신 약속일까요?

**"이 약속은 너희와 너희 자녀와 모든 먼 데 사람 곧 주 우리 하나님이 얼마든지 부르시는 자들에게 하신 것이라 하고"**(행 2:39).

이 약속은 주 우리 하나님이 부르시는 모든 자에게 주신 것입니다.

이처럼 베드로가 성령 충만하여 오순절 날 모여든 사람들에게 십자가와 부활의 복음을 담대히 선포했을 때 그 말을 듣고 세례받은 사람이 자그마치 삼천 명이나 되었습니다. 다락방에 모인 120명으로 시작된 예루살렘교회가 순식간에 삼천 명으로 늘어났습니다. 이는 전적으로 하나님이 주신 부흥입니다. 초대교회의 부흥은 단순히 숫자가 늘어난 양적 부흥에 그치지 않았습니다. 더 놀라운 것은 영적인 부흥입니다.

초대 예루살렘교회에 임한 영적 부흥의 모습을 한마디로 요약한 것이 본문 42절입니다.

**"그들이 사도의 가르침을 받아."**

우리는 흔히 초대 예루살렘교회를 오순절 성령강림으로 인한 강한 은사 중심의 교회로 알기 쉽습니다. 물론 초대 예루살렘교회는 성령의 은사가 충만했습니다. 그러나 성령의 은사보다 먼저 있었던 것은 '사도의 가르침'입니다. 그 가르침의 내용은 예수 그리스도의 십자가 죽으심과 부활입니다. 한마디로 '복음'입니다. 초대 예루살렘교회의 영적 부흥의 토대는 사도의 가르침에 있었습니다. 초대교회는 사도를 통해 전해지는 말씀을 마치 하나님이 자신들에게 직접 말씀하시는 것처럼 들었습니다. 그러므로 부흥이 일어나지 않을 리가 없습니다. 복음의 말씀 위에 깊이 뿌리내린 교회는 반드시 부흥합니다.

사도의 가르침에 이어 초대 예루살렘교회가 경험한 영적 부흥의 독특한 모습이 있습니다.

### "서로 교제하고 떡을 떼며."

사도의 가르침을 받은 초대 예루살렘교회 성도의 삶은 "서로 교제하고 떡을 떼는 삶"으로 이어졌습니다. 그 교제와 교통은 피상적이지 않았습니다. 그들은 집에서 함께 모여 서로 떡을 떼며 기쁨과 순전한 마음으로 음식을 먹었습니다. 우리가 예배드리며 사도신경을 고백할 때 마지막으로 드리는 고백이 있습니다. **"나는 성령을 믿으며 거룩한 공교회와 성도의 교제와 죄를 용서받는 것과 몸의 부활과 영생을 믿습니다."** 거룩한 공교회와 죄를 용서받는 것 사이에 무엇이 있습니까? '성도의 교제'가 있습니다. 이는 성도의 교제가 해도 그만, 안 해도 그만인 신앙생활의 선택사항이 아님을 분명히 보여줍니다. 성령을 믿고 거룩한 공교회를 믿고 죄를 용서받는 것을 믿습니까? 그렇다면 동시에 성도의 교제도 믿어야 합니다.

그런데 초대 예루살렘교회가 경험한 영적 부흥의 모습은 여기에 그치지 않았습니다. 더 놀라운 모습이 있습니다.

"믿는 사람이 다 함께 있어 모든 물건을 서로 통용하고 또 재산과 소유를 팔아 각 사람의 필요를 따라 나눠 주며"(행 2:44-45).

남보다 더 많이 소유하기 위해 수단과 방법을 가리지 않는 것이 세상입니다. 그런데 초대 예루살렘교회의 성도들은 그런 세상과 정반대로 모든 물건을 서로 통용했습니다. 자신이 가진 재산과 소유를 팔아 각 사람의 필요를 따라 나눠 주었습니다. 사도들이 시켜서 한 일이 아닙니다. 사람들에게 보여주려고 한 일이 아닙니다. 성령의 감동을 따라 자발적으로 한 일입니다.

사도의 가르침을 받아 성전에 모이기를 힘쓰고 서로 교제하고 떡을 떼며 자기 재산과 소유를 팔아 각 사람의 필요를 따라 나눠주는 모습, 이는 베드로를 통해 선포된 복음이 삶이 되는 순간입니다. 본문 14-41절까지의 내용이 복음의 선포(declare)라면, 이어진 42-47절은 선포된 복음으로 인해 드러난(display) 삶입니다. 그렇게 선포된 복음이 삶이 될 때 초대 예루살렘교회와 성도들은 온 백성에게 칭송을 받았습니다.

세상과 타협해서 얻은 칭송이 아닙니다. 사도들을 통해 선포된 복음이 성도들의 삶을 통해 생생하게 보일 때 주어진 것입니다. 초대 예루살렘교회는 세상 사람들에게 호감을 주는 교회였습니다. 마치 작성된 문서 그대로 프린터가 고스란히 출력해 내듯, 자신들이 보고 듣고 경험한 복음을 실제 자신들의 삶으로 보여주었습니다. 오늘날 많은 경우 불신자가 교회를 외면하는 이유는 예수님에 대한 실망 때문이 아닙니다. 예수 믿는 신자들에 대한 실망 때문입니다. '복음과 삶', '삶과 복음'은 결코 분리될 수 없고, 분리해서도 안 됩니다. 그렇게 선포된 복음이 성도들의 삶이 될 때 초대 예루살렘교회에 일어난 일이 있습니다.

"주께서 구원받는 사람을 날마다 더하게 하시니라"(행 2:47b).

내적 성숙은 다시 놀라운 수적 부흥으로 이어졌습니다.

전문 강사로부터 어떻게 해야 스마트폰으로 사진을 잘 찍을 수 있는지에 대해 들은 적이 있습니다. 일곱 가지를 이야기했습니다.

첫째, 왜 찍는지를 생각하라.
둘째, 누구에게 보여줄 것인지를 생각하라.
셋째, 쓸데없는 것은 과감히 제거하라.
넷째, 찍을 피사체를 잘 관찰하라.
다섯째, 원하는 장면을 기다려라.
여섯째, 많이 찍어라.
일곱째, 다른 사람이 찍은 좋은 사진을 많이 보라.

좋은 사진은 구도가 무엇이 다른지, 어떻게 대상을 찍는지 잘 살펴보라는 것입니다. 그렇게 좋은 사진을 많이 보다 보면 좋은 사진을 찍을 수 있다는 것입니다.

예수님 잘 믿는 것도 마찬가지입니다. 우리는 이왕 예수님 믿으면서 잘 믿기를 원합니다. 제대로 믿기 원합니다. 어떻게 하면 제대로 예수님 잘 믿을 수 있을까요? 여러 가지가 있지만 그중에 한 가지는 제대로 예수님 잘 믿는 사람을 가까이서 많이 보는 것입니다. 교회도 마찬가지입니다. 어떤 교회를 모델로 삼느냐가 중요합니다. 참으로 닮아야 할 교회가 있습니다. 바로 초대 예루살렘교회입니다. 초대 예루살렘교회, 복음이 삶이 되었던 교회입니다. 좋은 사진을 자주 많이 보고 배우면 사진을 잘 찍을 수 있듯이 복음이 삶이 되었던 초대 예루살렘교회의 모습들을 묵상하므로 그 영성을 닮아가는 교회가 되어야 합니다. 복음이 삶이 될 때 거기에 하나님이 주시는 부흥이 있습니다. 복음이 삶이 될 때 교회는 세상의 소망이 됩니다.

한마디 기도
들려온 복음이 우리의 삶이 되어
구원받은 사람을 날마다 더하게 하소서.

# 세상의 소망, 나사렛 예수 그리스도

사도행전 3:1-10

베드로가 이르되

은과 금은 내게 없거니와 내게 있는 이것을 네게 주노니

나사렛 예수 그리스도의 이름으로 일어나 걸으라 하고(행 3:6)

"저는 아주 바쁜 날이 아니면 보통 하루에 2시간 기도합니다.
바쁜 날은 3시간 기도하고요."

16세기 종교 개혁가 마르틴 루터(Martin Luther)의 고백입니다. 대개 바쁘면 기도하는 시간을 줄이기 마련인데 마르틴 루터는 바쁠수록 더 많이 기도했습니다. 그가 생명을 위협받는 수많은 역경 속에서도 끝까지 초심을 잃지 않고 종교개혁을 지속할 수 있었던 것은 이처럼 매일의 삶 속에서 기도하는 시간을 놓치지 않았기 때문입니다. 사도 바울은 데살로니가교회에 보내는 편지에서 **"쉬지 말고 기도하라"**(살전 5:17)고 했습니다. 이는 우리가 기도 없이는 살 수 없다는 뜻입니다. 기도를 넘어서는 삶이란 없습니다. 그 어떤 것보다 기도가 우선입니다.

오순절 성령강림 이후 사도들을 통해 기사와 표적이 많이 나타났습

니다. 그중에서도 가장 널리 알려진 놀라운 기적이 본문에 나오는 기적입니다. 그 기적은 이렇게 시작됩니다.

**"제구 시 기도 시간에 베드로와 요한이 성전에 올라갈새"**(행 3:1).

베드로와 요한이 제구 시 기도 시간에 성전에 올라갑니다. 제구 시는 우리의 시간으로 오후 3시입니다. 경건한 유대인들은 하루에 세 번, 제삼 시(오전 9시), 제육 시(정오), 그리고 제구 시(오후 3시)에 기도했습니다. 이것은 구속력 있는 율법 규례가 아니라 유대인들의 종교적 관습이었습니다. 오순절 성령강림 이후, 초대 예루살렘교회는 하루에 3천 명의 신도가 늘어나는 폭발적인 성장을 이루고 있었습니다. 이런 와중에 사도 베드로와 요한이 얼마나 바빴겠습니까? 몸이 열이라도 부족할 만큼 바쁜데도 사도 베드로와 요한은 오후 3시에 성전에 올라가 기도합니다.

기도의 사람이 되는 비결 중의 하나는 매일 일정한 시간을 정해놓고 꾸준히 기도하는 것입니다. 베드로와 요한이 그 바쁜 와중에도 제구 시 성전에 올라가 기도했던 것은 기도가 삶의 우선순위였기 때문입니다. 사탄은 우리에게 기도하지 말라고 속삭이지 않습니다, 지금 기도하지 말고 나중에 기도하라고 합니다. 그렇게 미루면 나중에 기도할 수 있을까요? 나중에 기도 못합니다. 그래서 기도를 뒤로 미루면 안 됩니다. 예수님께서 **"너희는 먼저 그의 나라와 그의 의를 구하라"**(마 6:33)고 하셨는데 이를 어렵게 해석하지 마십시오. 삶의 우선순위를 기도에 두는 삶, 그것이 바로 먼저 그의 나라와 의를 구하는 삶입니다.

눈여겨볼 것은 이때 사도 베드로와 요한이 집에서 기도하지 않고 성전에 올라가 기도했다는 것과 혼자 기도하지 않고 더불어 기도했다는 것입니다. 하나님은 어디에나 계십니다. 그래서 집에서도 혼자 기도할 수 있습니다. 하지만 교회에 와서 함께 기도하는 것은 본받을 만한 매우 중요한 신앙 습관입니다. 베드로와 요한은 기질이 아주 다릅니다. 성질이 급하고 정열적인 베드로와 달리 요한은 조용하고 차분했습니다. 과거 이 두 사람은 서로 누가 더 큰지 경쟁했지만, 성령을 받고 변화된 후 기도하는 일에 함께 동역했습니다.

본문에 기록된 놀라운 기적은 그렇게 기도하는 일에 함께 동역한 베드로와 요한을 통해서 일어났습니다. 하나님이 행하시는 기적의 주인공이 되고 싶습니까? 서로 마음을 합하여 기도하십시오. 교회를 위해, 나라와 민족, 그리고 세계 선교를 위해 기도하십시오. 기도가 있는 그곳에 기적도 있습니다.

제구 시 기도 시간에 성전에 올라가던 베드로와 요한이 미문에서 마주친 사람이 있습니다. **"나면서 못 걷게 된 이"**(행 3:2)입니다. 이를 헬라어 원문에는 "그의 어머니의 배로부터 걷지 못한 이"로 표현되어 있습니다. 그는 선천적인 장애가 있는 사람이었습니다. 사도행전 4장 22절에는 그의 나이가 40세쯤 되었다고 했습니다. 그의 일상은 성전 미문에 앉아 날마다 구걸하는 것이었습니다. 이것조차도 혼자의 힘으로 할 수 없었습니다. 날마다 누군가 떠메어다 주어야만 했습니다. 성전 미문(the Beautiful Gate)은 성전에 들어가는 가장 바깥문입니다. 성전에 들어가려면 반드시 미문을 통과해서 들어가야만 했습니다. 그런 성전 미문 앞에서 성전에 들어가는 사람들에게 날마다 구걸해야 했던 사람, 성전을 눈앞에 두고도 성전 안에 들어가지 못한 사람, 이 얼마나 불쌍하고 비참합니까?

그의 삶은 구걸하는 인생이요, 남에게 부담을 주는 인생이었습니다. 축복의 통로가 되는 삶이 아니라 축복의 종착역이 되는 인생이었습니다. 저는 이 사람에게서 '깊은 절망'의 향기를 맡습니다. '깊은 탄식'의 소리를 듣습니다. 이 사람에게 운수 좋은 날은 어떤 날일까요? 어쩌다 마음씨 좋은 사람을 만나 평소보다 더 많은 적선을 받는 날이었습니다. 그의 하루 행복은 자신의 손위에 놓이는 동전의 무게에 따라 좌우되었습니다. 그는 그 어떤 소망도 품을 수 없었습니다.

그런데 나면서 못 걷는 걸인이 구걸하던 중에 마주친 사람이 있습니다. 제구 시 기도 시간에 성전에 올라가고 있던 베드로와 요한이었습니다. 나면서 못 걷는 걸인이 늘 하던 대로 손을 내밀어 구걸할 때 베드로와 요한은 이 사람을 예사롭게 넘기지 않았습니다. 4절 전반부에 보면 **"베드로가 요한과 더불어 주목하여"**라고 했습니다. 성전에 들어가려는 자신들에게 구걸하는 걸인을 베드로와 요한이 '주목'합니다. 그냥 못 본 척 지나치지 않은 것입니다.

성경은 '봄(seeing)'을 중요하게 여깁니다. 복음서에 보면 예수님께서 베푸시는 치유의 기적에 꼭 동반되는 단어가 있습니다. '보시니'라는 단어입니다. 예수님의 눈길이 머물면 거기에 치유와 회복이 주어졌습니다. 본문 3절, 4절, 5절, 9절에서 네 번이나 본다는 단어가 사용되고 있습니다. 베드로와 요한은 나면서 못 걷는 걸인을 주목하여 봅니다. 이를 **'선교적 민감성**(missional sensitivity)**'**이라고 부를 수 있습니다.

보통 구걸하는 걸인에게 동전을 건네는 행인은 눈을 마주치지 않습니다. 혹 눈길이 스치더라도 말을 건네지 않습니다. 인간적 동정의 한계입니다. 그런데 베드로와 요한은 자신들에게 손을 내밀어 구걸하는 이를 주목합니다. 그리고 던진 첫마디가 있습니다.

**"우리를 보라"**(행 3:4b).

"나를 보라"가 아닙니다. "우리를 보라"입니다. 지금 우리는 세상을 향해 "우리를 보라"고 당당하게 외칠 수 있습니까?

베드로와 요한이 주목하며 "우리를 보라"고 말하자 구걸하던 걸인이 무엇을 얻을까 하여 베드로와 요한을 바라봅니다. 이날 미문 앞에서 구걸하던 걸인이 원하는 것은 돈이었습니다. 그래서 베드로와 요한으로부터 "우리를 보라"고 하는 말을 들었을 때 나름 잔뜩 기대를 안고 바라봅니다. 그때 들려온 첫마디가 있습니다.

**"베드로가 이르되 은과 금은 내게 없거니와"**(행 3:6a).

베드로의 입을 통해 **"은과 금은 내게 없거니와"**라는 말이 들려왔을 때 손을 내밀어 구걸하던 걸인의 마음이 얼마나 실망스럽고 허탈했을까요? 베드로와 요한은 돈 얻기를 원해 자신들을 바라보는 그 걸인을 먼저 실망하게 합니다.

교회가 세상을 바르게 섬기기 위해서는 먼저 세상을 실망하게 하는 일에 대하여 두려워하지 않아야 합니다. 어떤 면에서 세상을 실망하게 하지 않고는 세상을 바르게 섬길 수가 없습니다. 우리를 향한 세상의 기대가 잘못되어 있기 때문입니다. 교회는 세상이 원하는 대답이 아니라 세상에 필요한 대답을 주어야 합니다. 은과 금이 필요 없다는 말이 아닙니다. 은과 금으로 할 수 있는 것이 많습니다. 하지만 그보다 더 중요한 본질적이고 근원적인 것을 주어야 합니다.

그것이 무엇입니까?

**"내게 있는 이것을 네게 주노니**
**나사렛 예수 그리스도의 이름으로 일어나 걸으라 하고"**(행 3:6b).

다른 말은 놓쳤어도 나면서 걷지 못하여 구걸하던 사람의 가슴에 박힌 한마디가 있습니다. "일어나 걸으라." 그것은 이제껏 살아오면서 단한 번도 들어보지 못한 말이었습니다. 구걸하는 자신에게 불쌍하다고 몇푼 돈을 던져주고 가는 사람은 있었지만, 40여 평생 걷지 못한 자신에게 "일어나 걸으라"라는 말을 한 사람은 처음이었습니다.

나면서 못 걷는 이가 손을 내밀어 구걸할 때 베드로가 준 것은 은과 금이 아닌 나사렛 예수 그리스도의 이름입니다. 히브리인들에게 있어서 이름은 그 존재 전체를 대표하는 말입니다. 따라서 '나사렛 예수 그리스도의 이름으로'라는 것은 부활, 승천하셔서 하나님 우편에 앉으신 예수님께서 크신 능력을 베푸셔서 병자를 낫게 하신다는 것을 선언한 것입니다. 만일 베드로에게 은과 금이 있었다면 나사렛 예수 그리스도의 이름을 주었을까요? 아마도 몇 푼 동전을 던져주고 지나쳤을지 모릅니다. 그러나 걸인에게 건네줄 은과 금이 없었기에 베드로는 도리어 나사렛 예수 그리스도의 이름을 줄 수 있었습니다.

은과 금이 있어야만 남을 도울 수 있는 것이 아닙니다. 은과 금이 없어도 얼마든지 남을 도울 수 있습니다. 베드로는 자신에게 없는 것에 주목하지 않았습니다. 자신에게 있는 것에 주목했습니다. 비록 은과 금은 없었지만 '나사렛 예수 그리스도의 이름'이 있었습니다. 베드로는 그것을 주었습니다.

그러자 어떤 일이 일어났습니까?

**"발과 발목이 곧 힘을 얻고 뛰어 서서 걸으며 그들과 함께 성전으로 들어가면서 걷기도 하고 뛰기도 하며 하나님을 찬송하니"**(행 3:7b-8).

사도행전은 의사 출신의 누가가 기록했습니다. 그는 베드로가 나사렛 예수 그리스도 이름으로 일어나 걸으라는 선포 후에, 40년간 한 번도 걸어보지 못한 걸인의 발과 발목이 곧 힘을 얻었다고 적었습니다. 여기에서 발은 '발바닥'을 발목은 '복사뼈'를 의미하는 것으로 의학적인 용어입니다. 의사의 관점에서 본 것입니다. 나사렛 예수 그리스도 이름으로 일어나 걸으라는 명령으로 인해 나면서 걷지 못하던 자가 발과 발목이 힘을 얻어 뛰어 서서 걷습니다. 의사인 자신이 보기에도 믿기 어려운 광경이었습니다. 이사야 선지자가 예언하였던바 **"그때에 저는 자는 사슴같이 뛸 것이며"**(사 35:6)라는 말씀이 사도 베드로를 통해 실상이 되는 순간이었습니다.

걸핏하면 종이를 찢는 사람이 있었습니다. 종이를 너무 심하게 자꾸 찢으니 정상적인 생활이 불가능할 것 같아 정신과를 찾았습니다. 의사에게 종이를 자꾸 찢는다고 이야기했더니, 의사는 아무래도 그에게 어릴 때 상처가 있나 싶어 문진도 하고 약도 처방해 주었습니다. 하지만 고쳐지지 않았습니다. 그는 이 병원, 저 병원에 다니다가 마지막으로 한 군데만 더 찾아가 보기로 했습니다. 그 병원에 들어가자, 의사가 왜 왔냐고 물었습니다.

"제가 앉기만 하면 종이를 찢습니다."

그러자 의사가 단호하게 한마디 합니다.

"앞으로 종이를 찢지 마세요."

그때부터 그는 더 이상 종이를 찢지 않았습니다. 방법은 의외로 단순했습니다. 하나님의 능력을 경험하는 것도 마찬가지입니다. 단순한 순종, 단순한 믿음에 하나님의 능력이 임합니다.

본문에서 베드로는 나면서 못 걷는 걸인에게 나사렛 예수 그리스도 이름으로 단순하게 "일어나 걸으라"고 명합니다. 그러자 그는 일어나 마치 신바람 난 토끼처럼 뛰어다닙니다. 이는 회복됨으로 인해 기뻐 어쩔 줄 모르는 모습입니다. 회복은 단지 거기에 그치지 않습니다. 일어나 뛰어서 걷던 걸인은 베드로와 요한과 함께 성전으로 들어갑니다. 그동안 미문 앞에서 성전으로 들어가는 사람들의 뒷모습만 바라보던 사람이 일어나 걸어서 베드로와 요한과 함께 나란히 성전으로 들어가는 모습은 너무나 감동적입니다.

가정에 아직 예수 믿지 않는 가족이 있습니까? 함께 예배의 자리에 나아가는 역사가 나사렛 예수 그리스도 이름으로 일어나기를 바랍니다. 남과 북이 복음으로 통일되어 함께 예배의 자리에 나아가는 역사가 나사렛 예수 그리스도 이름으로 일어나기를 바랍니다. 함께 하나님께 나아가는 것이 궁극적인 화해요 하나 됨의 완성입니다.

나면서 못 걷던 자가 경험한 일은 비단 걷는 것에 그치지 않았습니다. 걷기도 하고 심지어 뛰기까지 하였습니다. 하나님은 우리가 구하거나 생각하는 모든 것에 더 넘치게 역사하십니다. 그는 태어나 처음으로 성전 안으로 들어갔습니다. 이제껏 성전 밖에서 구경하던 신앙에서 참여하고 경험하는 신앙으로 변화되었습니다. 예수님과 상관없는 인생이 이제 예수님과 상관있는 인생이 되었습니다. 더 놀라운 것은 그가 입을 열어 하나님을 찬송했다는 것입니다.

그 모습을 지켜본 사람들은 심히 놀랍게 여깁니다. 나면서 못 걷게 된 이가 걷고 뛰고, 더 나아가 성전에 들어가면서 하나님을 찬송하는 모습이 보는 이에게 커다란 충격이 된 것입니다. 무엇이 나면서 못 걷는 삶을 살아온 사람에게 이런 놀라운 변화를 불러온 것입니까? 베드로와 요한의 경건이 이런 일을 가져온 것입니까? 절대 아닙니다. 그 이유는 단 하나, 베드로가 구걸하던 걸인에게 전해준 '나사렛 예수 그리스도의 이름'입니다.

은과 금을 주었다면 이런 놀라운 역사가 일어났을까요? 나사렛 예수 그리스도의 이름을 그에게 주었기에 이같이 놀라운 변화가 일어난 것입니다. 삶의 변화, 인생의 변화는 오직 나사렛 예수 그리스도의 이름으로만 가능합니다.

교회가 세상에 줄 수 있는 것이 많지만 그 무엇보다 주어야 할 것이 있습니다. '나사렛 예수 그리스도의 이름'입니다. 그 이름에 죄 사함이 있고, 그 이름에 구원이 있고, 그 이름에 생명과 소망이 있습니다. 가장 불쌍한 사람은 이 땅에 사는 동안 은과 금이 없는 사람이 아닌 나사렛 예수 그리스도의 이름이 없는 사람입니다. 우리의 삶에 은과 금은 있을 수도 있고 없을 수도 있습니다. 하지만 나사렛 예수 그리스도의 이름이 없다면 살았다 하나 죽은 것입니다. 오늘 나사렛 예수 그리스도의 이름을 영접하십시오. 새로운 변화가 시작될 것입니다.

**한마디 기도**

세상이 원하는 은과 금이 아니라
세상이 필요한 나사렛 예수 그리스도 이름을 전하게 하여 주소서.

# 세상에 이런 일이!

**사도행전 4:32-37**

믿는 무리가 한 마음과 한 뜻이 되어 모든 물건을 서로 통용하고

자기 재물을 조금이라도 자기 것이라 하는 이가

하나도 없더라(행 4:32)

전화벨 소리

초인종 소리

대문 여는 소리

헛기침 소리

내 이름 부르는 소리

나는 초조하게

자꾸자꾸 기다려진다.

시니어부 시화전에서 시상 받은 한 여집사님의 시입니다. 제목이 "기다림"입니다. 그런데 저는 이 시의 내용을 보며 '외로움'이라고 읽었습니다. 전화벨 소리, 초인종 소리, 대문 여는 소리, 헛기침 소리, 내 이름 부르는 소리를 기다려 본 적이 있습니까? 이런 소리를 여태껏 기다려 본 적이 없다면 아직 외롭지 않은 것입니다.

노년의 가장 큰 적은 외로움과 소외감입니다. 하지만 외로움과 소외감이 노년만의 문제일까요? 요즘 유튜브의 대세 중 하나는 먹방입니다. 먹방은 이 시대 한국을 상징하는 세계적 아이콘이 되었습니다. 왜 먹방을 사람들이 자꾸 클릭할까요? 외롭기 때문입니다. 누군가 그랬습니다. 지금, 이 시대를 '외로움이 사무친 시대', '외로움 전성시대'라고…. 그리스도인은 외로움과 소외감에서 예외일까요? 외로움을 주제로 목회 데이터 연구소가 19세 이상 전국 개신교인 2천 명을 대상으로 설문조사를 했습니다. 조사 결과 개신교인 10명 중 절반 가까운 46.2%가 외로움을 느낀다고 답했습니다. 교인 두 명 중에 한 명꼴입니다. 개신교인도 외로움의 문제에 예외가 아니었습니다.

이런 시대적 현실 속에서 우리 눈을 의심케 하는 놀라운 이야기가 있습니다. 복음을 전하다가 산헤드린 공회에 붙들려가 심문받고 가까스로 풀려난 사도 베드로와 요한은 이후 믿음의 동료들을 찾아가 자신들이 겪은 고초를 모두 다 이야기합니다. 이 소식을 들은 교회는 한마음으로 천지와 바다와 그 가운데 만물을 지으신 대주재이신 하나님께 소리를 높여 기도했습니다. 빌기를 다했을 때 모인 곳이 진동하더니 무리가 다 성령이 충만하여 담대히 하나님의 말씀을 전했습니다.

그리고 이어진 내용이 있습니다.

**"믿는 무리가 한 마음과 한뜻이 되어 모든 물건을 서로 통용하고 자기 재물을 조금이라도 자기 것이라 하는 이가 하나도 없더라"**(행 4:32).

와! 세상에 어떻게 이런 일이 있다니…. 참으로 꿈같은 이야기입니다. 마치 소설에서나 나올법한 이야기 같지만, 이는 소설이 아니라 2천년 전 초대 예루살렘교회에서 실제 있었던 일입니다. 저는 개인적으로 이 일을 신약성경에서 예수님의 십자가 죽음과 부활 사건 다음으로 가장 놀랍고 충격적인 사건으로 꼽고 싶습니다.

**"모든 물건을 서로 통용하고 자기 재물을 조금이라도 자기 것이라 하는 이가 하나도 없더라"**(행 4:32b).

동서고금을 통해 이제껏 세상이 해결하지 못한 일이 있습니다. 부익부 빈익빈의 문제, 바로 빈부격차의 문제입니다. 역사적으로 그 문제를 해결하려는 수많은 도전이 있었습니다. 하지만 모두 실패했습니다. 그런데 초대 예루살렘교회는 모든 물건을 서로 통용했습니다. 유무상통한 것입니다. 자기 재물을 조금이라도 자기의 것이라고 하는 이가 하나도 없었습니다. 이 얼마나 놀라운 일입니까? 32절에서 우리가 눈여겨보아야 할 단어가 있습니다. 서두에 나오는 '믿는 무리가'라는 단어입니다. '모든 물건을 서로 통용하고 자기 재물을 조금이라도 자기 것이라 하는 이가 하나도 없었던 사람들'은 세상 사람들이 아닙니다. '믿는 무리'였습니다. 믿음은 그리스도인의 정체성을 표현합니다. 여기에서의 '믿는 무리'는 다른 말로 교회라고 할 수 있습니다.

"모든 물건을 서로 통용하고 자기 재물을 조금이라도 자기 것이라 하는 이가 하나도 없었던" 일이 일어나기 전에 먼저 있었던 일이 있습니다. "믿는 무리가 한마음 한뜻이 되어"라고 했습니다. 당시 초대 예루살렘교회는 믿는 무리가 8천 명이 넘었습니다. 2장 41절에 보면 오순절 성령강림 때 베드로의 설교를 듣고 3천 명이, 4장 4절에 보면 나면서 걷지 못한 사람을 걷게 하여 솔로몬 행각에서 행한 베드로의 설교를 듣고 5천 명이 믿었기 때문입니다.

8천 명은 결코 적지 않은 수입니다. 큰 공동체입니다. 그런데 이런 큰 공동체가 한마음 한뜻이 되어 모든 물건을 서로 통용하고 자기 재물을 조금이라도 자기 것이라 하는 이가 하나도 없었습니다. 이 일은 누가 시켜서 한 일이 아닙니다. 당회나 제직회나 공동 의회에서 내규를 만들어서 강요한 일이 아닙니다. 한 마음으로 기도하며 성령이 충만한 초대 예루살렘교회 안에서 자발적으로 일어난 일입니다. 왜 그들은 누가 시킨 적도 없고 법으로 강요한 적도 없는데 모든 물건을 서로 통용했을까요? 겉으로 드러난 그들의 행동만으로는 설명이 되지 않습니다. 그렇게 할 수 있었던 내면의 영성을 보아야 합니다. 초대 예루살렘교회의 성도들이 자신들을 물질의 소유주가 아니라 물질의 청지기라는 사실을 철저하게 인정했기 때문입니다.

내게 주어진 시간은 누구의 것입니까? 만일 내게 주어진 시간이 내 것이라면 왜 내가 원할 때 단 1분의 생명도 더 연장할 수 없습니까? 내게 주어진 물질이 누구의 것입니까? 만일 내게 주어진 물질이 내 것이라면, 왜 그 많은 물질을 죽은 다음에 저세상에 가져가지 못합니까? 내게 주어진 건강은 누구의 것입니까? 만일 내게 주어진 건강이 내 것이라면 왜 내가 원치 않는데도 병에 듭니까? 내게 주어진 시간과 물질과 건강은 하나님께서 이 땅에 사는 동안 잠시 맡겨놓은 것입니다. 우리는 소유주가 아닙니다. 다만 청지기일 뿐입니다. 이것을 잊지 않아야 합니다.

초대 예루살렘교회 성도들은 어떻게 자신들이 물질의 소유주가 아니라 청지기임을 자각할 수 있었을까요? 그 이유를 33절에서 찾을 수 있습니다.

**"사도들이 큰 권능으로 주 예수의 부활을 증언하니 무리가 큰 은혜를 받아."**

한마음으로 소리를 높여 기도한 후 성령의 충만함을 받은 사도들은 큰 권능으로 담대히 하나님의 말씀을 전했습니다. 이때 사도들이 전한 메시지의 핵심은 '주 예수의 부활'이었습니다. 사도들은 예수 믿으면 복받습니다. 예수 믿으면 건강합니다. 예수 믿으면 부자가 됩니다. 이런 내용을 증언하지 않았습니다. 다만 주 예수의 부활을 전했습니다. 주 예수의 부활은 당시 예루살렘 사람들이 듣기를 꺼리는 내용이었습니다. 하지만 사도들은 사람들이 듣기 원하는 말씀이 아니라 사람들이 들어야 할 말씀을 전했습니다. 우리가 들어야 할 복음의 핵심은 '주 예수의 부활'입니다.

세상 사람들이 기독교에 기대하는 것이 있습니다. 가짜 복이 아니라 진짜 복입니다. 주 예수의 부활을 전할 때 그들은 단순히 은혜받지 않았습니다. 큰 은혜를 받았습니다. 예수 부활의 복음을 듣고 썩지 않고 더럽지 않고 쇠하지 않은 참된 소망을 사람들이 발견했던 것입니다. 그렇게 사도들을 통해 주 예수의 부활 복음을 듣고 은혜받은 무리들이 취한 놀라운 모습이 있습니다.

**"그중에 가난한 사람이 없으니 이는 밭과 집 있는 자는 팔아 그 판 것의 값을 가져다가 사도들의 발 앞에 두매 그들이 각 사람의 필요를 따라 나누어 줌이라"**(행 4:34-35).

"사도들이 큰 권능으로 주 예수의 부활을 증언하니 무리가 큰 은혜를 받아"라는 33절에 이어진 34절 서두의 **"그중에 가난한 사람이 없으니"**라는 말씀은 언뜻 보면 논리적으로 상관관계가 없어 보입니다. 큰 은혜를 받은 것은 내적이고 영적인 일이요. 가난한 사람이 없음은 외적이고 물질적인 일이기 때문입니다. 그런데 왜 저자 '누가'는 이 두 가지 사건을 연결했을까요? 이는 선포된 말씀으로 은혜받은 사람들로 인해 일어난 변화된 삶의 모습을 보여주고자 한 것입니다.

무리는 말씀을 듣고 단지 마음속 은혜받음으로 끝나지 않았습니다. 그 은혜는 구체적인 삶의 열매로 이어졌습니다.

**"이는 밭과 집 있는 자는 팔아 그 판 것의 값을 가져다가 사도들의 발 앞에**

**두매 그들이 각 사람의 필요를 따라 나누어 줌이라.”**

큰 은혜를 받은 무리로 인해 그중에 가난한 사람이 없었던 이유입니다. 가난한 자가 없는 세상은 꿈같은 이야기입니다. 그런데 그 이야기가 바로 초대 예루살렘교회를 통해 이 땅에서 이루어졌습니다.

오늘날 사도 바울만큼이나 큰 존경을 받는 영성가가 있습니다. 바로 아시시의 성 프란시스(Franciscus Assisiensis)입니다. 이탈리아 중부 움브리아 지방 아시시에서 부유한 포목상 아들로 성장한 프란시스는 여느 사람과 다를 바 없는 허랑방탕한 청년이었습니다. 그런데 어느 날 그가 돌변합니다. 집안의 돈과 물건을 가난한 이들에게 마구 나눠줍니다. 아버지는 크게 노했고 보다못해 결국 아들을 대주교에게 고발합니다. 하지만 프란시스는 대주교 앞에서 재판받을 때 자기 속옷까지 모두 벗은 후 “제가 가진 돈과 앞으로 받을 유산, 그리고 이 속옷까지 모두 아버지에게 돌려 드린다”라며 부유한 집을 떠나 일평생 가난하게 살아갑니다.

사람들은 이런 프란시스를 미쳤다고 여겼지만, 이때 그가 사람들 앞에서 벗은 것은 옷이 아니라 소유를 향한 자신의 탐욕이었습니다. 프란시스에게 이런 일이 가능했던 것은 그 무엇과도 바꿀 수 없는 예수 그리스도를 만났기 때문입니다. 은혜를 제대로 받으면 이전에 가진 세상의 가치관대로 더 이상 살아갈 수 없습니다.

흥미로운 것은 밭과 집을 판 사람들이 자신들이 직접 가난한 사람들을 찾아가 물질을 나누어 주지 않고 사도들이 각 사람의 필요를 따라 나누어 주었다는 것입니다. 이는 성도들이 그만큼 사도들이 하는 일을 신뢰하고, 밭과 집을 팔아 그 값을 드리는 것까지는 자신들의 몫이지만 그것을 어떻게 사용하느냐는 전적으로 교회의 재량에 맡겼기에 가능했습니다. 대개 남다른 헌신이나 헌금을 하면 자칫 그것이 자신도 모르게 자기 의가 되기 쉽습니다. 하지만 초대 예루살렘교회 성도들은 특별한 헌신을 하면서도 그것을 자신의 의로 삼지 않았습니다. 구제의 원칙이 있습니다. '은밀하게'입니다. 구제는 드러내서 하는 일이 아닙니다. 은밀하게 해야 합니다. 그래야 자기 의가 되지 않고, 하나님 앞에 상급이 됩니다.

본문 4장 32-35절의 말씀은 이 땅에 잠시 실체가 드러난 천국의 모습입니다. 그렇게 가장 아름다운 교회 공동체의 모습을 드러낸 후 이어그 공동체 안에서 대표적인 모델이 되는 한 사람을 소개합니다. 바로 바나바입니다. 바나바는 원래 이름이 아닙니다. 그의 원래 이름은 요셉입니다. 그런데 사도들이 요셉이라는 이름을 바꾸어 바나바로 일컬었습니다. 바나바의 뜻은 번역하면 '위로의 아들'입니다. 초대 예루살렘교회안에서 그를 통하여 얼마나 위로가 넘쳤으면 요셉이라는 이름이 바나바로까지 바뀌었겠습니까?

그가 행한 일이 있습니다.

**"그가 밭이 있으매 팔아 그 값을 가지고 사도들의 발 앞에 두니라"**(행 4:37).

우리는 37절 말씀을 통해 사도들이 전한 복음의 메시지에 은혜받은 무리들이 밭과 집을 팔아 그 값을 가져다가 사도들의 발 앞에 두었던 일이 촉발되게 된 계기가 바로 바나바의 전적인 헌신에서 비롯되었음을 알 수 있습니다.

하나님의 선민으로 택함을 받은 이스라엘 자손들이 꿈꾸었던 공동체의 모습이 있습니다.

**"보라 형제가 연합하여 동거함이 어찌 그리 선하고 아름다운고 머리에 있**

는 보배로운 기름이 수염 곧 아론의 수염에 흘러서 그의 옷깃까지 내림 같고 헐몬의 이슬이 시온의 산들에 내림 같도다 거기서 **여호와께서 복을 명령하셨나니 곧 영생이로다**"(시 133:1-3).

선하고 아름다운 일이 있습니다. 형제가 연합하여 동거하는 일입니다. 여호와께서 거기서 복을 명령하셨는데 그것이 '영생'이라고 했습니다. 성경을 제대로 읽으면 하나님의 복은 개인적이라기보다 공동체적임을 발견할 수 있습니다. 하나님은 건강한 교회 공동체를 통해서 우리에게 복 주십니다. 이스라엘 자손들이 시온을 향하여 갈망했던 이 오랜 꿈은 초대 예루살렘교회를 통해 이루어졌습니다.

본문의 말씀은 사람들이 오래 머물지 않는 말씀입니다. 보아도 깊이 묵상하지 않고 빨리 넘어가는 말씀입니다. 너무 부담스럽기 때문입니다.

**"모든 물건을 서로 통용하고."**
**"자기 재물을 조금이라도 자기 것이라고 하는 이가 하나도 없더라."**
**"밭과 집 있는 자는 팔아 그 판 것의 값을 가져다가 사도들의 발 앞에 두매 그들이 각 사람의 필요를 따라 나누어 줌이라."**

객관적으로는 한없이 은혜롭지만 이해 당사자가 되면 얼마나 부담스러운 말씀입니까? 초대 예루살렘교회의 이 아름다운 공동체적 삶이 오늘을 사는 현대 교회에서도 가능할까요? 자신 있게 대답할 수 없습니다. 우리 안의 이기심과 탐욕이 너무나 뿌리 깊고 강하기 때문입니다. 그럼에도 오늘 역사 속에 실재했던 이 아름다운 교회 공동체의 꿈을 포기할 수는 없습니다.

본문을 통해 보여준 초대 예루살렘교회의 이야기는 우리에게 큰 도전을 줍니다. 한마음과 한뜻으로 서로를 섬기며, 사도들처럼 주 예수의 부활 복음을 우리 삶에서 증거하고, 바나바처럼 나눔을 통해 서로를 위로하고 힘을 주는 것이 우리의 소명입니다. 우리가 이러한 가치들을 살아내기 위해 노력할 때, 이 땅의 교회는 세상을 아름답게 만드는 하나님 나라의 통로가 될 것입니다. 교회를 통해 보이는 아름다운 공동체의 모습을 통해 "세상에 이런 일이!"라고 감탄하며 하나님께 영광 돌리는 일이 이 땅 곳곳에 있기를 간절히 소망합니다.

**한마디 기도**
초대 예루살렘교회의 아름다운 공동체의 모습을
이 땅의 교회가 회복하게 하소서.

# 두렵고 떨림으로

**사도행전 5:1-11**

온 교회와 이 일을 듣는 사람들이

다 크게 두려워하니라(행 5:11)

성경은 살아 계신 하나님의 말씀입니다. 그런데 성경을 읽다 보면 도무지 이해되지 않고 마음으로 쉽게 수긍되지 않는 이야기를 마주할 때가 있습니다. 그중의 하나가 이번 본문입니다. 우리는 앞의 말씀을 통해 **"믿는 무리가 한 마음과 한뜻이 되어 모든 물건을 서로 통용하고 자기 재물을 조금이라고 자기의 것이라고 하는 이가 하나도 없더라"**(행 4:32)는 참으로 감동적인 공동체의 모습을 보았습니다. 특히 구브로 출신의 레위족 사람인 바나바가 밭을 팔아 사도들의 발 앞에 두는 남다른 헌신의 모습은 교회 안팎으로 진한 감동을 주었습니다. 그렇게 초대 예루살렘교회 안에 강력한 은혜의 역사가 꼬리를 물고 이어갈 때, 마치 찬물을 끼얹는 것 같은 너무나 안타깝고 가슴 아픈 일이 일어납니다.

그 이야기는 이렇게 시작됩니다.

**"아나니아라 하는 사람이 그의 아내 삽비라와 더불어 소유를 팔아 그 값**

에서 얼마를 감추매 그 아내도 알더라 얼마만 가져다가 사도들의 발 앞에 두니"(행 5:1-2).

바나바의 남다른 헌신에 감동과 도전을 받고 그 대열에 동참한 사람이 있었습니다. 바로 아나니아와 삽비라 부부입니다. 아나니아는 '여호와는 은혜로우시다'라는 뜻입니다. 얼마나 그 이름이 좋은 이름인지 사도행전에 같은 이름이 3명이 나옵니다. 삽비라는 '아름답다'라는 뜻입니다. 아나니아가 아내 삽비라와 더불어 한 일이 있습니다. 자신의 소유를 팔아 사도들의 발 앞에 가져다 놓았습니다. 표면적으로는 앞서 소개된 바나바와 너무 유사했습니다.

하지만 바나바와 아나니아의 결정적인 차이가 하나 있었습니다.
**"소유를 팔아 그 값에서 얼마를 감추매 그 아내도 알더라**
**얼마만 가져다가 사도들의 발 앞에 두니."**

"소유를 팔아… 사도들의 발 앞에 두니"는 앞선 4장 마지막 37절에 기록된 바나바의 모습과 같습니다. 하지만 바나바와 달리 아나니아와 그의 아내 삽비라는 소유를 판값의 얼마를 감추고 나머지만 사도들의 발 앞에 가져다 놓았습니다. 여기 '감춘다'라는 말은 '자신을 위해 떼어둔다'라는 의미입니다. 이는 마치 여호수아가 이끄는 이스라엘 백성이 여리고성 전투에서 기적적인 승리를 거둔 후 그 전리품의 일부를 몰래 자신의 장막에 감춰둔 아간의 모습을 떠오르게 합니다. 이들 부부가 자신의 소유를 팔아 사도들의 발 앞에 가져다 놓으며 내심 사도들과 성도들의 인정과 칭찬을 기대했을 것입니다.

그런데 정작 사도 베드로를 통해 아나니아에게 들려온 음성이 무엇입니까?
**"베드로가 이르되 아나니아야 어찌하여 사탄이 네 마음에 가득하여 네가**

성령을 속이고 땅값 얼마를 감추었느냐 땅이 그대로 있을 때에는 네 땅이 아니며 판 후에도 네 마음대로 할 수가 없더냐 어찌하여 이 일을 네 마음에 두었느냐 사람에게 거짓말한 것이 아니요 하나님께로다"(행 5:3-4).

아나니아와 그의 아내 삽비라가 소유를 판값의 일부를 드리면서도 바나바처럼 마치 전부를 드린 것처럼 행세할 때 아무도 그 사실을 몰랐습니다. 하지만 하나님은 이 모든 것을 보고 알고 계셨습니다. 사도 베드로는 아나니아의 이름을 부르며 가장 먼저 "어찌하여 사탄이 네 마음에 가득하냐?"고 지적합니다. 여기 '가득하다'는 에베소서 5장 18절에 "성령의 충만을 받으라"에서 '충만하다'라는 단어와 같습니다. 우리를 향한 하나님의 뜻은 성령으로 충만한 것입니다. 하지만 지금 아나니아의 마음은 사탄으로 충만했습니다.

그런 아나니아에게 베드로가 가장 먼저 책망한 내용이 있습니다.
**"네가 성령을 속이고 땅값 얼마를 감추었느냐?"**
아나니아가 속이려 한 것은 사도 베드로와 교회였습니다. 하지만 베드로는 아나니아에게 "네가 나를 속이고" 혹은 "네가 교회를 속이고"라고 하지 않았습니다. "네가 성령을 속이고"라고 했습니다. 그리고 연이어 묻습니다.
"땅이 그대로 있을 때에는 네 땅이 아니냐?"
"판 후에도 네 마음대로 할 수가 없더냐?"
"어찌하여 이 일을 네 마음에 두었느냐?"
바나바로 인해 촉발된 초대 예루살렘교회의 유무상통은 어떤 강제도 없이 자발적이었습니다. 누구도 아나니아에게 소유를 팔아 헌금하는 것을 강요하지 않았습니다.
그런데 아나니아는 자기 소유를 판값을 하나님께 드릴 때 일부를 드리면서도 마치 전부를 드린 것처럼 행세했습니다. 이에 대해 사도 베드로는 "사람에게 거짓말한 것이 아니요. 하나님께로다"라고 책망합니다. 오해하지 말 것은 베드로가 이때 아나니아를 책망한 것이 소유를 판값의 전부를 드리지 않아서가 아니라는 것입니다. 그 과정에서 그대로 행한 거짓말입니다. 아나니아는 사도들을 속이려 했습니다. 교회를 속이려 했습니다. 이에 베드로는 그 거짓말이 사람에게 한 것이 아니라 하나님께 한 것이라고 엄중하게 책망합니다.

혹 사람의 눈은 속일 수 있어도 하나님의 눈은 속일 수 없습니다. 그러면 왜 아나니아는 소유를 판값의 일부를 드렸는데도 마치 전부를 드린 것처럼 행세했을까요? 남다른 헌신을 통해 공동체 안에서 인정받는 바나바처럼 아나니아와 그의 아내 삽비라도 그렇게 인정과 칭찬을 받고 싶었던 것입니다. 공동체 안에서 인정받고 칭찬받고 싶은 욕구는 나쁜 것이 아닙니다. 문제는 그것이 영적 허세가 되어 하나님과 교회, 그리고 자신을 속일 때입니다.

하나님은 모두에게 동일한 헌신을 요구하지 않습니다. 우리가 모두 사도 바울처럼 헌신할 수 있을까요? 스데반처럼 순교할 수 있을까요? 그렇게 할 수 없습니다. 하나님께서 각 사람에게 나누어 주신 믿음의 분량이 있습니다. 그 믿음의 분량을 따라 헌신해야 합니다. 서신서를 보면 바울은 베드로처럼 살려고 하지 않았습니다. 고린도전서 15장 10절에서 **"그러나 내가 나 된 것은 하나님의 은혜로 된 것이니"**라고 고백하고 있습니다. 사도 바울은 다른 사람이 되려고 하지 않았습니다. '나의 나 됨'으로 믿음 생활했습니다.

영성은 '나의 나 됨'입니다. 나다운 것이 가장 좋습니다. 다른 사람이 되려고 하지 마십시오. 하지만 아나니아와 그의 아내 삽비라는 나의 나

됨으로 살지 않았습니다. 교회 공동체 안에서 남다르게 인정받은 바나바처럼 되고 싶었습니다. 그래서 자신들의 믿음의 분량과 상관없이 허세 부리다가 결국 성령을 속이고 하나님께 거짓말을 하고 만 것입니다. 우리의 믿음 생활에서 '영적 허세'를 조심해야 합니다.

그렇게 사도 베드로가 아나니아를 향해 책망한 직후 일어난 일이 있습니다.

**"아나니아가 이 말을 듣고 엎드러져 혼이 떠나니"**(행 5:5a).

사도 베드로의 책망을 들은 아나니아는 갑자기 엎드러져 혼이 떠납니다. 숨이 끊어진 것입니다. 성경은 아나니아의 갑작스러운 죽음을 말씀과 연관시키고 있습니다. "엎드러져 혼이 떠나니" 바로 앞에 "이 말을 듣고"라고 했습니다. 여기 '말'은 헬라어로 '로고스'입니다. 이는 하나님의 말씀을 가리킵니다. 사도 베드로를 통해 말했지만, 그것은 사람의 말이 아니라 성령의 감동으로 임한 하나님의 말씀이었습니다.

베드로를 통해 들려온 말씀을 듣고 즉시 숨을 거둔 아나니아의 모습을 본 성도들의 반응이 있습니다.

**"이 일을 듣는 사람이 다 크게 두려워하더라"**(행 5:5b).

바로 1분 전만 해도 버젓이 살아 있던 사람이 순식간에 쓰러져 죽었으니 이를 눈앞에서 본 사람들이 받은 충격이 얼마나 컸겠습니까? 그로 인해 사람들이 보인 일치된 반응은 '두려움'이었습니다.

갑작스럽게 숨을 거둔 아나니아의 장례는 매우 신속하게 진행되었습니다.

**"젊은 사람들이 일어나 시신을 싸서 메고 나가 장사하니라"**(행 5:6).

장례가 얼마나 빠르게 진행되었는지 아나니아의 죽음은 그의 아내에게조차 알려지지 않았습니다. 그의 죽음에 대한 개인적인 애도가 허락되지 않을 만큼 거룩한 두려움이 초대 예루살렘교회 안에 임하였던 것입니다.

아나니아가 죽고 세 시간 만에 모든 장례가 끝났을 때, 그의 아내 삽비라는 남편의 죽음을 전혀 알지 못한 채 교회에 들어옵니다. 이런 삽비라에게 사도 베드로가 불러 묻습니다.

**"베드로가 이르되 그 땅 판값이 이것뿐이냐 내게 말하라"**(행 5:8a).

이는 삽비라가 진실을 말하고 회개할 수 있는 마지막 기회였습니다. 죽은 남편과 다른 길을 선택할 수 있는 절호의 기회였습니다.

그런데 사도 베드로의 질문에 대해 삽비라는 **"예 이것뿐이라"**(행 5:8b)고 당당하게 대답합니다. 그녀의 거짓말에는 거침이 없었습니다. 삽비라는 남편 아나니아가 땅을 판값의 일부를 감춘 것을 분명히 알고 있었습니다. 그런데도 태연하게 거짓말을 함으로써 남편의 거짓말에 아내 삽비라 역시 동조합니다. 이때 삽비라가 자신들의 거짓말을 정직하게 고백하고 회개했다면 어떠했을까요? 분명 남편 아나니아와 다른 결말을 보았을 것입니다.

회개할 기회를 주었음에도 끝까지 회개하지 않고 태연히 거짓말하는 아나니아의 아내 삽비라를 향해 베드로가 **"너희가 어찌 함께 꾀하여 주의 영을 시험하려 하느냐"**(행 5:9a)고 책망합니다. 여기 "함께 꾀하여"는 헬라어로 '심포네오'입니다. 조화로운 소리인 심포니라는 말이 여기에서 유래했습니다. 삽비라는 남편 아나니아와 한목소리를 냈습니다. 문제는 이 두 사람의 심포니가 공동체 전체의 입장에서 볼 때 심각한 불협화음이 되었다는 것입니다. 두 사람이 함께 꾀하여 주의 영을 시험했기 때문입니다.

남편과 공모하여 끝끝내 주의 영을 속이려 한 아내 삽비라에게 사도 베드로가 최종적으로 한 말씀이 있습니다.

**"보라 네 남편을 장사하고 오는 사람들의 발이 문 앞에 이르렀으니 또 너를 메어 내가리라 하니"**(행 5:9b).

참으로 두려운 말씀입니다. 그렇게 사도 베드로의 입에서 "또 너를 메어 내가리라"라는 말씀이 선포되자마자 일어난 일이 있습니다.

**"곧 그가 베드로의 발 앞에 엎드러져 혼이 떠나는지라"**(행 5:10a).

"곧"이라고 했습니다. 베드로가 선포한 말씀 그대로 이루어진 것입니다. 아나니아와 마찬가지로 그의 아내 삽비라 마저 숨을 거둡니다.

아나니아의 죽음이 자연사가 아니듯 그의 아내 삽비라의 죽음도 자연사가 아닙니다. "베드로의 발 앞에 엎드러져 혼이 떠나는지라"라는 말씀은 삽비라의 죽음이 남편 아나니아의 죽음처럼 하나님의 초자연적인 행위가 깃들어 있음을 보여줍니다. 이는 사람이 한 일이 아닙니다. 하나님께서 하신 일입니다. 그렇다면 우리는 하나님이 '어떻게' 이렇게 하실 수 있는지 묻지 말고 하나님께서 '왜' 이렇게 하셨는지를 물어야 합니다. 소유를 판값의 전부를 드리지 않아서 하나님께서 이렇게 하신 걸까요? 아닙니다. 하나님은 그렇게 가난하지 않으십니다. 이들이 하나님을 속이려 했기 때문입니다 하나님을 속일 수 있다고 여겼기 때문입니다.

**"스스로 속이지 말라 하나님은 업신여김을 받지 아니하시나니 사람이 무엇으로 심든지 그대로 거두리라"**(갈 6:7).

아나니아와 삽비라 부부, 성령을 속이고 공동체를 기만한 일을 별것 아닌 것으로 치부했습니다. 하지만 하나님은 이를 사소하게 여기지 않았습니다. 죽음에 이르는 무서운 죄로 여기셨습니다. 이들 부부의 죽음이 이를 증명합니다.

아나니아에 이어 그의 아내 삽비라마저 한날에 베드로의 발 앞에 엎드러져 혼이 떠나자 교회 안에 일어난 일이 있습니다.

**"온 교회와 이 일을 듣는 사람들이 다 크게 두려워하니라"**(행 5:11).

온 교회와 이 일을 듣는 사람들은 이 일로 시험에 들지 않았습니다. 오히려 교회 전체가 이 사건을 듣고 깊은 경외심을 품게 되었습니다. 이는 사도행전에서 '교회'라는 단어가 처음 등장하는 구절로, 아나니아와 삽비라의 죽음이 교회의 본질을 분명히 보여주는 사건임을 드러냅니다.

우리가 사도신경을 통해 신앙을 고백할 때, 삼위일체 되시는 하나님에 관한 신앙을 고백한 직후 첫 번째로 하는 고백이 있습니다. '거룩한 공교회'를 믿는다는 고백입니다. 공교회를 수식하는 단어가 있습니다. '거룩한(Holy)'입니다. 이 단어의 가장 기본적인 의미는 구별된다는 것입니다. 세상은 간교해야 성공합니다. 그래서 세상이 원하는 것은 탁월함입니다. 하지만 교회는 탁월함만으로 안 됩니다. 교회의 생명은 거룩함과 정직함에 있습니다. 이것이 교회가 세상과 구별되는 점입니다.

본문은 사도행전을 통틀어서 아니 신약성경에서 가장 당황스러운 본문입니다. 겉으로 볼 때 본문은 아나니아와 그의 아내 삽비라 부부의 죄문제를 다루고 있습니다. 이들을 향한 하나님의 징계는 참으로 엄중했습니다. 그런데 그 '징계 역시 하나님의 은혜'라는 것입니다. 징계는 마치 나무의 가지치기와 같습니다. 잠시 아프다고 가지치기를 뒤로 미루면 나무는 성장을 멈춰버리듯, 징계가 사라지면 교회가 건강하게 성장하지 못합니다. 나면서 걷지 못하던 사람이 나사렛 예수 그리스도의 이름으로 일어나 걷는 것만이 하나님의 은혜가 아닙니다. 거짓말로 성령을 속인 아나니아와 삽비라 부부의 죽음 역시 또 다른 하나님의 은혜입니다. 하나님께서 내버려두지 않고 친히 간섭하셨기 때문입니다.

거짓말로 성령을 속인 아나니아와 그의 아내 삽비라와 같은 이런 죽음은 아무 공동체에서나 일어나지 않습니다. 초대 예루살렘교회와 같이 성령 충만, 은혜 충만한 공동체에서 일어납니다. 오늘날 우리 시대 교회에서 이런 일이 일어나지 않는 것은 그만큼 이 땅의 교회가 하나님의 거룩한 임재에서 멀어져 있음을 방증합니다. 아나니아와 삽비라 부부가 경험한 것은 정확히 말하면 하나님의 징계가 아니라 하나님의 거룩한 임재였습니다.

본문이 아나니아의 죽음 직후, 그리고 그의 아내 삽비라의 죽음 직후 반복해서 동일하게 기록한 내용이 있습니다.

**"온 교회와 이 일을 듣는 사람들이 다 크게 두려워하니라"**(행 5:11).

평생을 주와 복음을 위해 살았던 사도 바울은 죽음을 앞두고 빌립보교회에 보내는 편지에서 **"두렵고 떨림으로 너희 구원을 이루라"**(빌 2:12)고 권면합니다. 사도 바울이 빌립보교회에 이렇게 말할 수 있는 것은 자신이 매사에 두렵고 떨리는 마음으로 매 순간 구원을 이루는 삶을 살았기 때문입니다.

하나님 앞에 설 때, 여전히 '두렵고 떨리는 마음'이 있습니까?

감사하십시오.

어느 때부터인가 '두렵고 떨리는 마음'이 사라졌습니까?

그렇다면 마음의 옷깃을 여미고 두렵고 떨리는 마음으로 다시 한번 주 앞에 서십시오.

우리가 거룩하신 하나님을 의식하고 매사에 두렵고 떨림으로 구원을 이루어 갈 때, 아나니아와 삽비라 이야기는 교회 공동체 안에 다시 반복되지 않을 것입니다.

한마디 기도

매 순간 두렵고 떨림으로 구원을 이루어 가게 하소서.

# 말씀이 점점 왕성한 교회

**사도행전 6:1-15**

하나님의 말씀이 점점 왕성하여

예루살렘에 있는 제자의 수가 더 심히 많아지고

허다한 제사장의 무리도 이 도에 복종하니라(행 6:7)

문제없는 교회, 세상에 있을까요?

하루는 세계적인 부흥사 무디 목사님에게 한 사람이 근심 어린 얼굴로 찾아와 하소연합니다.

"목사님, 문제없는 교회를 저에게 알려 주십시오. 제가 그동안 교회를 옮긴 것이 벌써 세 번째인데, 지금 교회도 문제가 너무너무 많습니다."

그 하소연을 듣고 무디 목사님이 말합니다.

"제가 문제없는 교회를 한 군데 알기는 아는데 당신에게 추천할 수는 없습니다."

"아니, 왜요?"

"제가 당신을 그 교회에 소개해 주는 그날부터 그 교회는 문제가 생길 테니까요."

그렇습니다. 문제없는 교회, 문제없는 가정, 문제없는 인생은 없습니다. 문제가 없다면 그것이 더 문제입니다. 불완전한 사람이 모인 곳에는 언제나 문제가 있기 마련입니다.

　그리스도인들이 가장 이상적으로 생각하는 교회 중 하나는 바로 초
대 예루살렘교회입니다. 그러나 그 교회가 항상 은혜로 가득 차고 아무
런 문제가 없었을까요? 사도행전 6장은 초대 예루살렘교회도 문제가 있
었다는 사실을 보여줍니다. 어떤 문제였습니까?

　**"그때에 제자가 더 많아졌는데 헬라파 유대인들이 자기의 과부들이 매일
의 구제에 빠지므로 히브리파 사람을 원망하니"**(행 6:1).

　교회가 부흥하면서 제자가 크게 늘어났습니다. 교회의 성장은 하나
님의 은혜로 인한 축복입니다. 심지어 핍박 속에서도 교회는 위축되기
보다 오히려 더 성장하고 부흥하는 기독교의 역설을 보여주었습니다.

　그러나 이런 부흥이 초대교회의 모든 성도가 하나님께 감사하며 서
로 사랑하게 만든 것만은 아니었습니다. 제자가 많아진 결과는 놀랍게
도 '감사하니'가 아니라 '원망하니'로 마무리되었습니다. 우리가 이상적
이라고 여기는 초대 예루살렘교회조차도 문제와 갈등이 존재했음을 알
수 있습니다. 헬라파 유대인 출신 과부들이 매일의 구제에서 소외되는
일이 발생했던 것입니다. 히브리파 유대인들에 비해 숫자가 적었던 헬
라파 유대인들이 상대적으로 구제 혜택을 덜 받았고, 이는 갈등과 원망
으로 이어졌습니다.

　사실 이는 의도적이라기보다는 초대 예루살렘교회가 지닌 구조적 문
제였습니다. 교회가 성장했지만, 이를 뒷받침할 만한 교회 행정이 아직
없었습니다. 그 대표적인 경우가 "헬라파 유대인들이 자기의 과부들이
매일의 구제에 빠지는" 사건이었습니다. 그럴 수도 있다고 생각하며 단
순한 해프닝으로 끝날 수 있었습니다. 그런데 당사자인 헬라파 유대인
들은 그렇게 생각하지 않았습니다. 자기의 과부들이 매일의 구제에 빠

지자 이에 서운함을 느끼고 히브리파 사람들을 원망했습니다. 주류를 이루는 히브리파 사람들이 자신들을 무시하여 차별했다고 느꼈습니다.

마귀 중에 가장 간교한 마귀가 있습니다. 서운 마귀입니다. 평소 저럴 분이 아닌데. 왜 그럴까? 하고 의아해질 때가 있습니다. 나중에 알고 보니 어떤 일이 계기가 되어 마음에 서운한 것이 있었고, 그 생각을 흘려보내지 않고 계속 묵상하다가 그만 거기에 붙들린 것입니다. 서운 마귀에 마음이 한번 붙들리면 그 견고했던 믿음의 사람조차 뿌리째 흔들립니다. 그래서 돈을 관리하는 것보다, 건강을 관리하는 것보다 더 중요한 것이 '마음 관리'입니다. 사탄은 굶주려 우는 사자와 같이 호시탐탐 우리 마음의 빈틈을 노리고 있기 때문입니다.

교회 안에 갈등이 생겼을 때 열두 사도가 취한 모습이 있습니다.
**"열두 사도가 모든 제자를 불러 이르되 우리가 하나님의 말씀을 제쳐 놓고 접대를 일삼는 것이 마땅하지 아니하니"**(행 6:2).
사도들은 교회 내 헬라파 유대인들과 히브리파 사람들과의 갈등을 인정합니다. 그리고 그 갈등을 풀기 위해 모든 제자가 참여하는 공식적인 회의를 엽니다. 이는 사도들의 교회 내 문제해결 방식이 애초부터 공동체적이었음을 보여줍니다.

헬라파 유대인들이 자신의 과부들이 매일의 구제에 빠지므로 히브리 사람들을 원망할 때, 사도들은 그깟 사소한 일로 서로 원망하느냐며 헬라파 유대인들을 책망하지 않았습니다. 공평하게 구제하지 않은 히브리파 사람들의 부주의한 태도를 문제 삼지 않았습니다. 양쪽 어느 편도 들지 않았습니다. 우리는 세상도 아닌 교회 안에서조차 내 편 네 편을 찾을 때가 있습니다. 어떤 경우에도 교회 안에서 편을 가르지 않아야 합니다. '주님의 몸 된 교회' 안에 내 편 네 편이 어디 있습니까? 예수 안에서 하나님을 아버지로 부르는 우리는 모두 하나님 편입니다.

헬라파 유대인들이 접대 문제로 히브리파 사람을 원망할 때, 사도들이 그제야 깨달은 사실이 있습니다.

**"우리가 하나님의 말씀을 제쳐 놓고**
**접대를 일삼는 것이 마땅하지 아니하니."**

오해하지 마십시오. 이는 교회 내 사역에서 접대가 중요하지 않다는 말이 아닙니다. 교회 사역의 우선순위가 무엇인가를 말하는 것입니다. 두 종류의 일이 있습니다. 급한 일과 중요한 일입니다. 예배드리는 일, 기도하는 일, 말씀 묵상하는 일, 중요하지만 급한 일은 아닙니다. 그러다 보니 거기에 우선순위를 분명히 두지 않으면 중요하지 않은 급한 일에 빼앗기게 됩니다. 마귀는 우리에게 기도하지 말라고 하지 않습니다. 지금 하지 말고 나중에 하라고 합니다. 그렇게 나중으로 미루면 기도할 것 같지만 기도하지 못합니다.

시간 관리의 핵심은 급한 일과 중요한 일, 이 두 가지를 구별하고 급한 일보다 중요한 일에 우선순위를 두는 것입니다. 가난한 사람들을 접대하는 것, 시급히 해야 할 급한 일입니다. 그런데 그 일을 하다 보니 사도들이 정작 중요한 하나님의 말씀을 제쳐두게 된 것입니다. '제쳐두고'라는 말은 영어 성경에서 보면, '소홀히 여기다(neglect)', 또는 '희생하다(forsake)' 심지어는 '떠나다(leave)'라고 까지 번역되어 있습니다. 접대를 일삼기 위해 하나님의 말씀을 소홀히 여기고, 희생하고 심지어 떠나서야 되겠습니까? '위기 중의 위기는 하나님의 말씀과 멀어지는 것'입니다.

초대 예루살렘교회가 이 구제 문제로 인해 헬라파 유대인들과 히브리파 유대인들 사이에 갈등이 생겼을 때, 사도들이 제시한 방안이 있습니다.

**"형제들아 너희 가운데서 성령과 지혜가 충만하여 칭찬 받는 사람 일곱을 택하라 우리가 이 일을 그들에게 맡기고"**(행 6:3).

사도들은 지금 교회 안의 문제가 무엇인가를 정확히 진단했습니다. 이는 단순한 구제 시 배분 문제가 아니었습니다. 교회 내의 역할 분담이 적절하지 못한 것이었습니다. 그래서 자신들을 대신해 교회 안의 구제와 섬김을 감당해 줄 사람을 따로 세울 것을 제안합니다. 교회 안에 일꾼들을 피택하여 세우고자 한 것입니다. 그 피택의 기준으로 사도들이 제시한 것이 있습니다. "성령과 지혜가 충만하여 칭찬받는 사람"입니다.

교회의 일꾼은 탁월함만으로는 안 됩니다. "성령과 지혜가 충만하여 칭찬받는 사람"이라야 합니다. 세상의 기준과는 완전히 다릅니다. 세상에서는 돈 많이 가진 사람, 학벌 높은 사람, 탁월한 사람을 뽑습니다. 하지만 교회는 다릅니다. 하나님 교회의 일꾼은 성령과 지혜가 충만하고 하나님과 사람에게 칭찬받는 사람이라야 합니다. 성령과 지혜가 충만하다는 것은 하나님과의 바른 관계를 맺은 사람을 말합니다. 거기에 더해 하나님 교회의 일꾼은 칭찬받는 사람이라야 합니다. 여기 '칭찬 받는 사람'에 해당하는 헬라어의 문자적 의미는 '평판이 좋은 사람', '증명된 사람'입니다. 즉 교회 안에서 하나님의 일을 맡을 사람은 성령 충만의 결과로 나타나는 신앙 인격 또한 타의 모범이 되어야 합니다.

사도들이 제시한 기준을 따라 피택 된 일곱 사람이 **"스데반과 또 빌립과 브로고로와 니가노르와 디몬과 바메나와 유대교에 입교했던 안디옥 사람 니골라"**(행 6:5)입니다. 이 일곱 명의 이름, 참으로 영광스러운 이름입니다. 성경은 열두 사도의 이름만 기록으로 남기지 않았습니다. 사도들과 더불어 주의 몸 된 교회를 함께 섬긴 일곱 명의 이름 역시 빠짐없이 기록으로 남겼습니다. 하나님은 앞서가는 사도들만 기억하지 않습니다. 이름도 없이 빛도 없이 묵묵히 자신의 자리를 지키며 뒤따르는 사람들 역시 기억하십니다.

그렇게 새로 피택 된 일곱 명의 일꾼에게 교회 안의 갈등 원인이 되었던 구제의 일을 맡긴 후 사도들은 오로지 기도하는 일과 말씀 사역에 힘쓴니다. 그동안 기도하는 일과 말씀 사역에 사도들이 힘쓰지 않았던 것은 아닙니다. 몰려오는 사람들을 구제하는 일에 계속 마음을 쓰다 보니 정작 기도하는 일과 말씀 사역에 소홀해질 수밖에 없었습니다. 하지만 이제 성령과 지혜가 충만하여 칭찬받는 일곱 사람을 세우고 그들에게 일을 위임한 후 사도들은 오직 기도와 말씀에 힘쓸 수 있게 되었습니다.

그로 인해 초대 예루살렘교회가 경험한 은혜가 있습니다.

**"하나님의 말씀이 점점 왕성하여"**(행 6:7a).

선택과 집중을 통해 사도들은 기도하는 일과 말씀 사역에 힘쓰고 새로 피택 된 일곱 명을 통해 구제 사역이 이루어졌을 때, "하나님의 말씀이 점점 왕성하여" 갔습니다. 무엇이 부흥입니까? 단지 교인 수가 점점 많아지는 것, 재정이 점점 불어가는 것만이 부흥이 아닙니다. "하나님의 말씀이 점점 왕성하여지는 것", 이것이 진정한 부흥입니다. 이 땅의 교회 안에 "하나님의 말씀이 점점 왕성하여 가는" 참된 부흥이 불같이 일어나기를 소망합니다.


초대 예루살렘교회 안에 말씀의 부흥이 일어나자 이에 뒤따라온 일이 있습니다.

**"예루살렘에 있는 제자의 수가 더 심히 많아지고**
**허다한 제사장의 무리도 이 도에 복종하니라"**(행 6:7b).

다른 사람도 아니고 유대 종교 권력을 상징하는 제사장의 허다한 무리가 예수를 믿었다는 것은 유대 사회 종교적 권력이 핵심에서 흔들리고 있었음을 보여줍니다. 그렇게 하나님의 말씀이 점점 왕성한 초대 예루살렘교회에 남달리 주목받은 한 사람이 있습니다. 사도들이 기도하고 안수하여 세운 일곱 사람 중에 첫 번째로 언급된 스데반입니다.

스데반은 은혜와 권능이 충만했습니다. 하나님은 그를 통해 민간에 큰 기사와 표적을 행하셨습니다. 무엇보다 그는 복음의 변호자였습니다. 그는 복음을 가슴에 담아만 두지 않았습니다. 사람들이 모인 회당으로 찾아가 복음을 전했습니다. 스데반이 복음을 전하기 위해 찾아간 사람은 **"자유민들 즉 구레네인, 알렉산드리아인, 길리기아와 아시아에서 온 사람들"**(행 6:9)이었습니다. 이들은 스데반이 예수 믿기 전까지 속했던 디아스포라 유대인들입니다. 스데반은 동류의식을 느끼고 그들에게 가장 먼저 복음을 전한 것입니다. 하지만 그들은 스데반이 전한 복음을 영접하지 않았습니다. 도리어 논쟁합니다.

사람은 궁지에 몰리면 본심이 드러나게 됩니다. 스데반과 논쟁하던 자유민들이 그랬습니다. 그들은 처음엔 스데반과 '더불어' 대화했지만, 은혜와 권능으로 충만하여 복음의 진리를 전하는 스데반을 당해내지 못하자 돌변합니다. 사람들을 매수하여 스데반이 "모세와 하나님을 모독하는 말을 했다"라고 주장합니다. 모세와 하나님을 모독하는 말을 하는 것은 신성 모독으로 간주되어 유대 종교법상 사형에 해당하는 중죄입니다. 거기에 그치지 않습니다. 그들은 백성과 장로와 서기관들을 충동질해 스데반을 공회 재판에 넘깁니다.

공회에서 자유민들에게 사주받은 거짓 증인들은 **"이 사람이 이 거룩한 곳과 율법을 거슬러 말하기를 마지 아니하는도다 그의 말에 이 나사렛 예수**

가 이곳을 헐고 또 모세가 우리에게 전하여 준 규례를 고치겠다 함을 우리가 들었노라"(행 6:13-14)고 주장합니다. 스데반이 전한 복음을 자신의 입맛대로 제단하고 거짓으로 왜곡한 것입니다. 신학적인 논쟁을 법적인 잣대로 재단하는 것, 그리고 거기에 거짓 증언들을 정치적으로 이용하는 모습은 교회의 역사에서 매우 익숙한 장면입니다. 우리는 살인이나 간음, 도둑질에 대해서는 분명히 죄라고 인식하지만, 거짓으로 증언하는 것을 대수롭지 않게 여길 때가 많습니다. 하지만 거짓 증언은 **"네 이웃에 대하여 거짓 증거하지 말라"**는 십계명의 9계명을 범하는 참으로 악한 죄입니다.

상담할 때 가장 많이 상담받는 내용이 있습니다. "가까운 사람의 말로 인해 마음에 깊은 상처를 받았다"라는 것입니다. 그래서 교회에 나오기가 싫고. 교회를 옮기고 싶다는 것입니다. 이런 이야기 들으면 정말 속상합니다.

다른 사람에 관한 이야기를 혹 들었습니까? 그 내용을 누군가에게 옮길 때 정말 신중해야 합니다. 의외로 많은 사람들이 사실이 아닌 자기 자신의 느낌과 생각을 전할 때가 너무나도 많습니다. 예수 믿는 사람은 '자나 깨나 말조심'해야 합니다. 죽고 사는 것이 우리의 작은 혀에 달려 있기 때문입니다. 나에 대해 사실과 전혀 다른 왜곡된 내용을 공공연히 사람들에게 말하는 사람이 내 앞에 있다면 어떻게 하시겠습니까? 피가 거꾸로 솟는 것 같습니다. 당장이라도 멱살을 붙잡고 흔들며 "너 왜 없는 말 만들어 내!"라고 맞서고 싶습니다.

지금 스데반이 처한 상황이 그러합니다. 그런데 공회에서 자신을 죽음에 이르게 할 수 있는 거짓 증언을 버젓이 하는 사람들 앞에서 스데반이 보인 모습이 있습니다.

**"공회 중에 앉은 사람들이 다 스데반을 주목하여 보니 그 얼굴이 천사의 얼굴과 같더라"**(행 6:15).

자신을 죽음에 이르게 할 수 있는 거짓 증언을 듣던 스데반의 얼굴은 경직되거나 창백해지지 않았습니다. 분노로 인해 울그락불그락하지 않았습니다. 그 얼굴은 천사의 얼굴과 같았습니다. 그의 얼굴을 통해 그가 전하는 복음이 드러나는 순간입니다. 얼굴은 그 사람의 삶과 내면을 보여줍니다. 천사의 얼굴과 같았던 스데반의 얼굴은 당시 스데반의 마음 안에 무엇이 충만했는지를 우리에게 보여줍니다. 그들의 거짓 증언은 예수로 구주 삼은 스데반의 마음속 평안을 흔들지 못했던 것입니다. 우리의 얼굴은 요즘 사람들에게 어떻게 보입니까? 은혜와 권능이 충만하여 그 아름다움이 얼굴까지 나타난 스데반처럼 우리의 얼굴이 복음의 능력과 신앙의 인격을 드러내는 천사의 얼굴과 같기를 바랍니다.

'우리는 그리스도의 얼굴'입니다.

**한마디 기도**

세상 속에서 예수 그리스도의 복음을
선명하게 드러내는 우리의 얼굴 되게 하소서.

# 헛되지 않은 스데반의 죽음

사도행전 7:46-8:3

무릎을 꿇고 크게 불러 이르되

주여 이 죄를 그들에게 돌리지 마옵소서

이 말을 하고 자니라(행 7:60)

이제껏 들었던 수많은 설교 중에 내 삶을 변화시킨 설교가 있습니까? 오랜 시간이 흘렀지만 여전히 가슴속에 남아 있는 설교 말입니다. 제게는 1990년 여름, 서울 관악구 신림9동 고시촌에서 사법고시를 준비하던 시절에 근처의 작은 개척교회 주일 저녁예배에서 들었던 설교가 그런 설교였습니다.

그날 밤, 설교하시던 여전도사님이 눈물을 흘리며 자신은 하나님께 젊은 날 부르심을 받았는데 불순종하다가 정신병, 폐병에 들고 온갖 고난을 겪고 나서야 순종하여 이곳에 교회를 세웠노라고 하면서 "돌아서 가지 말라"는 말씀을 애절히 전하셨습니다. 그런데 "돌아서 가지 말라"는 그 한마디가 제 마음에 깊이 꽂혔습니다. 그 한마디가 하나님의 말씀으로 들려와 법관이 되고자 했던 저의 꿈을 내려놓고 목회자로 부르시는 하나님의 뜻에 순종하기로 결심했습니다. 제 인생의 전환점이 된 "돌아서 가지 말라"는 한마디 말씀이 들렸던 그 설교는 지금도 잊을 수 없습니다.

사도행전 7장은 사도행전에 나오는 설교문 중 가장 긴 설교문입니다. 이 설교문은 사도가 아닌 초대 예루살렘교회에서 구제 사역을 담당하기 위해 세움 받은 일곱 사람 중 한 사람인 스데반이 전한 것입니다. 지혜와 성령을 힘입어 복음을 전하던 스데반과 논쟁하던 자유민은 능히 당해내지 못하자 분풀이로 모세와 하나님을 모독하는 말을 했다며 스데반을 유대인의 공회에 고발합니다. 거기에 그치지 않았습니다. 자유민은 자신들의 고발을 정당화하기 위해 사람을 매수하여 스데반을 반 성전주의자요, 반 율법주의자인 것처럼 교묘하게 거짓으로 증언하게 합니다. 이것이 사실로 공회에서 받아들여지게 되면 스데반은 죽음에 이르게 됩니다. 그런데 그런 위기 상황에서 스데반의 얼굴은 천사의 얼굴과 같았습니다. 조금도 요동하지 않았습니다.

이런 스데반을 향해 공회에서 심문하는 대제사장이 묻습니다. **"이것이 사실이냐"**(행 7:1). 이에 스데반이 변론하듯 긴 설교를 했는데 그 내용이 7장 2절에서 53절까지 총 52절입니다. 대제사장의 질문 앞에 스데반은 **"여러분 부형들이여 들으소서"**(행 7:2)라고 외칩니다. 스데반은 공회에서 심문받는 자리를 오히려 복음을 전하는 기회로 삼습니다. 스데반의 설교는 이스라엘 민족의 조상인 아브라함으로부터 시작됩니다. 이것은 마태복음에서 예수님의 족보가 아브라함으로 시작한 것과 유사합니다. 이어 스데반은 이삭, 야곱, 요셉, 모세, 여호수아, 다윗, 솔로몬으로 이어지는 이스라엘의 역사를 회고하면서 율법과 성전에 대한 다양한 관점을 제시합니다. 스데반 설교의 주어는 언제나 하나님이었습니다. 그러다 보니 그의 설교 전반에 하나님의 절대적인 주권과 섭리가 강조되어 있습니다.

　아브라함의 부르심, 전적인 하나님의 은혜였습니다. 아브라함이 이삭을 낳고 이삭이 야곱을 낳고 야곱이 요셉을 비롯한 열두 아들을 낳았습니다. 죽은 자와 방불한 아브라함을 통해 하나님은 생명의 역사를 이어가셨습니다. 하나님은 형들의 시기로 애굽에 팔려 간 요셉을 애굽의 총리로 세우사 야곱과 그의 후손들의 생명을 기근에서 보호하셨습니다. 요셉은 죽었지만, 이스라엘 자손들을 향한 하나님의 역사는 멈추지 않았습니다. 애굽 왕 바로가 이스라엘 자손을 궤멸시키려는 시도 속에서 하나님은 나일강에 버려진 모세의 생명을 보존하셨습니다. 그리고 이스라엘 자손들이 거부했던 그 모세를 하나님은 택하사 이스라엘 자손을 애굽에서 탈출시키는 구원자로 삼으셨습니다. 이는 마치 이스라엘 자손이 거부했던 예수님을 주와 그리스도로 삼은 것과 같습니다.

　출애굽한 이스라엘 자손들은 40년간 광야의 길을 걸었습니다. 스데반은 그 이스라엘 자손들이 걸었던 광야의 길을 **"광야교회"**(행 7:38)라고 표현합니다. 이는 눈에 보이는 건물이 있어야 교회라고 여기던 사람들의 고정 관념을 뒤흔드는 참으로 놀라운 표현입니다. 모세 시대에 하나님은 성막에 계셨습니다. 성막은 고정된 건물이 아니라 이동이 가능한 일종의 천막이었습니다. 광야를 행진하는 데 최적화된 교회가 바로 성막입니다. 그 성막은 가나안 땅에 정착한 여호수아 시대를 거쳐 다윗 시대까지 계속되었습니다.

　하나님의 주권과 은혜로 왕이 된 다윗은 자신이 거할 왕궁은 있는데 하나님의 집이 여전히 성막으로 있음을 늘 안타까워했습니다. 그래서 자기 손으로 하나님의 성전을 짓고 싶어 했습니다. 하지만 하나님은 다윗이 아닌 그 아들 솔로몬의 손을 통해 마침내 성전을 짓게 하셨습니다. 솔로몬 성전, 이는 이스라엘 역사 가운데 최초로 지어진 성전입니다. 그 아름다움은 이루 말할 수 없습니다. 그렇게 지어진 성전을 이스라엘 자손은 자신의 생명처럼 매우 소중하게 여겼습니다. 하나님께서 자신들이 지은 성전에 계신다고 믿었기 때문입니다. 문제는 이것이 너무 지나쳐 하나님보다 성전을 더 중요시하는 모습까지 이르게 된 것입니다.

이스라엘 자손이 그렇게 소중히 여기는 성전에 대해 스데반은 **"지극히 높으신 이는 손으로 지은 곳에 계시지 아니하시나니"**(행 7:48-49)라고 외칩니다. 성전에서 드리는 제사를 통해 죄 용서받고 구원을 얻었던 유대인들에게 스데반의 이 한마디는 그들의 신앙과 율법의 근본을 송두리째 뒤흔드는 청천벽력 같은 선포였습니다. 하나님께서 성전에 계시지 않는다면 그들이 드리는 제사는 무용지물이 되기 때문입니다. 물론 스데반이 말하려는 것은 성전 무용론이 아닙니다. 어디에나 계시는 크신 하나님을 사람이 만든 성전에 가둘 수 없다는 점을 강조한 것입니다. 하지만 의도와 달리 스데반의 주장은 성전 그 자체를 절대시하는 유대인들에게 마치 성전 무용론처럼 들렸습니다.

스데반의 설교는 거기에 그치지 않았습니다. 이어지는 내용은 더욱 날카로웠습니다. 스데반은 공회에 모인 유대인들을 향해 **"목이 곧고 마음과 귀에 할례를 받지 못한 사람들아"**(행 7:51)라고 일갈합니다. 유대인들이 이방인들을 기피하며 혐오할 때 쓰는 전형적인 말이 '할례를 받지 못한 사람들'이라는 표현입니다. 비록 '마음과 귀에'라는 전제를 달았지만, 할례받은 언약의 자손임을 자랑스럽게 여기는 유대인들을 스데반이 '할례를 받지 못한 사람들'이라고 불렀으니, 그들의 심기가 얼마나 불편했겠습니까?

그런데 거기에 더해 "그 의인을 잡아 준 자요 살인한 자"(행 7:52)라고 대놓고 이야기합니다. 여기서 '그 의인'은 십자가에 못 박혀 죽은 예수님을 가리킵니다. 스데반은 예수님의 죽음에 대한 책임이 유대인들에게 있음을 분명히 합니다.

그리고 마지막으로 한마디를 덧붙입니다. **"너희는 천사가 전한 율법을 받고도 지키지 아니하였도다"**(행 7:53). 지금 스데반이 공회에 모인 유대인들 앞에서 재판받는 것은 율법을 거슬렀다는 이유에서입니다. 그런데 스데반은 율법을 거스른 것은 자신이 아니라 지금 공회에 모인 당신들이라고 책망합니다.

"율법을 지키지 않는 것은 내가 아니라 바로 너희다…"라는 지적은 공회에서 행한 스데반 설교의 화룡점정을 찍는 순간입니다. 스데반은 재판정의 피고석을 거침없이 설교 강단으로 바꾸어 버립니다. 그의 얼굴은 천사와 같았지만, 그의 설교는 전사와 같았습니다.

스데반을 통해 "너희는 천사가 전한 율법을 받고도 지키지 아니하였도다"라는 지적을 듣자, 공회에 모인 유대인들이 이를 갑니다. 격하게 분노한 것입니다. 들린 말씀이 얼마나 그들의 마음을 불편하게 했으면 이를 갈았겠습니까? 복음은 제대로 들으면 사람의 마음을 불편하게 합니다. 우리의 숨은 죄를 적나라하게 지적하기 때문입니다. 우리의 교만을, 우리의 악함을, 우리의 숨은 어두움을 낱낱이 드러내기 때문입니다.

만나교회를 담임하시는 김병삼 목사님께서 교회 연합집회에서 전한 말씀 중에 참 인상적인 내용이 있었잖습니다. 어느 주일예배 설교 중에 매우 불편한 표정으로 말씀을 듣는 한 부부가 눈에 띄었습니다. 처음 교회에 오신 분이었습니다. 못마땅한 표정으로 말씀을 듣는 그 부부를 보며 김병삼 목사님은 한두 번 나오다 그만 나오겠거니 생각했습니다. 그런데 그 부부가 다음 주도 그다음 주도 몇 주 계속 예배에 나왔습니다. 그러더니 교회에 등록까지 하고 3개월 뒤, 새 가족 환영 식사 모임에 그 부부가 참석했습니다. 식사 중에 대화를 나누면서 그 부부가 어떻게 교회에 등록하게 되었는지 그 이유를 들을 수 있었습니다.

이분들이 분당에 새로 이사 와서 등록할 교회를 찾으면서 등록할 교회를 정하는 기준이 한 가지 있었는데, 자신들의 마음을 가장 불편하게 하는 교회였다고 합니다. 그런데 만나교회 예배 중에 들려온 설교가 매번 마음에 부담을 주고 불편하게 했기에 마침내 교회에 등록하게 되었다는 것입니다. 와! 그 이야기를 듣고 얼마나 놀랐는지, 세상에 이런 교인이 있다니, 등록할 교회를 찾을 때 많은 사람이 마음을 편하게 설교해 주는 교회를 찾는데, 이 부부는 정반대로 마음을 불편하게 설교하는 교회를 찾았다니. 이 부부는 은혜가 무엇인지를 제대로 아는 분들입니다. 무엇이 은혜입니까? 하나님의 말씀이 내게 들릴 때 마음에 찔려오는 것, 그것이 은혜입니다. 말씀이 찔러 쪼개어 아픔이 느껴지는 것, 내 영혼이 살아있다는 것입니다. 영혼이 화인 맞아 죽으면 말씀을 들어도 무덤덤하기 때문입니다.

유대인들이 자신의 설교를 듣고 분노로 이를 가는 일촉즉발의 상황에서 스데반이 본 것이 있습니다. **"하나님의 영광과 주 예수께서 하나님 우편에 서 계신 모습"**(행 7:55)입니다. 그 순간 스데반의 영안이 열렸습니다. 주목할 것은 영안이 열린 스데반이 본 예수님이 하나님 우편에 서 계신 모습이었다는 것입니다. 우리가 사도신경을 통해 신앙고백을 하는 내용은 **"하늘에 오르시어 전능하신 아버지 하나님 우편에 앉아 계신 예수님"**입니다. 반면에 영안이 열린 스데반이 본 것은 영광의 보좌에 앉아 계신 예수님이 아니라 서 계신 예수님입니다. 왜 예수님은 이때 보좌에 앉아 계시지 않고 서서 계셨을까요? 죽음 앞에 직면한 스데반을 예수님께서 온전히 주목하고 계신 것입니다. 그날 하나님 우편에 서 계신 예수님의 눈과 땅에서 우러러보는 스데반의 눈이 서로 마주쳤습니다.

공회에 모인 유대인들은 분노에 휩싸여 스데반에게 달려들어 그를 성 밖으로 내친 후 돌로 칩니다. 그들이 던진 돌에 맞아 피 흘리며 죽어가던 스데반이 사람들 앞에 외쳤던 첫 번째 기도가 있습니다.

**"주 예수여 내 영혼을 받으시옵소서"**(행 7:59).

스데반은 자신의 영혼을 주 예수님께 맡깁니다. 그리고 이어 두 번째 드린 기도가 있습니다.

**"주여 이 죄를 그들에게 돌리지 마옵소서"**(행 7:60a).

정황상으로는 죄 없는 자신에게 돌을 던지는 유대인들을 향해, "주여, 저들을 가만두지 마옵소서, 주여, 저들을 심판하여 주옵소서"라고 해야 마땅할 것 같은데 무릎을 꿇은 스데반은 큰 소리로 "주여, 이 죄를 그들에게 돌리지 마옵소서"라고 기도합니다.

"주 예수여, 내 영혼을 받으시옵소서!"

"주여, 그들의 죄를 그들에게 돌리지 마옵소서!"

스데반이 죽어가면서 남긴 이 두 마디는 예수님께서 십자가 위에서 남겼던 일곱 마디 중에 두 마디와 같습니다. 십자가 위에서 예수님의 첫 마디는 **"아버지 저들을 사하여 주옵소서 자기들이 하는 것을 알지 못함이니이다"**(눅 23:34)였고, 마지막 한마디는 **"아버지 내 영혼을 아버지 손에 부탁하나이다"**(눅 23:46)였습니다. 십자가 위에서 예수님의 첫마디와 마지막 마디의 말씀이 돌에 맞아 죽어가던 스데반의 입을 통해 사람들에게 다시 한번 들린 것입니다. 스데반의 죽어가는 모습을 보며 사람들은 자연스레 예수님을 떠올렸을 것입니다. 그는 작은 예수였습니다. 스데반의 설교는 53절에서 중단된 미완의 설교입니다. 그 미완의 설교, 스데반은 자신의 죽음으로 완성했습니다. 이보다 더 강렬한 설교가 세상에 어디 있겠습니까? 스데반이란 이름의 뜻은 '면류관'입니다. 그는 자신의 이름대로 의의 면류관이 되었습니다.

우리가 놓치지 않아야 할 것은 스데반의 마지막 모습입니다.
**"이 말을 하고 자니라"**(행 7:60b).

사실대로 하자면 "이 말을 하고 죽으니라"라고 해야 맞습니다. 그런데 성경은 "죽으니라"라고 하지 않고, "자니라"라고 끝을 맺습니다. 이 땅에서 눈을 감았으나 천국에서 다시 눈을 떴기 때문입니다.

스데반의 죽음, 인간적으로 너무나 안타까운 죽음입니다. 주목해야 할 부분은 하나님께서 그의 죽음을 막지 않으셨다는 점입니다. 하나님께 그럴만한 능력이 없어서가 아닙니다. 예수님의 십자가 죽음을 막지 않으심 속에 온 세상을 구원하기 위한 놀라운 계획이 깃든 것처럼 스데반의 죽음에는 우리의 작은 머리로는 다 헤아릴 수 없는 오묘한 하나님의 주권과 섭리가 깃들어 있습니다.

스데반이 순교하는 과정과 그 직후 세 번이나 등장하는 이름이 있습니다. '사울'입니다.
**"사울은 그의 죽음을 마땅히 여기더라"**(행 8:1).

스데반의 죽음 속에 바울이 잉태되고 있었던 것입니다. 또한 스데반의 죽음으로 유대인들이 교회를 본격적으로 박해하기 시작하면서 성도들이 각처로 흩어집니다. 객관적으로는 너무나 불행하고 안타까운 일이었습니다. 그런데 그로 인해, 복음이 마침내 예루살렘을 넘어 유대와 사마리아와 모든 땅으로 전해지기 시작합니다. 이 얼마나 오묘한 하나님의 섭리입니까?

순교의 피는 그냥 사라지지 않습니다. 초대 교부 터툴리안(Tertulian)은 "순교의 피는 교회의 씨앗이다"라고 말했습니다. 씨앗이라는 말을 원문 그대로 번역하면 '밑거름(fertilizer)'이라는 뜻입니다. 스데반의 순교는 이후 기독교 역사상 가장 위대한 업적을 남긴 사도 바울을 낳는 밑거름이 되었습니다.

세상에서의 수고는 밤이 맞도록 수고해도 결국 헛될 때가 많습니다. 하지만 주 안에서의 수고는 절대 헛되지 않습니다.

**"그러므로 내 사랑하는 형제들아 견실하며 흔들리지 말고 항상 주의 일에 더욱 힘쓰는 자들이 되라 너희 수고가 주안에서 헛되지 않는 줄 앎이라"**(고전 15:58).

스데반의 죽음을 통해 복음의 열매가 된 사도 바울의 고백입니다. 헛된 세상에서 헛되지 않은 삶을 산 사람, 바로 그 사람이 스데반입니다. 세상일이 아니라 주의 일에 항상 더욱 힘쓰십시오. 결코 헛되지 않을 것입니다.

**한마디 기도**
**세상 속에 스데반처럼 작은 예수로 살게 하소서.**

# 사마리아도 하나님의 말씀을 받았다!

**사도행전 8:4-25**
예루살렘에 있는 사도들이
사마리아도 하나님의 말씀을 받았다 함을 듣고
베드로와 요한을 보내매(행 8:14)

"축복을 셀 때 상처를 빼고 세지 말라."

시인 류시화의 『좋은지 나쁜지 누가 아는가?』라는 책에 나오는 내용입니다. 축복을 뜻하는 영어 blessing은 '상처 입다'를 뜻하는 프랑스어 blesser와 어원이 같습니다.

아버지 야곱의 심부름으로 양치는 형들을 찾아갔던 요셉, 다른 사람도 아니고 형들의 손에 의해 물 없는 구덩이에 던져집니다. 가까스로 구덩이에서 건져진 요셉은 애굽으로 가는 상인들에게 은 20에 노예로 팔려 갑니다. 그때 요셉의 나이 17세입니다. 노예로 팔려 간 애굽에서 시위대장 보디발 집의 가정 총무로 인정을 받는가 싶었는데 보디발 아내의 유혹을 뿌리쳤다가 억울하게 누명을 입어 기약 없는 감옥에 갇힙니다.
그런데 창세기에 보면, 이런 요셉의 이야기를 하면서 계속 따라다니는 말이 있습니다. '형통'이라는 단어입니다. 인간의 눈으로는 도무지 형통이라고 말할 수 없는 상황인데 왜 형통하다고 했을까요? 당시에는 알 수 없었지만, 나중에야 그 이유를 알게 됩니다. 이후 하나님은 감옥에 갇힌 요셉을 애굽의 총리로 세우사 가나안땅에서 기근으로 굶어 죽어 가던 아버지 야곱과 형제들을 구원하는 일을 하십니다. 요셉이 다른 사람도 아닌 형제들에 의해 구덩이에 던져지고 애굽의 노예로 팔려 가는 일, 당시에는 너무나 큰 상처였지만 인생 전체의 그림을 보니 사실은 그때가 축복의 출발점이었습니다. 우리 눈에 막다른 길처럼 보이는 삶의 자리, 하나님은 얼마든지 지름길이 되게 하실 수 있습니다. 살아가면서 직면하는 고난은 '쉼표'입니다. 그 쉼표에 섣불리 마침표를 찍어서는 안 됩니다.

본문의 앞선 말씀에는 성령과 지혜가 충만한 스데반이 공회에서 복음을 증언하다가 신성 모독으로 정죄되어 돌에 맞아 죽는 안타까운 모습이 나옵니다. 스데반은 기독교 역사상 첫 번째 순교자가 되었습니다. 그 직후 유대교의 완고한 지배 세력들은 교회를 크게 박해하기 시작했고, 이로 인해 사도 외에 모든 성도는 예루살렘을 떠나온 유대와 사마리아로 흩어져야 했습니다. 하루아침에 정든 삶의 터전을 떠나야 했던 성도들, 참으로 힘들고 막막했을 것입니다.

그런데 그렇게 유대인들의 박해를 피해 어쩔 수 없이 흩어졌던 사람들이 행한 일이 있습니다.

**"그 흩어진 사람들이 두루 다니며 복음의 말씀을 전할새"**(행 8:4).

박해로 인해 각처로 흩어진 사람들은 위축되지 않았습니다. 그들은 두루 다니며 복음의 말씀을 전했습니다. 그들 안에 예수 구원이 있었기 때문입니다. 그들 안에 예수 생명이 있었기 때문입니다.

이런 가사를 가진 복음성가가 있습니다.

날이 저물어 갈 때 빈 들에서 걸을 때 그때가 하나님의 때
내 힘으로 안 될 때 빈손으로 걸을 때 내가 고백해 여호와이레
주가 일하시네 주가 일하시네 주께 아끼지 않는 자에게
주가 일하시네 주가 일하시네 신뢰하며 걷는 자에게

"날이 저물어 갈 때, 빈 들에서 걸을 때, 내 힘으로 안 될 때, 빈손으로 걸을 때" 얼마나 막막합니까? 그런데 그때가 바로 하나님의 때입니다. 그때가 바로 주가 일하시는 때입니다. 그때가 믿음이 필요한 때입니다. 초대 예루살렘교회 성도들은 유대인들의 박해로 삶의 터전을 잃었습니다. 그럼에도 그들이 끝까지 잃어버리지 않는 것이 있습니다. 바로 '믿음'입니다.

예수 믿어도 고난받을 수 있습니다. 병들 수 있습니다. 내 기대와 생각과 다른 삶의 자리에 직면할 수 있습니다. 그러나 그것 때문에 믿음을 잃어버려서는 안 됩니다. 주 안에서 의미 없는 고난은 없습니다. 모든 고난 속에는 하나님의 뜻이 있습니다. 초대교회 성도들은 두루 다니며 복음의 말씀을 전하는 움직이는 교회였습니다. 우리의 생각을 뛰어넘은 하나님의 역사입니다. 하나님은 유대인들의 극심한 박해 속에서 여전히 일하고 계셨습니다. 선교, 사람이 하는 것처럼 보입니다. 하지만 선교의 주체는 언제나 하나님입니다.

그렇게 각처에 복음의 말씀이 전해질 때 그중에 사마리아까지 가서 복음의 말씀을 전한 사람이 있습니다. 바로 사도들을 대신하여 구제와 접대를 담당하기 위해 세움 받은 일곱 사람 중의 한 사람이 빌립입니다.

빌립은 사마리아 성에 내려가 그리스도를 백성에게 전파합니다.

빌립이 사마리아 성에 내려가 그리스도를 전파할 때 사마리아에 놀라운 역사가 일어납니다. 많은 사람에게 붙었던 더러운 귀신들이 크게 소리를 지르며 나가고 또 많은 중풍 병자와 못 걷는 사람이 나음을 얻습니다. 치유와 회복이 일어난 것입니다. 그로 인해 사마리아 성에 일어난 변화를 이렇게 증거합니다. **"그 성에 큰 기쁨이 있더라"**(행 8:8). 빌립을 통해 복음이 전해진 사마리아 성에 임한 기쁨은 단순한 기쁨이 아닙니다. '큰 기쁨(great joy)'입니다. 이는 영적 황무지였던 사마리아 성에 일어난 놀라운 변화를 단적으로 보여줍니다. 복음이 들어가는 곳, 복음을 영접하는 심령이 반드시 경험하는 일이 있습니다. 바로 '기쁨'입니다.

주석학자 윌리엄 바클레이(William Barclay)는 "어두운 분위기를 가져오는 기독교는 거짓이다"라고 했습니다. 왜 의기소침합니까? 왜 우울합니까? 왜 낙심합니까? 내 안에 복음, 즉 기쁜 소식이 없기 때문입니다.

사도 바울은 로마교회에 보내는 편지에서 **"하나님의 나라는 먹는 것과 마시는 것이 아니요 오직 성령 안에 있는 의와 평강과 희락이라"**(롬 14:17)고 했습니다. 하나님 나라는 의의 나라입니다. 하나님 나라는 평강의 나라입니다. 마지막으로 하나님 나라는 기쁨의 나라입니다. 영적 황무지였던 사마리아 성에 '큰 기쁨'이 임한 이유, 정치 경제적 이유 때문이 아닙니다. 빌립이 전한 복음을 통해 하나님의 은혜가 임했기 때문입니다. 직면한 문제만 묵상하지 말고 그 무엇보다 복음이신 예수님을 깊이 묵상하십시오. 어두운 마음에 기쁨이 임할 것입니다.

빌립을 통해 복음이 전해지기 전, 사마리아 성에서 오랫동안 큰 영향력을 발휘하던 사람이 있었습니다. 바로 마술사 시몬입니다. 그는 마술을 행하여 백성을 놀라게 했습니다. 그 영향력은 타의 추종을 불허했습니다. 낮은 사람부터 높은 사람까지 다 마술사 시몬을 따랐고 "이 사람은 크다 일컫는 하나님의 능력"이라고 여겨졌습니다. 그런데 빌립이 전한 복음의 말씀을 통해 사마리아 성의 영적 판도가 완전히 바뀌었습니다. 빌립이 사마리아 성에 내려와 "하나님 나라와 및 예수 그리스도의 이름에 관하여 전도"하며 표적과 기사를 행하자, 사람들이 믿고 남녀가 다 세례를 받고 심지어 사마리아 성에서 맹주 노릇을 해오던 마술사 시몬까지 믿고 세례받는 역사가 일어났습니다. 빛이 오면 어두움이 드러나듯 진짜가 오면 가짜가 드러납니다.

발 없는 말이 천리를 간다고, 빌립을 통해 전해진 복음의 말씀으로 사마리아 성에 일어난 놀라운 변화는 금세 예루살렘교회까지 소문이 납니다. 그 소문을 듣고 예루살렘교회가 보인 첫 반응이 있습니다.

**"예루살렘에 있는 사도들이 사마리아도 하나님의 말씀을 받았다 함을 듣고 베드로와 요한을 보내매"**(행 8:14).

복음으로 인해 사마라아 성에 일어난 놀라운 변화에 대한 소문을 들은 예루살렘에 있는 사도들, 놀라움을 금치 못하며 주고받은 말이 있습니다.

**"사마리아도 하나님의 말씀을 받았다!"**

사도들조차 큰 충격을 받았습니다. 사마리아 사람들이 하나님의 말씀, 즉 복음을 받아들였습니다. 유대인들은 사마리아인들을 할례받지 못한 이방인들보다 더 기피하고 혐오했습니다. 같은 동족이었지만 앗수르에 의해 북이스라엘이 정복된 후 이방인과의 통혼으로 혼혈족이 되었기 때문입니다. 그런데 평소 그토록 기피하고 혐오하던 사마리아 사람들이 하나님의 말씀을 받아들인 것입니다.

"사마리아도 하나님의 말씀을 받았다!"는 소식을 듣고 예루살렘교회는 사도 베드로와 요한을 파송합니다. 사마리아 성을 방문한 사도 베드로와 요한은 빌립을 통해 믿고 세례받은 사람들을 위해 안수하며 성령 받기를 기도합니다. 그러자 그들에게 성령이 임합니다. 이는 교회사적으로 매우 중요한 장면입니다. 예루살렘교회와 새로 개척된 사마리아교회가 성령 안에서 서로 교통하고 하나 되는 순간이기 때문입니다. 그렇게 베드로와 요한을 통해 사마리아 성에 성령의 임재가 임할 때 찬물을 끼얹은 한 사람이 있었습니다. 마술사 시몬입니다.

시몬이 사도들의 안수로 사람들이 성령을 받는 것을 보고 돈을 드려 구한 것이 있습니다.

**"이 권능을 내게도 주어 누구든지 내가 안수하는 사람은**
**성령을 받게 하여 주소서"**(행 8:19).

마술사 시몬, 사도들에게 돈을 주고 성령의 권능을 사려고 합니다. 겉사람은 믿고 세례를 받아 마치 변화된 것처럼 보였지만 그 속사람은 과거 마술사로 살던 예전 모습 그대로였습니다.

마술사 시몬이 돈으로 성령의 능력을 사려고 하자 사도 베드로가 이에 즉각적으로 응대합니다.

**"네가 하나님의 선물을 돈 주고 살 줄로 생각하였으니**
**네 은과 네가 함께 망할지어다"**(행 8:20).

성령을 돈으로 사려고 시도한 마술사 시몬을 사도 베드로가 면전에서 책망합니다. 성령은 값없이 주시는 하나님의 선물입니다. 내가 어떤 대가를 지불하고 가질 수 있다는 생각은 잘못입니다. 사람들은 돈만 있으면 세상에 못할 것이 없다고 말합니다. 정말 돈만 있으면 세상에 못할 것이 없습니까? 돈으로 좋은 침대는 사도 깊은 잠은 살 수 없습니다. 돈으로 사람을 살 수 있지만 그 사람의 마음은 살 수 없습니다. 돈으로 좋은 집은 살 수 있어도 행복한 가정은 살 수 없습니다. 돈으로 좋은 시계는 살 수 있어도 시간은 살 수 없습니다. 돈으로 약은 사도 건강은 살 수 없습니다. 돈으로 음식은 사도 식욕은 살 수 없습니다. 돈으로 성대한 장례식은 치를 수 있어도 행복한 죽음은 살 수 없습니다.

그런데 마술사 시몬은 성령을 돈으로 살 수 있다고 생각했습니다. 영어로 성직매매를 'simony'라고 하는데, 그 어원이 하나님의 은혜와 권능을 사도들에게 돈으로 사려고 한 여기에서 나왔습니다.

사실 돈으로 성령의 능력을 사고자 했던 시몬의 반응은 당시의 문화로 보면 자연스러운 행동입니다. 그럼에도 사도 베드로가 이에 대해 아주 단호하게 반응한 것은 이것이 단지 한 개인의 문제를 넘어 복음의 순수성을 훼손시키는 심각한 도전이었기 때문입니다. 마술사 시몬에 대한 사도 베드로의 책망은 이에 그치지 않습니다.

**"하나님 앞에서 네 마음이 바르지 못하니 이 도에는 네가 관계도 없고 분깃 될 것도 없느니라 그러므로 너의 이 악함을 회개하고 주께 기도하라 혹 마음에 품은 것을 사하여 주시리라 내가 보니 너는 악독이 가득하며 불의에 매인 바 되었도다"**(행 8:21-23).

사도 베드로에게 거의 저주에 가까운 면책을 받은 마술사 시몬이 당황해서 한 요청이 있습니다.

**"나를 위하여 주께 기도하여**
**말한 것이 하나도 내게 임하지 않게 하소서"**(행 8:24).

베드로는 "너의 이 악함을 회개하고 주께 기도하라"고 했는데 시몬은 이때 회개하지 않았습니다. 다만 그 순간을 어떻게든 모면하려 했습니다. 교회 전승에 따르면 시몬은 초대교회 이단의 우두머리가 되었다고 전해옵니다. 얼마나 불행합니까? 변화되지 않으면 변질됩니다.

### "사마리아도 하나님의 말씀을 받았다!"

이는 너무나 충격적이고 놀라운 일이었습니다. 사마리아도 하나님의 말씀을 받는다면 구원받지 못할 도시가 어디 있겠습니까? 사마리아 사람이 구원받았다면 구원받지 못할 사람이 어디 있겠습니까?

사마리아 부분에 괄호를 쳐 보았습니다.

### "(          )도 하나님의 말씀을 받았다!"

우리에게 저 괄호 안에 들어갈 나라나 지역은 어디입니까? 저 괄호 안에 들어갈 사람은 누구입니까? 아직 남편이 믿지 않습니까? 저 괄호 안에 남편 이름을 넣어 선포하십시오. 아직 아내가 믿지 않습니까? 저 괄호 안에 아내 이름을 넣어 선포하십시오. 아직 자녀가 믿지 않습니까? 저 괄호 안에 자녀 이름을 넣어 선포하십시오.

우리가 기억해야 할 중요한 사실은 **"사마리아도 하나님의 말씀을 받았다!"**라는 이 감격스러운 소식이 오늘 우리에게까지 전해질 수 있었던 이유입니다. 그것은 빌립이 사마리아로 가서 담대히 복음을 전했기 때문입니다. 오늘 우리는 복음에 익숙합니다. 어디를 가든 교회를 쉽게 찾을 수 있습니다. 그러나 불과 140년 전만 해도 조선은 복음의 황무지였습니다. 그 척박한 땅에 하나님의 말씀이 전해질 수 있었던 것은, 사마리아와 같았던 조선 땅에 목숨을 걸고 복음을 전한 선교사들이 있었던 덕분입니다. 예루살렘교회가 **"사마리아도 하나님의 말씀을 받았다!"**라는 소식을 듣고 놀라움과 큰 기쁨을 누렸던 것처럼, 우리가 나아가 복음을 선포하는 곳마다 구원의 역사로 인한 감격과 기쁨이 넘쳐나기를 바랍니다.

한마디 기도

복음의 불모지, 영적 사마리아를 발견하게 하사
예수 구원의 복음을 전하게 하소서.

# 부르심의 은혜

사도행전 9:1-19

주께서 이르시되

가라 이 사람은 내 이름을 이방인과 임금들과

이스라엘 자손들에게 전하기 위하여 택한 나의 그릇이라(행 9:15)

살아가면서 나를 알아주는 사람이 아무도 없다는 생각에 슬퍼졌던 날이 있습니까? 신앙생활을 하다가 "하나님은 내 이름을 아실까?"라는 생각으로 불안해진 적이 있습니까? 그런 사람들을 위한 찬양곡이 있습니다.

> 그는 내 아버지 난 그의 소유
> 내가 어딜 가든지 날 떠나지 않죠
> 내 이름 아시죠 내 모든 생각도
> 아바라 부를 때 그가 들으시죠

이 곡은 여러 번 내한 공연을 했던 미국의 찬양 예배 인도자 토미 워커(Tommy Walker)의 찬양곡 "내 이름 아시죠(He Knows My Name)"입니다. 그가 자신이 작곡한 곡 중 가장 기억에 남는 곡으로 뽑은 이 곡에는 사연이 있습니다.

그가 필리핀의 한 고아원에서 집회를 인도할 때의 일입니다. 한 아이가 다가와 자신의 이름이 "제리"라고 소개합니다. 이후 집회 내내 찾아와 "토미, 내 이름 알아요?"라고 반복해서 묻습니다. 처음에 왜 매번 같은 질문을 할까 의아해합니다. 그러다 고아로 자란 이 아이가 누군가 자신의 이름을 기억해 주기를 원한다는 것을 깨닫고 내 이름을 아느냐고 물었을 때 "제리"라고 불러주자 그 아이는 뛸 듯이 기뻐합니다. 자신의 이름이 기억되어 불러주기를 원하는 이 고아를 보며 그는 **"내가 너를 내 손바닥에 새겼고"**라는 이사야 49장 16절의 말씀으로 자신이 회복된 것이 생각이 났고, 그 후 지은 곡이 바로 "내 이름 아시죠"입니다.

본문에는 하나님께서 찾아오사 친히 불러주신 한 이름이 나옵니다. 사울이라는 이름입니다. 하나님께서 이름을 불러주기 전의 사울과 이름을 불러주신 후의 사울은 전혀 다릅니다. 하나님께서 그의 이름을 불러주기 전 사울은 스데반 집사가 돌에 맞아 죽어갈 때 그 죽음을 마땅히 여겼던 사람입니다. 비단 거기에 그치지 않았습니다. 이후 교회를 잔멸하는 일의 최선봉에 섭니다. 심지어 멀리 떨어진 다메섹까지의 원정도 마다하지 않았습니다. 다메섹은 예루살렘에서 북동쪽으로 240여 킬로미터 떨어진 곳에 있는 수리아 지역으로 예루살렘에서 도보로 최소한 6일 이상 걸립니다. 그런데 사울은 단지 예수 믿는 사람들을 붙잡아 오려는 그 일념 하나만으로 그 먼 다메섹까지 원정을 갑니다. 율법의 전문가요, 뼛속까지 유대교로 무장한 사울이 집요하게 기독교 박해에 앞장섰으니 그 파급력은 상상을 초월했습니다.

그런데 하나님은 이런 사울을 계속 두고만 보지 않으셨습니다. 때가 되자 강권적으로 상관하셨습니다.

**"사울이 길을 가다가 다메섹에 가까이 이르더니**
**홀연히 하늘로부터 빛이 그를 둘러 비추는지라"**(행 9:3).

밝은 대낮에 홀연히 하늘로부터 빛이 사울을 둘러 비추었습니다. 그 빛은 사울의 눈을 멀게 할 정도로 너무나 강한 빛이었고 그로 인해 사울은 그만 땅에 엎드러졌습니다.

그렇게 강한 빛으로 땅에 엎드러진 사울의 귀에 들려온 소리가 있었습니다.

**"사울아 사울아 네가 어찌하여 나를 박해하느냐 하시거늘"**(행 9:4).

"사울아, 사울아!" 두 번이나 자신의 이름이 불린 후 들려온 음성은 "네가 어찌하여 나를 박해하느냐"였습니다. 이는 너무나 뜻밖의 음성이었습니다. 사울이 들었던 음성은 "네가 어찌하여 교회를 박해하느냐"가 아니라 "네가 어찌하여 나를 박해하느냐"였습니다.

여기 '나'는 예수님이십니다. 그동안 사울은 예수님을 박해한 적이 없었습니다. 예수 믿는 사람을 박해했고, 그들의 모임인 교회를 박해했습니다. 그런데 예수님은 "어찌하여 나를 박해하느냐?"라고 사울을 책망하십니다. 예수님은 사울이 박해하는 교회와 자신을 동일하게 여기셨습니다. 사울로 인해 박해받고 있는 예수 믿는 사람들의 고통을 자신의 고통으로 간주하셨습니다. 교회가 박해받을 때 주님 역시 박해받으십니다. 우리가 고통당할 때 예수님도 고통당하십니다. 교회와 교회 된 우리는 예수님과 하나로 연합되어 있기 때문입니다.

"사울아 사울아 네가 어찌하여 나를 박해하느냐"라는 하늘의 소리를 듣고 사울이 즉각적으로 보인 반응이 있습니다.

**"대답하되 주여 누구시니이까"**(행 9:5a).

사울은 이제껏 누구보다 하나님을 잘 안다고 생각했습니다. 자신처럼 하나님을 잘 섬기는 사람도 없을 것이라고 자부했습니다. 그런데 "네가 어찌하여 나를 박해하느냐"라는 하늘의 음성을 듣고 아연실색하여 "주여, 누구시니이까"라고 묻습니다.

이에 들려온 대답이 무엇입니까?

**"이르시되 나는 네가 박해하는 예수라"**(행 9:5b).

이 음성이 귓전을 울릴 때 사울이 얼마나 놀랐을까요? 자신을 땅에 엎드러지게 한 홀연히 하늘로부터 임한 그 강한 빛이 바로 예수님이시라는 것을 알게 되었을 때 사울이 받은 충격이 어떠했을까요? 이 한마디 말씀은 사울의 전 존재를 흔들었습니다. 이제껏 사울은 자신이 된 줄로 알았습니다. 이만하면 자신은 잘 살고 있는 줄로 알았습니다. 자신보다 하나님을 사랑하는 사람이 없는 줄 알았습니다. 하지만 그것은 자신의 교만이요 착각이었습니다. 실상은 하나님의 일을 대적하는 훼방꾼이요, 죄 없는 스데반을 돌로 쳐 죽인 살인자요 죄인 중에 괴수였습니다. 언제 사울이 이런 자신의 진짜 모습을 발견했습니까? 빛 되신 예수님을 만나고 나서입니다.

마치 쇠망치로 머리를 맞는 것 같은 큰 충격에 휩싸인 사울에게 이어 들려온 소리가 있었습니다.

**"너는 일어나 시내로 들어가라**
**네가 행할 것을 네게 이를 자가 있으니라"**(행 9:6).

예수님은 땅에 엎드러져 두려워 떠는 사울에게 일어나 시내로 들어가라고 하십니다. 거기에서 네가 행할 것을 말해 줄 사람이 있을 것이라고 하십니다. 흥미로운 것은 사울에게 일어난 영적 체험을 다른 사람은 전혀 알아차리지 못했다는 것입니다.

**"같이 가던 사람들은 소리만 듣고 아무도 보지 못하여 말을 못하고 서 있더라"**(행 9:7).

같은 시간과 공간에 있다고 모두 똑같은 은혜를 받는 것은 아닙니다. 받은 은혜가 각각 다릅니다. 이것이 은혜의 세계입니다. 갈릴리 가나의 혼인 잔칫집에서 예수님께서 물을 변하여 포도주 되게 하신 놀라운 기적을 베푸셨습니다. 그러나 그 은혜의 출처를 하객들은 알지 못하고 오직 "물 떠온 하인만 알더라"라고 했습니다. 하나님의 은혜가 각자에게 임하는 방식도 그러합니다. 은혜받은 그 사람만이 압니다. 주님이 주시는 은혜가 인격적이기 때문입니다.

다메섹 도상에서 홀연히 임한 빛에 거꾸러진 사울은 이후 사람의 손에 끌려 다메섹으로 들어갑니다. 결박하러 왔다가 도리어 주의 손에 결박당합니다. 다메섹에 이끌려 간 사울은 사흘 동안 보지 못하고 먹지도 마시지도 못합니다. 성경은 그 사흘 동안 사울에게 어떤 일이 일어나는지를 따로 기록하고 있지 않습니다. 하지만 그 사흘, 사울의 삶과 신학에 일대 전환을 가져오는 시간이었습니다. 사울의 인간적인 힘과 혈기를 빼는 시간이자 동시에 내면 안에 놀라운 변화가 일어난 시간이었습니다.

이렇게 사울이 다메섹에서 식음을 전폐하며 사흘간 기도하는 중에 주님께서 그를 위해 준비하신 사람이 있습니다. 다메섹에 사는 아나니아라 하는 제자입니다. 이날 아나니아가 환상 중에 주께 들었던 음성이 있습니다.

**"주께서 이르시되 일어나 직가라 하는 거리로 가서 유다의 집에서 다소 사람 사울이라 하는 사람을 찾으라 그가 기도하는 중이니라 그가 아나니아**

라 하는 사람이 들어와서 자기에게 안수하여 다시 보게 하는 것을 보았느니라"(행 9:11-12).

아나니아 입장에서는 도무지 받아들여지지 않는 주의 음성이었습니다. 그도 그럴 것이 아나니아가 이제껏 알고 있는 다소 사람 사울은 예루살렘에서 주의 성도들을 박해한 것도 모자라, 멀리 떨어진 다메섹에 원정까지 와서 성도들을 결박해 가려고 하는 악랄한 사람이었기 때문입니다.

이런 아나니아를 향해 다시 들려온 주의 말씀이 있습니다.

**"주께서 이르시되 가라 이 사람은 내 이름을 이방인과 임금들과 이스라엘 자손들에게 전하기 위하여 택한 나의 그릇이라"**(행 9:15).

아나니아의 눈에 비친 사울, 교회의 대적자요 비방자요 핍박자로 마주쳐서는 안 될 사람, 도와주어서는 안 될 사람입니다. 사람이 보는 것과 주님이 보는 것은 같지 않습니다. 사람은 과거와 현재만 봅니다. 겉모습만 봅니다. 그러나 주님은 미래까지 보십니다. 속사람을 보십니다. 사람은 단점에 주목합니다. 그러나 주님은 단점보다 장점에 주목합니다. 주님은 놀랍게도 사울을 자신의 이름을 이방인과 임금들과 이스라엘 자손들에게 전하기 위해 택한 그릇으로 보셨습니다.

그릇에 밥을 담으면 밥그릇이요, 국을 담으면 국그릇이요, 반찬을 담으면 반찬 그릇이 됩니다. 어떤 내용물을 담느냐에 따라 그릇의 이름이 달라집니다. 그동안 사울 안에는 율법만 담겨있었습니다. 거기에는 은혜와 생명이 없었습니다. 그러나 이제 사울 안에 예수가 담길 때, 그 안에 은혜와 생명이 충만하게 됩니다. 사울 안에 율법만 담겨있을 때 교회는 이 땅에서 씨를 말려 사라지게 할 대상이었지만, 사울 안에 예수가 담기자, 교회는 자신의 생명과 맞바꿔도 아깝지 않을 만큼 소중하게 됩니다. 사울 안에 율법이 담겨있을 때, 그는 철저히 자기만족, 자기 영광을 위해 살았습니다. 그러나 사울 안에 예수 복음이 담기자, 그는 살든지 죽든지 오직 하나님의 영광을 구하는 삶을 구하는 사람이 됩니다. 지금 우리의 삶은 무엇을 담아내고 있습니까? 은혜와 생명입니까 아니면 정죄와 판단입니까? 주님의 뜻을 담아내고 있습니까 아니면 내 뜻을 담아내고 있습니까?

주님은 사울을 '택한 나의 그릇'이라고 하십니다. 주님께서 그를 사용하시겠다는 말입니다. 우리의 가치는 내게 달려 있지 않습니다. 전적으로 주님의 손에 달려 있습니다.

나폴레옹이 어느 날 말을 타고 부대를 순찰하다가 말이 갑자기 놀라 뛰는 바람에 말에서 떨어지게 되었을 때 근처에 있던 사병이 재빠르게 붙들어 주었습니다. 그로 인해 나폴레옹이 "대위, 고맙네"라고 감사를 표하자, 사병이 "각하, 저는 대위가 아니고, 사병입니다"라며 당황해합니다. 이에 나폴레옹이 "자네는 오늘부터 대위야"라고 말합니다. 사병이 그 순간부터 대위 계급을 달고 다니자, 그 부대 중대장이 벌컥 화를 내며 "야, 누가 너를 대위로 만들었어?"라고 따집니다. 그러자 사병이 "저분이 나를 오늘부터 대위로 임명하셨다"라며 나폴레옹을 가리킵니다. 이 한마디에 중대장은 입을 다물고 맙니다. 최고사령관인 나폴레옹이 사병인 그를 대위로 임명했다는데 중대장이 감히 뭐라 할 수 있겠습니까?

하나님께서 복음의 대적자 사울을 부르사 이후 이방인들을 위한 복음의 증거자로 삼으시겠다고 하십니다. 이는 결코 쉬운 일이 아닙니다. 그래서 주님은 사울을 이방인의 사도로 부르시면서 미리 알려주신 것이 있습니다.

"그가 내 이름을 위하여 얼마나 고난을 받아야 할 것을
내가 그에게 보이리라 하시니"(행 9:16).

사울은 영광의 자리에 먼저 부름 받지 않았습니다. 복음을 위해 고난
받는 자리에 먼저 부름 받았습니다. 그러나 사울에게 주어진 고난은 장
차 나타날 영광이 약속된 고난이었습니다. 주를 위해 고난의 자리에 부
름 받은 사람은 동시에 주와 함께 영광의 자리에 부름을 받은 것입니다.
그래서 주의 부르심은 은혜입니다.

다른 사람도 아닌 핍박자 사울을 이방인을 위해 복음을 전하는 택한
자신의 그릇으로 사용하시겠다는 하나님의 계획을 듣고 난 아나니아는
즉시 사울을 찾아가 그를 위해 안수하며 기도합니다. 그러자 즉시 사울
의 눈에서 비늘 같은 것이 벗겨지며 그의 육신의 눈이 회복되어 다시 보
게 됩니다. 이때 회복된 것은 단지 육신의 눈만이 아닙니다. 이때 사울
의 영안이 열렸습니다. 그것을 증거하는 것이 18절 후반절입니다.

### "일어나 세례를 받고."

사울이 아나니아의 안수로 육신의 눈을 회복한 직후 바로 한 일이 먹
고 마시는 것이 아니었습니다. 아나니아를 통해 세례받은 것이었습니
다. 이는 경천동지할 만한 놀라운 사건이 아닐 수 없습니다.

사울은 할례자입니다. 할례받음을 하나님의 백성 됨으로 여기고 평
생을 살아온 사람입니다. 그런데 이런 사울이 세례를 받습니다. 이는 그
가 이제껏 집요하게 잔멸하고자 앞장섰던 그리스도인이 되는 일입니다.
사울이 멋모르고 세례를 받은 것이 아닙니다. 그는 자신이 세례를 받으
므로 초래될 일들이 무엇인지를 누구보다 잘 알고 있었습니다. 그럼에
도 다메섹 도상에서 예수님을 만난 지 사흘 만에 세례를 받아 그리스도
인이 됩니다.

물이 변하여 포도주가 된 기적보다 더 놀라운 기적이 있다면 바로 핍박자 사울이 세례받고 그리스도인 사울이 된 것입니다. 이 놀라운 일은 누가 한 것입니까? 바로 십자가에서 우리 죄를 위해 죽으시고 사흘 만에 부활하신 예수님께서 하신 일입니다. 본문의 주인공은 사울이 아닙니다. 말씀에 순종해 사울에게 안수한 아나니아도 아닙니다. 바로 살아계셔서 지금도 구원의 역사를 이루어 가시는 예수님이십니다.

은혜 중에 은혜가 있습니다. 바로 '부르심의 은혜'입니다. 부르심의 은혜는 '택하심의 은혜'를 전제합니다. 하나님은 아무나 부르시지 않고 택한 자들을 부르시기 때문입니다. 하나님은 우리의 각각의 이름을 아십니다. 부르심에는 두 가지가 있습니다. 하나는 '구원으로의 부르심'이요, 다른 하나는 '사명으로의 부르심'입니다. 이 두 가지 부르심은 서로 분리되지 않습니다. 동전의 앞뒤와 같이 서로 연결되어 있습니다. 하나님께서 다메섹 도상에서 사울을 강권적으로 부르심은 단지 구원만을 위해서가 아닙니다. 사명으로도 부르셨습니다.

**"이 사람은 내 이름을 이방인과 임금들과 이스라엘 자손들에게 전하기 위하여 택한 나의 그릇이라."**

우리의 부르심 역시 마찬가지입니다. 우리는 구원만이 아니라 사명을 위해서도 부름을 받았습니다.

> 하나님의 부르심에는 후회하심이 없네
> 내가 이 자리에 선 것도 주의 부르심이라
> 하나님의 부르심에는 결코 실수가 없네
> 나를 부르신 하나님의 신실하심을 믿네

손경민 목사님이 작사 작곡한 "하나님의 부르심"이라는 곡의 가사입니다. 우리가 왜 이 자리에 서 있는 줄 아십니까? 그 이유는 '부르심의 은혜' 때문입니다. 하나님의 부르심에는 결코 실수가 없습니다. 부르심의 은혜를 헛되게 하지 않는 남은 삶이 되어야 합니다.

한마디 기도
내게 주신 그 부르심의 은혜를 헛되게 하지 않는 인생 되게 하소서.

# 만남의 기적

사도행전 10:17-33

내가 곧 당신에게 사람을 보내었는데 오셨으니 잘하였나이다
이제 우리는 주께서 당신에게 명하신 모든 것을 듣고자 하여
다 하나님 앞에 있나이다(행 10:33)

현대인의 삶에 없어서는 안 될 필수품이 있습니다. 스마트폰입니다. 인류 역사를 스마트폰을 사용하기 전과 후로 나눌 만큼 스마트폰이 우리의 삶에 차지하는 비중이 큽니다. 하지만 스마트폰 사용이 가져온 부정적인 면도 적지 않습니다. 스마트폰의 부정적인 면을 부각해서 '대화의 죽음(The Death of Conversation)'이라는 주제로 사진을 찍은 사진작가 로메로는 "기술이 사람과 사람 사이를 이어줘야 하지만 사람과 사람을 분리하게 만드는 것이 슬프다"라고 하며 안타까움을 전했습니다. 원래 사람과 사람 사이의 소통을 위해 만들어진 스마트폰이 사람과 사람 사이의 소통을 가로막는 이 현실은 지금, 이 시대야말로 다른 어느 시대보다 인격적인 만남이 더욱 필요함을 역설적으로 보여줍니다.

본문의 앞선 말씀에는 두 가지 이야기가 나옵니다. 첫째는 경건하여 항상 기도와 구제에 힘쓰던 가이사랴의 이방인 백부장 고넬료가 환상

중에 베드로라 하는 시몬을 청하라는 천사의 명령을 듣고 순종하여 사람들을 욥바로 보낸 이야기입니다. 둘째는, 욥바에 있던 베드로가 환상 중에 하늘에서 내려온 보자기 안에 담긴 각종 짐승을 먹으라는 명령을 들었지만 세 번이나 완강하게 거부한 이야기입니다. 언뜻 보면 가이사 라에서 백부장 고넬료가 본 환상과, 욥바에서 사도 베드로가 본 환상이 서로 무관한 듯 보입니다. 하지만 거기에는 유대인과 이방인이라는 혈통적 장벽과 율법 준수라는 종교적 장벽으로 인해 서로 마주할 수 없는 두 사람을 만나게 하시려는 놀라운 하나님의 계획이 깃들어 있습니다. 본문이 바로 그 이야기입니다.

베드로가 자신이 본 환상의 의미를 깊이 고민하고 있을 바로 그때, 무두장이 시몬의 집 앞에 도착한 사람들이 있었습니다. 그들은 다름 아닌 고넬료가 보낸 일행이었습니다. 그들은 문밖에서 "베드로라 하는 시몬이 여기 유숙하느냐?"라고 물었습니다. 이들은 베드로가 본 환상의 의미를 풀어갈 첫 단서였습니다. 성경은 이 장면을 묘사하며, 베드로가 환상의 의미를 두고 혼란스러워하던 바로 그 순간에 고넬료의 사람들이 도착한 것을 '마침'이라는 표현으로 나타냅니다. 언뜻 보면 우연처럼 보이지만, 이는 결코 우연이 아니라 하나님의 놀랍고도 완벽한 타이밍이었습니다.

모든 시간의 주인은 하나님이십니다. 시간을 창조하신 분이 하나님이시기 때문입니다. 우리 인생의 걸음을 누가 주관하십니까? 시편 37편 23절에 **"여호와께서 사람의 걸음을 정하시고"**라고 했습니다. 사람의 만남은 하나님이 주관하십니다. 그래서 잠언 기자는 **"사람이 마음으로 자기의 길을 계획할지라도 그의 걸음을 인도하시는 이는 여호와시니라"**(잠 16:9)고 고백한 것입니다. 필요한 사람을 적절한 때에 만나는 것은 주의 은혜입니다.

베드로가 자신이 본 환상의 의미를 알기 위해 골몰히 생각하던 바로 그 순간에 백부장 고넬료가 보낸 사람들이 그가 기거하는 무두장이 시몬의 문밖에 이른 것은 우연이 아닙니다. 하나님께서 그렇게 시간을 맞추신 것입니다. 모든 과정을 하나님께서 주관하고 계셨습니다.

그렇게 고넬료가 보낸 사람들이 문밖에 이르러 베드로를 찾을 때 성령께서 베드로에게 들려주신 음성이 있습니다.

**"두 사람이 너를 찾으니 일어나 내려가 의심하지 말고 함께 가라**
**내가 그들을 보내었느니라"**(행 10:19b-20).

하나님은 자신이 본 환상이 무슨 뜻인지 의아해하는 베드로에게 문제지의 답안지 보여주시듯 그 환상의 뜻은 '바로 이거다'라는 식으로 하지 않으셨습니다. 밖에 내가 보낸 사람들이 있으니 내려가서 만나라고 말씀하십니다. 어찌 보면 동문서답입니다. 하지만 사실은 그게 정답이었습니다. 아니 정답으로 가는 가장 좋은 길이었습니다. 그 만남 속에 하나님이 주시는 해답의 실마리가 들어 있기 때문입니다.

표면적으로 보면 문밖에 서서 베드로를 찾고 있는 사람들은 백부장 고넬료의 지시를 받고 왔습니다. 그런데 성령께서는 베드로에게 "고넬료가 그들을 보내었느니라"고 하지 않고, "내가 그들을 보내었느니라"고 말씀하십니다. 외견상으론 그들은 고넬료가 보내어 왔지만, 실상은 이 모든 일이 성령님께서 주도하신 일임을 보여줍니다. 선교는 사람이 하는 것처럼 보이지만 실은 성령님이 하십니다. '모든 선교는 하나님의 선교'입니다. 우리는 그저 하나님의 선교에 쓰임 받는 통로일 뿐입니다.

"내가 그들을 보내었느니라"는 성령의 음성을 들은 베드로, 이에 기도하던 지붕에서 내려와 찾아온 사람들에게 자신이 그들이 찾는 베드로임을 밝히며 "너희가 무슨 일로 왔느냐?"라고 묻습니다. 이에 그들이 주저하지 않고 의인이요, 하나님을 경외하는 사람으로, 유대 온 족속이 칭찬하는 백부장 고넬료가 거룩한 천사의 지시를 받고 자기 집으로 베드로를 초청해 말을 들으려 한다고 전합니다. 이는 복음의 역사, 교회의 역사에 일대 전환을 가져오는 초청입니다.

베드로는 자신을 찾아와 초청하는 고넬료가 보낸 사람들을 불러들여 유숙하게 합니다. 유대인이 이방인을 불러들여 함께 유숙하는 것은 자칫 구설에 오를 수 있는 일입니다. 그런데도 찾아온 이방인들을 자신이 머물러 있던 집안으로 불러들여 함께 머물게 한 것은 이미 베드로의 변화된 태도를 보여줍니다. 이튿날 베드로는 찾아온 고넬료의 사람들과 함께 가이사랴로 출발합니다. 이때 베드로는 가이사랴에 혼자 가지 않고 욥바에 있는 어떤 형제들과 함께 갑니다. 사도행전 11장 12절에 보면 이들은 모두 여섯 명입니다.

복음을 전하는 일은 혼자 하기보다 함께할수록 좋습니다. 대 사도이지만 베드로가 가이사랴에 있는 백부장 고넬료의 집에 갈 때 혼자 가지 않고 믿음의 형제들과 동행하지 않습니까? 좋은 일일수록 혼자 하지 말고 함께 하십시오. 기도도 혼자 하기보다 합심하여 기도하면 더욱 좋습니다. 선교는 더 말할 것도 없습니다. 고넬료가 보낸 사람들과 함께 가이사랴로 향한 베드로와 형제 여섯 명의 발걸음, 이는 교회사에 길이 남은 참으로 위대한 발걸음입니다.

그렇게 베드로와 일행이 욥바를 출발해 하룻길을 꼬박 걸어 이튿날 가이사랴에 들어갈 때쯤 고넬료는 그의 친척과 가까운 친구들을 불러 모은 후 베드로를 기다리고 있었습니다. 놀랍지 않습니까? 베드로라는 인물이 실재하는지도 분명치 않았고, 혹 실재한다 해도 자신이 보낸 사람들의 말만 듣고 초청에 응하여 올지 전혀 알 수 없는 상황에서 친척과 가까운 친구들을 불러 모아 놓고 기다리다니…. 고넬료는 하나님의 복음을 홀로 독점하지 않았습니다. 구제를 통해 물질을 나누듯, 복음도 이웃과 함께 나누길 원했습니다. 사랑하는 가족과 친척 그리고 친구에게 주어야 할 가장 좋은 선물은 바로 구원의 복음입니다.

백부장 고넬료가 친척과 친구들을 모두 불러 모아 사모하며 자신을 기다리고 있는 모습에 베드로는 참으로 감동했을 것입니다. 그런데 더 놀라운 것은 그다음 고넬료의 모습입니다.

**"마침 베드로가 들어올 때에**
**고넬료가 맞아 발 앞에 엎드리어 절하니"**(행 10:25).

보통 '절'은 낮은 자가 자신보다 높은 자에게 극도의 경의를 표할 때 취하는 행동입니다. 그런데 당시 세계 최강의 군대로 불리는 로마 군대의 백부장 고넬료가 생명 부지의 피지배국 사람인 유대인 베드로의 발 앞에 엎드려 절을 하다니. 그것도 친척들과 친구들이 모두 보고 있는 가운데 말입니다. 특히 25절에 사용된 '엎드리어 절하니'에 사용된 헬라어 프로스쿠네오(προσκυνέω)는 동방박사들이 강보에 싸여 구유에 누인 아기 예수님을 찾아와 취한 행동에도 동일하게 사용된 단어로 경배한다는 의미가 담겨있습니다. 베드로를 만난 고넬료도 경배하려 합니다.

초청에 응하여 자신의 집을 찾아온 베드로를 마치 신적인 존재로 여겨 엎드려 절하는 고넬료의 자세는 지나치지만, 하나님이 보내신 사람을 귀히 여기는 태도, 그 자체는 우리가 본받을 만한 모습입니다. 고넬료는 베드로를 만났을 때, 본인이 로마의 백부장이라는 신분을 전혀 내세우지 않고, 할 수 있는 나름 최고의 환대를 했습니다. 그런 고넬료의 모습에 베드로가 도리어 당황해합니다. 사람은 자기를 치켜세워주면 자신을 된 줄로 여겨 교만하기 쉽습니다. 하지만 베드로는 이때 우쭐하거나 교만하지 않습니다. 발 앞에 엎드린 백부장 고넬료를 일으켜 세우며 "나도 사람이라"라고 고백합니다.

그리고 그곳에 모인 사람들에게 자신이 어떻게 이곳까지 오게 되었는지를 밝힙니다.

**"이르되 유대인으로서 이방인과 교제하며 가까이하는 것이 위법인 줄은 너희도 알거니와 하나님께서 내게 지시하사 아무도 속되다 하거나 깨끗하지 않다 하지 말라 하시기로 내가 부름을 사양하지 아니하고 왔노라"**(행 10:28-29a).

베드로의 이런 고백이 우리에게 보여주는 것이 있습니다. 베드로는 앞서 기도 중에 주께서 주신 환상을 세 번이나 보았지만 그 의미가 무엇인지를 정확히 깨닫지 못했습니다. 그러다가 고넬료가 보낸 사람들의 초청에 응해, 이방인 고넬료의 집에 와서 자신을 기다리며 모여있는 사람들을 보며 비로소 "부정한 짐승들까지 포함된 각종 짐승을 잡아먹어라"고 말씀하신 이유를 깨닫게 됩니다. 그것은 이제껏 기피하던 이방인들에게도 편견을 가지지 말고 가서 주 예수의 복음을 전하라는 것이었습니다.

성경을 읽거나 혹 설교를 들으면서 이제까지의 내 경험과 상식으로 도무지 이해되지 않는 말씀이 있습니까? 토마스 아 켐피스(Thomas à Kempis)는 『그리스도를 본받아』라는 책에서 이렇게 조언합니다. 성경을 읽다가 "만약 어려운 구절을 만나거든 다음 구절로 넘어가고 또 그렇게 계속 읽어나가라 그리하면 차츰 혼란스러운 내용이 분명해진다." 이해하기 어려울 때 말씀이 틀렸다고 성급하게 판단하거나 거부하지 말라는 것입니다. 이해가 되지 않으면 이해가 되지 않는 대로 두고 계속 읽어나

가면 혼란스러운 내용이 분명해지는 때가 오기 때문입니다. 베드로가 고넬료의 초청에 응해 가이사랴에 온 것은 자신이 본 환상이 다 이해되어서가 아닙니다. 이해되지 않았지만, 말씀에 순종하여 나가다 보니 그 환상의 의미가 깨달아진 것입니다.

사도 베드로가 주의 음성을 듣고 부름에 사양하지 않고 왔노라며, 자신을 이곳까지 부른 이유를 묻자, 백부장 고넬료는 나흘 전 자신이 본 환상을 소개하며 초청하게 된 이유를 설명합니다. 그러고 나서 고넬료가 모든 사람이 듣는 가운데 찾아온 베드로를 향해 정중하게 요청한 것이 있습니다.

**"내가 곧 당신에게 사람을 보내었는데 오셨으니 잘하였나이다 이제 우리는 주께서 당신에게 명하신 모든 것을 듣고자 하여 다 하나님 앞에 있나이다"**(행 10:33).

사람마다 '인품'이 있듯이 사람의 말에는 '언품', 즉 말의 품격이 있습니다. 초청에 응해 자기 집을 찾아온 유대인 베드로를 향해 "오셨으니 잘하였나이다. 이제 우리는 주께서 당신에게 명하신 모든 것을 듣고자 하여 다 하나님 앞에 있나이다"라고 한 고넬료의 말속에 무엇이 느껴집니까? 찾아온 베드로 사도와 그를 통해 전해질 말씀에 대한 존중함이 느껴지지 않습니까?

고넬료와 함께 모인 사람들은 베드로가 무슨 말씀을 하든지 들을 준비가 되어 있습니다. "주께서 명하신 모든 것을 듣고자 하여"라고 했습니다. 자기 귀를 즐겁게 해주는 말씀만이 아니라 듣기에 부담스럽고 불편한 말씀도 기꺼이 듣겠다는 것입니다. 지금 고넬료의 눈앞에 서 있는 사람은 사도 베드로입니다. 하지만 고넬료는 "우리는 지금 베드로 앞에 있나이다"라고 하지 않고 "우리는 하나님 앞에 있나이다"라고 고백합니다. 베드로가 전하는 내용을 사람의 말이 아니라 하나님의 말씀으로 받겠다는 것입니다.

배부르면 진수성찬의 음식이 상에 차려져 있어도 심드렁하듯, 내 마음이 부요하여 교만하면 하늘의 천사가 와서 은혜롭게 말씀을 전한다고 해도 전혀 은혜받지 못합니다. 그러나 허기져 배고프면 보리밥에 김치한 종지만 있어도 맛있듯 내 마음이 가난하고 겸손하면 설교자가 더듬거리며 말씀을 전해도 그 말씀이 은혜가 됩니다. 한국 교회의 초창기에는 신학 교육도 제대로 받지 못한 목사님들이 강대상에서 말씀을 전했습니다. 그런데 그 목사님들이 말씀을 선포하는 자리마다 성도들이 은혜를 받고 강력한 성령의 역사가 나타났습니다. 그 목사님들이 남달리 말씀을 잘 전해서가 아닙니다. 한국 교회 초창기의 성도들은 고넬료처럼 주의 종을 통해 전해지는 말씀을 사람의 말이 아니라 하나님의 말씀으로 사모하며 들었기 때문입니다.

본문 속에서 지나쳐서는 안 될 것은 베드로와 고넬료의 만남입니다. 이 두 사람의 만남은 '하나님의 선한 뜻을 이루는 만남'입니다. 기적 중의 기적은 만남의 기적입니다. 다윗은 친구 요나단을 만나 죽음의 위기를 벗어나 이스라엘의 위대한 왕이 될 수 있었습니다. 이방 여인 룻은 유력한 자 보아스를 만나 다윗의 증조모가 되었습니다. 바울은 동역자인 바나바를 만나 위대한 선교사가 될 수 있었습니다. 루디아는 사도 바울을 만나 빌립보교회의 귀한 일꾼이 되었습니다. 병든 것이 치유되고 죽은 자가 살아나는 것만이 기적이 아닙니다. 우리의 만남이 기적입니다. 무엇보다 예수님과의 만남이야말로 인생에 주어진 최고의 기적입니다.

인생의 보람과 기쁨, 행복은 만남에서 비롯됩니다. 구원, 목회, 선교도 결국 만남을 통해 이루어집니다. 성경의 이야기를 크게 보면, 이는 만남에 관한 이야기입니다. 하나님과의 만남, 그리고 사람과의 만남이 그 중심입니다. 멀리 여행하려면 좋은 신발이 필요하듯, 인생의 여정을 위해서도 꼭 필요한 것은 좋은 만남입니다.

만남에는 다양한 모습이 있습니다. '복(福)이 되는 만남'과 '독(毒)이 되는 만남'이 있습니다. '득(得)이 되는 만남'과 '실(失)이 되는 만남'이 있습니다. '플러스(+)가 되는 만남'과 '마이너스(-)가 되는 만남'이 있습니다. '아픔과 상처를 주는 만남'과 '치유와 회복을 주는 만남'이 있습니다.

우리는 누군가에게 어떤 만남이 되고 있습니까? 예수 안에서 우리의 만남은 복이 되고, 득이 되며, 플러스가 되고 치유와 회복, 위로를 전하는 만남이 되어야 합니다. 더 나아가, 이방인 백부장 고넬료와 유대인 사도 베드로의 만남처럼, 하나님의 선한 뜻을 이루는 만남이 되어야 합니다. 신앙생활 가운데 무엇보다도 귀히 여겨야 할 것은 하나님께서 허락하신 만남입니다. 그러한 만남을 통해 하나님의 선한 계획이 이루어지기 때문입니다. 그래서 우리가 인생을 살아가며 꼭 경험해야 할 기적은 바로 만남의 기적입니다. 우리의 삶 속에서 만남이 은혜의 기적으로 체험되기를 바랍니다.

**한마디 기도**
**우리의 삶 속에 만남의 기적이 임하게 하소서.**

# 당신은 그리스도인입니까?

사도행전 11:19-30

만나매 안디옥에 데리고 와서

둘이 교회에 일 년간 모여 있어 큰 무리를 가르쳤고

제자들이 안디옥에서 비로소 그리스도인이라 일컬음을 받게 되었더라

(행 11:26)

앞선 본문에는 가이사랴의 이방인 백부장 고넬료의 집에 성령이 임하고 이후 세례를 베푼 일이 베드로의 차분한 설명을 통해 예루살렘교회 안에 수용되는 과정이 기록되어 있습니다. **"내가 누구이기에 하나님을 능히 막겠느냐"**(행 11:17)는 대 사도인 베드로의 자기 부인적인 고백과 이를 듣고 사람들이 **"잠잠하여 하나님께 영광을 돌리며 그러면 하나님께서 이방인들에게도 생명 얻는 회개를 주셨도다"**(행 11:18)라고 수용하는 모습은 참으로 감동적입니다.

이번 본문은 복음이 유대인만이 아니라 이방인을 위한 것임을 베드로가 증언했고, 이를 초대 예루살렘교회가 받아들이면서 복음의 확장이 이루어져 최초의 이방인 교회인 안디옥교회가 세워지는 은혜로운 이야기를 전하고 있습니다. 그 은혜로운 역사의 출발점이 된 사건이 있습니다. **"그때에 스데반의 일로 일어난 환난으로 말미암아 흩어진 자들이 베니게**

**와 구브로와 안디옥까지 이르러 유대인에게만 말씀을 전하는데"**(행 11:19).

예루살렘과 유대와 사마리아에 머물러 있던 복음이 마침내 그 경계를 넘어 이방지역인 베니게(페니키아)와 구브로(키프로스)를 거쳐 당시 로마와 알렉산드리아에 이어 세 번째로 큰 도시였던 수리아의 수도 안디옥까지 전파됩니다.

그것이 가능했던 이유는 역설적으로 스데반의 일로 일어난 환난으로 인한 흩어짐 때문입니다. 스데반의 죽임을 계기로 유대인들은 갓 세워진 예루살렘교회를 대대적으로 박해했고, 그로 인해 성도들은 사방으로 흩어져야만 했습니다. 그런데 그렇게 흩어진 사람들이 두로와 시돈 근처의 베니게와 지중해 연안의 구브로에 이어 수리아의 수도인 안디옥까지 이르러 복음을 전하게 되어 그곳에 최초의 이방인 교회인 안디옥교회가 세워집니다.

스데반의 순교와 그로 인한 환란과 박해로 인해 교회가 세워질 줄을 그 누가 알았겠습니까? 내 뜻대로 되어야만 복이 아닙니다. 지금 당장 내 뜻대로, 내 원대로, 내 계획대로 되지 않아, 화처럼 보이는 일이 복된 일이 될 때가 너무 많습니다. 그 이유가 무엇입니까? 하나님을 사랑하는 자 곧 그의 뜻대로 부르심을 입은 자들에게는 모든 것이 합력하여 선을 이루기 때문입니다. 사탄이 제아무리 간교해도 합력하여 선을 이루시는 하나님의 그 놀라운 경륜을 결코 이길 순 없습니다. 유대인 출신의 신자들이 안디옥까지 이르러 말씀을 전할 때 한 가지 아쉬운 점이 있었습니다. 이들이 같은 동족인 "유대인들에게만 말씀을 전했다"라는 것입니다. 여전히 '동족'이라는 한계를 벗어나지 못한 것입니다.

그런 와중에 이들과 다른 행보를 보인 소수의 사람이 있었습니다.
**"그중에 구브로와 구레네 몇 사람이 안디옥에 이르러 헬라인에게도 말하**

여 주 예수를 전파하니"(행 11:20).

안디옥에 온 다수의 신자들이 유대인들에게만 말씀을 전할 때 그중에 구브로와 구레네 출신 몇 사람이 헬라인에게도 주 예수를 전파하기 시작합니다. 본문은 안디옥에서 헬라인에게도 복음을 전한 사람이 '몇 사람'이라고 했습니다. 이름도 직분도 알 수 없는 이들은 세상의 역사책에 기록되지는 않았지만, 하나님 나라의 생명책에 기록된 하나님 나라의 진정한 영웅들입니다. 우리는 흔히 다수의 함정에 빠지기 쉽습니다. 수가 많아야 일을 할 수 있다고 생각합니다. 하지만 하나님의 역사는 언제나 다수보다 헌신된 소수를 통해서 일어났습니다. 이름 없이 빛도 없이 묵묵히 헌신하는 이들을 통해 하나님 나라가 확장되었습니다.

구브로와 구레네 몇 사람이 담대하게 헬라인들에게 주 예수를 전파하자 주의 손이 함께 하사 수많은 사람들이 믿고 주께 돌아왔습니다. 주의 손이 누구와 함께합니까? 복음을 전하는 이들과 함께합니다. 그래서 주의 손의 능력을 경험하는 가장 좋은 방법은 복음을 전하는 것입니다. 복음 전파는 인간의 수단이나 방법이 아닌 주의 손이 함께할 때 가능합니다. 교회의 부흥도 마찬가지입니다. 주의 손이 함께하셔야 가능합니다. 우리의 인생 역시 마찬가지입니다. 주의 손이 함께할 때 진정으로 승리할 수 있습니다.

안디옥까지 복음이 전해지고 그로 인해 수많은 사람들이 믿고 주께 돌아온다는 놀라운 소식은 곧 예루살렘교회까지 전해졌고, 이 소식을 들은 예루살렘교회는 신속하게 바나바를 파송합니다. 예루살렘교회가 바나바를 안디옥교회에 파송하는 것을 가볍게 생각하면 안 됩니다. 목회를 해 보니 일꾼이 넘치는 때는 단 한 번도 없습니다. 늘 교회 안에 일꾼이 부족합니다. 초대 예루살렘교회는 다를까요? 아닙니다. 초대 예루살렘교회야말로 그 어느 교회보다 더 많은 일꾼이 필요했습니다. 그런데 이때 가장 헌신적이고 탁월한 위로의 은사를 가진 구브로 출신의 레위인 바나바를 아낌없이 보냈습니다. 참으로 어머니 교회다운 예루살렘교회의 모습이 아닐 수 없습니다. 선교지에 돈을 보내는 것 못지않게 소중한 것이 있습니다. 이처럼 사역에 필요한 적절한 사람을 보내는 것입니다.

예루살렘교회의 파송을 받은 바나바는 안디옥에 이르러 그곳에 임한 '하나님의 은혜'를 보고 기뻐합니다. 성령을 받은 사람은 성령의 역사를 보면 함께 기뻐합니다. 은혜받은 사람은 은혜의 현장을 보면 함께 기뻐합니다. 헬라 문화가 만연한 수리아의 수도 안디옥에 새로 개척된 안디옥교회, 부족한 것 투성이었습니다. 그런데 바나바는 안디옥교회의 부족한 것에 주목하지 않습니다. 하나님의 은혜에 주목합니다. 교회에서 무엇을 봅니까? 교회에 임한 하나님의 은혜는 간과하고 혹 부족한 부분만 보고 있지는 않습니까? 교회의 부족한 점에 주목하면 비교하고 불평하게 됩니다. 하지만 교회에 주신 하나님의 은혜에 주목하면 기뻐하고 감사하게 됩니다.

안디옥교회에 임한 하나님의 은혜를 보고 기뻐한 바나바는 성도들에게 **"굳건한 마음으로 주와 함께 머물러 있으라"**(행 11:23b)고 권합니다. 왜 바나바는 은혜받은 안디옥교회 성도들에게 이런 권면을 했을까요? 이제 갓 신앙을 갖게 된 초신자들이 장차 박해와 시험에 직면할 때 신앙을 버리고 이전의 모습으로 돌아갈 수 있었기 때문입니다. 은혜받은 것 중요합니다. 그런데 그보다 더 중요한 것은 받은 은혜를 소멸하지 않고 잘 간직하는 것입니다.

같은 말이라도 누가 하느냐에 따라 그 의미가 달라집니다. 안디옥교회 성도들에게 "굳건한 마음으로 주와 함께 머물러 있으라"고 권면한 바나바는 **"착한 사람이요 성령과 믿음이 충만한 사람"**(행 11:24a)이었습니다. 복음의 진리도 중요하지만, 그것을 담아내는 그릇 또한 중요합니다. 제아무리 맛있는 음식이라도 더럽고 냄새나는 그릇에 담아지면 그 음식을 누가 먹겠습니까? 우리가 전하는 복음 역시 마찬가지입니다.

바나바는 착한 사람이었습니다. 이는 바나바의 인품을 보여줍니다. 바나바는 성령과 믿음이 충만한 사람이었습니다. 이는 바나바의 영성을 보여줍니다. 사역자 혹은 직분자의 인품과 영성은 공동체의 부흥에 매우 중요합니다. 사역자는 인품과 영성이 균형을 이루어야 합니다. 인품은 좋은데 영성이 깊지 못하거나, 반대로 영성은 깊은데 인품이 좋지 못하면 복음을 제대로 담아낼 수 없습니다. 바나바는 인품과 영성, 이 두 가지가 균형을 이룬 사역자로 복음의 진리를 자신의 삶의 그릇에 잘 담아낸 사람입니다.

이런 바나바로 인해 안디옥교회가 경험한 일이 있습니다.

**"이에 큰 무리가 더하여지더라"**(행 11:24b).

인품과 영성이 잘 겸비된 바나바의 사역으로 안디옥교회는 더욱더 부흥케 됩니다. 얼마나 교회가 부흥했던지 바나바 혼자서는 안디옥교회의 목회를 감당하기 어려운 지경에 이를 정도였습니다. 바나바는 사람을 위로하고, 관계를 잘 맺는 은사가 있습니다. 하지만 이런 바나바에게도 부족한 것이 있습니다. 사람을 가르치고 이끄는 리더십의 은사입니다. 안디옥교회의 갑작스러운 수적 증가는 리더십의 은사를 가진 이를 필요로 했습니다. 그로 인해 어떻게 할지를 고민하던 바나바에게 불현듯 떠오른 한 사람이 있었습니다. 그 사람은 바로 사울입니다. 사울에게는 탁월한 리더십의 은사가 있었습니다. 바나바는 사울이야말로 현재

급격한 부흥을 경험하는 안디옥교회를 위해서 꼭 필요한 사람이라고 생각했습니다. 그래서 바나바는 사울을 찾으러 다소에 갑니다.

다소는 안디옥으로부터 약 250킬로미터 정도나 떨어져 있습니다. 도보로 가고 오는 데만 거의 두 주간이나 걸리는 먼 거리입니다. 그런데 사울이 있는 다소까지 담임 목사인 바나바가 직접 찾아갑니다.

**"바나바가 사울을 찾으러 다소에 가서"**(행 11:25).

여기 "찾으러"라는 단어는 '애써 찾는다'라는 뜻인데 이는 바나바가 사울을 안디옥에 데려오기 위해 최선을 다했음을 보여줍니다. 그렇게 다소까지 직접 찾아가 바나바는 사울을 안디옥에 데리고 옵니다. 이후 바나바와 사울은 한마음 한뜻이 되어 안디옥교회에서 큰 무리를 1년 동안 말씀으로 가르쳤습니다. 초신자 양육에 은사가 있는 바나바와 제자 양육에 은사가 있는 사울이 일종의 공동 목회를 한 것입니다. 이는 선임인 바나바가 사울을 경쟁자가 아닌 동역자로 여겼기에 가능했습니다.

바나바와 사울의 공동 목회를 통해 안디옥에서 1년간 큰 무리를 가르쳤을 때 일어난 놀라운 일이 있습니다.

**"제자들이 안디옥에서**
**비로소 그리스도인이라 일컬음을 받게 되었더라"**(행 11:26b).

즉 예수의 제자들이 더 이상 유대교의 한 분파가 아니라 그리스도를 믿고 따르는 사람들임을 믿지 않는 세상 사람들이 분명히 인식하게 된 것입니다. 놓치지 않아야 할 것은 그리스도인이라는 호칭은 안디옥교회 성도들 스스로가 붙인 호칭이 아니라는 것입니다. **26절**은 분명히 **"비로소 그리스도인이라 일컬음을 받게 되었더라"**라고 했습니다. 당시 로마 황제 가이사의 군인들을 시저인이라고 부르고, 품페이의 군인들을 품페이인이라고 부르듯, 안디옥의 예수 믿는 사람들을 다른 사람들과 구분하여 '그리스도인'이라고 부른 것입니다.

안디옥에서 제자들이 '그리스도인'이라고 일컬음을 받게 된 것은 안디옥교회가 재정이 많아서도, 안디옥교회의 역사가 오래되어서도 아닙니다. 그만큼 세상 사람들과 구별되는 남다름이 안디옥교회 성도들에게 있었던 것입니다. 그리스도인(헬라어: Χριστιανός, 크리스티아노스)이라는 단어의 본래 의미는 그리스도에게 속한 자라는 뜻입니다. 그리스도인은 세상에 속한 사람이 아니라 그리스도에게 속한 사람입니다. 그리스도인은 예수님을 자신의 삶의 손님이 아니라 주인으로 인정하는 사람입니다. 그리스도인은 자신의 삶의 일부분이 아니라 삶의 전체를 주님께 맡기고 사는 사람입니다. 그리스도인은 자신을 위해 살지 않고 주를 위해 사는 사람입니다. 그리스도인은 자신의 자존심보다 주님의 명예를 더 소중히 여기는 사람입니다. 그리스도인은 자신의 삶에 있어서 최고의 가치를 세상에 그 무엇도 아닌 오직 그리스도에게 두는 사람입니다.

어느 날 한 여학생이 모르는 할머니와 택시를 합승하게 되었습니다. 그런데 할머니 옆자리에 앉아 가던 여학생에게 갑자기 문제가 생겼습니다. 점심 때 먹은 음식 때문인지 방귀가 나오려고 한 것입니다. 좁은 택시 안에서 방귀를 뀌면 얼마나 무안하겠습니까? 여학생은 목적지에 도착할 때까지 참아보려고 갖은 애를 썼지만 더 이상 참을 수 없는 상황까지 이르렀습니다. 이때 여학생이 고심 끝에 택시 안에서 방귀를 뀌기 위한 한 가지 묘수를 찾아냅니다. 손가락으로 창문을 문지르며 뽀드득 소리가 날 때 방귀를 뀌었습니다. 그럴듯한 소리를 냈기에 아무도 알아차리지 못한 것처럼 보였습니다. 그런데 바로 이때 옆에 있던 할머니께서 하시는 말씀이 "소리는 그렇다 치고 냄새는 어쩔 거야?" 방귀 소리는 어떻게든 감출 수 있었지만, 냄새까지는 숨길 수 없었습니다. 그리스도인은 세상에 자신을 숨길래야 숨길 수 없습니다. 그리스도인은 세상 속에 '그리스도의 얼굴'이기 때문입니다. 그리스도인은 그리스도에게 속한 자일뿐만 아니라 동시에 '그리스도를 닮은 자'이기 때문입니다.

1912년 4월 14일 밤, 건조 당시 세계에서 가장 큰 배였던 타이타닉 호가 영국에서 미국 뉴욕으로 항해 중 북대서양에서 빙하와 충돌하여 4시간 만에 침몰했습니다. 이 사고로 2,200여 명의 승객 중 1,500여 명이 목숨을 잃고 700여 명이 구조되었습니다. 구조된 타이타닉 승객의 생존률을 성별에 따라 분석해 보니 여성은 73%, 남성은 21%가 생존했습니다. 나이에 따라 분석해 보니 아이는 52%, 18세 이상 성인은 31%가 생존했습니다. 상식적으로는 여성과 아이들에 비해 체력 좋고 발 빠른 남자성인들의 생존률이 더 높아야 하는데 현저하게 낮습니다. 어떻게 이럴 수 있었을까요? 침몰해 가는 배안에서 살기에 급급한 그 위기의 순간에 선장 에드워드 스미스가 이렇게 외쳤다고 합니다.

"Be British!(영국인다워라!)"

선장의 그 한마디가 남성들에게 연약한 여성과 아이들을 먼저 구조하는 마음을 가지게 했다고 합니다. "Be British!"라는 말과 비교할 수 없는 보다 더 강력한 한마디가 있습니다.

"Be Christian!(크리스천다워라!)"

지금 우리는 '그리스도인'이라는 호칭이 주는 무게를 얼마만큼 느끼며 세상 속에 살아가고 있습니까? "당신은 그리스도인입니까?"라는 질문에 "나는 그리스도인입니다(I'm Christian)"라고 주저 없이 대답할 수 있는 삶을 지금 살아가고 있습니까?

한마디 기도

세상에서 '그리스도인'이라 불려지는 삶을 살게 하소서.

# 앞서가시는 하나님

사도행전 12:1-17

이에 베드로가 정신이 들어 이르되

내가 이제야 참으로 주께서 그의 천사를 보내어 나를 헤롯의 손과

유대 백성의 모든 기대에서 벗어나게 하신 줄 알겠노라 하여(행 12:11)

**"그때에 헤롯 왕이 손을 들어 교회 중에서 몇 사람을 해하려 하여 요한의 형제 야고보를 칼로 죽이니"**(행 12:1-2).

본문은 '그때에'라는 말로 시작합니다. 여기에서 말하는 '그때'는 개척되어 갓 1년 된 이방인 주축의 안디옥교회가 큰 흉년으로 심한 어려움에 직면한 예루살렘교회를 위해 구제 헌금을 모아 바나바와 사울의 손을 통해 보낸 때입니다.

바로 이러한 때에 유대의 분봉왕 헤롯이 요한의 형제 야고보를 칼로 죽입니다. 본문의 헤롯왕은 과거 예수님의 탄생 때 베들레헴 근방의 두 살 아래의 모든 유아 학살 명령을 내린 헤롯대왕의 손자인 헤롯 아그립바 1세로 당시 유대 최고의 정치권력자였습니다. 헤롯왕은 기독교를 눈엣가시처럼 여겨 박멸하고자 했던 유대 종교 지도자들의 환심을 사고 또한 자신의 정치적 입지를 강화할 목적으로 교회를 탄압하는 데 앞장

섭니다. 그로 인해 열두 사도 중의 한 사람이자 예루살렘교회의 지도자인 요한의 형제 야고보를 칼로 죽입니다. 이는 주어진 권력을 남용한 악하고 불의한 일입니다.

사도행전 7장 끝에 나오는 스데반의 죽음이 기독교 역사상 성도의 첫 순교였다면 야고보의 죽음은 열두 사도 가운데 첫 번째 순교입니다. 요한의 형제인 사도 야고보의 죽음은 예루살렘교회에 큰 충격을 가져다주었습니다. 헤롯왕이 예루살렘교회의 지도자인 사도 야고보를 칼로 죽이자, 유대인이 매우 기뻐합니다. 꼭 내 손으로 직접 짓는 것만이 죄가 아닙니다. 불의를 보고 기뻐하는 것 자체도 큰 죄입니다. 사도 야고보를 참수했을 때 유대인이 기뻐하지 않았다면 교회에 대한 헤롯왕의 핍박은 거기서 멈추었을 것입니다. 그런데 이를 유대인이 기뻐하자, 헤롯왕은 연이어 예루살렘교회의 최고 수장인 사도 베드로마저 붙잡습니다.

유대인을 기쁘게 하려고 총독 빌라도가 예수를 죽였듯이, 분봉왕 헤롯도 사도 베드로를 죽여 자신의 정치적인 지지를 확보하려 했습니다. 사실 사도 야고보를 죽인 헤롯왕이 사도 베드로 한 사람 더 죽이는 건 문제도 아닙니다. 그런데 베드로를 붙잡은 때가 하필 무교절 기간이었습니다. 무교절은 유월절 다음날부터 시작하여 7일간 누룩 없는 떡을 먹으며 유대인이 해마다 출애굽의 은혜를 기념하는 민족적 절기입니다. 유대 법에 따르면, 그 기간에는 재판하거나 처형하는 일이 금지되었습니다.

이에 헤롯왕이 붙잡은 베드로에게 취한 조치가 있습니다.
**"이에 베드로는 옥에 갇혔고"**(행 12:5a).
베드로가 누구입니까? 예수님의 열두 제자 중 으뜸가는 수제자입니다. 그런 베드로가 불의한 정치권력인 헤롯왕에 의해 붙들려 옥에 갇혀 처형을 목전에 두고 있습니다. 이는 단순히 베드로 한 개인의 위기가 아닌 예루살렘교회의 위기요, 초대교회의 위기였습니다. 사도 야고보에 이어 만일 사도 베드로마저 헤롯왕의 손에 의해 죽임을 당한다면 이제 막 기틀을 다져가던 예루살렘교회는 걷잡을 수 없는 충격과 혼란에 빠졌을 것입니다.

그 커다란 위기 앞에서 예루살렘교회가 하나님 앞에 취한 태도가 있습니다.

**"교회는 그를 위하여 간절히 하나님께 기도하더라"**(행 12:5b).

옥에 갇혀 처형을 앞둔 사도 베드로를 구하기 위해 교회는 비밀 결사대나 특공대를 조직하지 않았습니다. 구명운동을 하고 탄원서를 제출하지 않았습니다. 옥에 갇혀 죽음을 목전에 둔 베드로를 위해 교회는 인간적인 그 어떤 수단과 방법도 사용하지 않았습니다.

다만 옥에 갇힌 베드로를 위해 간절히 하나님께 기도했습니다. 인간적으로 보면 교회가 참으로 무기력하게 보입니다. 사람의 목숨이 경각에 달렸는데도 그 어떤 조치도 하지 않고 그저 기도나 하고 있었으니 말입니다. 사람이 보기에 하나님께 기도하는 일, 작은 일처럼 보입니다. 보잘것없어 보입니다. 죽느냐 사느냐 그 다급한 때에 모여서 그저 기도만 하는 교회, 한심하기 그지없어 보입니다. 마귀가 우리의 생각 속에 자주 심어주는 것 한 가지가 있습니다. 그것은 기도의 능력을 과소평가하게 하는 것입니다. 기도의 능력을 믿지 못하게 하는 것입니다. 특히 다른 사람은 몰라도 너는 기도해도 소용없다고 생각하게 하는 것입니다.

마귀는 기도의 능력을 잘 알기 때문입니다. 마귀는 많이 가진 사람, 많이 배운 사람을 두려워하지 않습니다. 마귀가 두려워하는 사람은 바로 기도하는 사람입니다. 기도하는 사람은 하나님의 뜻을 알게 됩니다. 기도하는 사람은 하나님의 뜻에 순종하게 됩니다. 기도하는 사람에게는 뱀과 전갈을 밟으며 원수의 모든 능력을 제어할 하나님의 권능이 주어집니다. 무엇보다 기도하는 사람에게는 성령의 충만함이 임합니다.

헤롯왕에 의해 사도 베드로가 옥에 갇혔을 때, 교회가 취했던 단 한 가지는 '그를 위한 기도'였습니다. 교회가 박해당할 때 도리어 교회는 기도로 하나가 되었습니다. 기도는 하나님의 방법입니다. 교회의 힘은 넉넉한 재정에 있지 않습니다. 많은 교인 수에도 있지 않습니다. 교회의 힘은 기도에 있습니다. 함께 기도하는 교회가 강한 교회입니다.

**"교회는 그를 위하여 간절히 하나님께 기도하더라"**(행 12:5b).

어떻게 기도했습니까? '간절히.' 어떤 기도가 잘하는 기도일까요? 성경을 통하여 분명히 증거되는 사실은 잘하는 기도란 유창한 기도가 아니라 간절한 기도입니다. 우리는 유창한 기도는 못 해도 간절한 기도는 할 수 있습니다. 합심하여 드리는 교회의 간절한 기도에 하나님은 반드시 응답해 주십니다.

그렇게 교회가 마음을 합하여 옥에 갇힌 베드로를 위해 간절히 하나님께 기도했을 때 어떤 일들이 일어납니까?

**"헤롯이 잡아 내려고 하는 그 전날 밤에 베드로가 두 군인 틈에서 두 쇠사슬에 매여 누워 자는데 파수꾼들이 문 밖에서 옥을 지키더니"**(행 12:6).

"헤롯이 잡아내려고 하는 그 전날 밤에." 이는 베드로를 위해 드린 교회의 기도에 대한 하나님의 응답의 시점을 보여줍니다. 베드로를 위한 예루살렘교회의 기도 응답은 "헤롯이 잡아 내려고 하는 그 전날 밤에" 주어집니다. 단 하루만 늦었어도 베드로는 죽음을 면치 못했을 것입니다. 참으로 놀라운 하나님의 타이밍입니다.

흥미로운 것은 헤롯이 잡아내려고 하는 그 전날 밤에 옥에 갇힌 베드로의 모습입니다. **"두 군인 틈에서 두 쇠사슬에 매여 누워 자는데"**(행 12:6)라고 했습니다. 이제 몇 시간 후에 야고보처럼 칼로 죽임을 당할 처지인데도 베드로, 두 쇠사슬에 매여 누워 잡니다. 포근한 침대도 푹신한 소파도 아닌 차디찬 감옥 바닥에서 베드로가 누워 잡니다. 메시지 성경은 "누워 자는데"라는 구절을 "아기처럼 잘 잤다"라고 표현했습니다. 참 넉살도 좋습니다. 생의 마지막 밤이 될지 모르는 때에 태평하게 누워 잠을 자다니…. 베드로의 원래 기질은 다혈질입니다. 성격이 매우 급하고 참지 못하는 성격입니다. 그런데 지금 얼마나 느긋한 모습입니까? 베드로는 죄를 지어서 옥에 갇힌 것이 아닙니다. 복음을 전하다가 무고하게 옥에 갇혔습니다. 얼마나 억울합니까? 부당한 정치권력에 의해 죽음을 앞두고 있습니다. 얼마나 분합니까? 저 같으면 억울하고 분해서 누워 잠들지 못했을 것입니다. 그런데 베드로는 이때 아기처럼 평안히 누워 잡니다. 두 쇠사슬에 매인 채 평안히 자는 베드로의 모습에서, 갈릴리 바다의 몰아치는 폭풍 속에서도 곤히 주무셨던 예수님의 모습이 떠오릅니다. 폭풍이 주님의 마음을 흔들지 못했듯 임박한 죽음이 베드로의 마음을 흔들지 못했습니다.

그렇게 죽음을 목전에 두고서도 감옥 안 두 군인 틈에서 두 쇠사슬에 매여 곤히 자고 있던 베드로에게 일어난 일이 있습니다. 홀연히 광채와 함께 나타난 주의 사자가 베드로의 옆구리를 쳐 깨웁니다. 주의 사자가 옆구리를 치지 않고서는 깨어나지 못할 만큼 당시 베드로가 깊이 잠들어 있었습니다. 주의 사자가 "급히 일어나라"고 말하자 그 순간 베드로를 묶고 있던 쇠사슬이 손에서 벗어집니다. 이어 주의 사자가 베드로에게 "띠를 띠고 신을 신으라", "겉옷을 입고 따라오라"고 하자 베드로가 지시대로 순종합니다. 지금 베드로의 모습, 몰래 도망치는 모습이 아닙니다. 띠를 띠고, 신을 신고, 겉옷을 입고 주의 사자를 뒤따르는 모습, 탈옥이 아니라 당당히 출옥하고 있습니다.

홀연히 일어난 이 모든 일들을 겪으며 베드로는 자신이 겪은 일이 실제 일어난 일이 아닌 환상이라고 생각했습니다. 실제라고 여기기에는 도무지 믿어지지 않는 너무나 놀라운 일이었기 때문입니다.

그리고 일어난 일이 있습니다.

**"이에 첫째와 둘째 파수를 지나 시내로 통한 쇠문에 이르니 문이 저절로 열리는지라 나와서 한 거리를 지나매 천사가 곧 떠나더라"**(행 12:10).

베드로가 자신을 이끄는 천사를 뒤따라 나올 때 첫째와 둘째 파수를 지나갑니다. 그렇게 파수 곁을 두 번이나 지나는데도 파수꾼들은 이를 전혀 알아차리지를 못합니다. 그리고 마지막 시내로 통하는 쇠문에 이르렀을 때 자동문 앞에 다가가면 문이 스르르 열리듯 굳게 닫힌 쇠문이 저절로 열립니다.

이는 베드로에게 있어 참으로 놀랍고 기이한 체험이었을 것입니다. 그 닫힌 철문은 누가 열어주신 것입니까? 과거 출애굽한 이스라엘 백성들의 앞을 가로막은 홍해를 열어주신 하나님께서 이제 베드로 앞을 가로막은 쇠문을 열어주신 것입니다. 놓치지 말 것은 베드로가 닫힌 쇠문이 저절로 열어지는 경험을 한 때가 주의 사자의 지시에 순종하여 쇠문 앞에 이르렀을 때라는 것입니다.

가나안 땅에 입성한 이스라엘 백성들을 가로막는 요단강이 언제 갈라졌습니까? 이스라엘 백성들이 지도자 여호수아의 말에 순종하여 요단강에 발을 내디뎠을 때 갈라졌습니다. 난공불락의 그 견고한 여리고 성이 언제 무너졌습니까? 이스라엘 백성들이 지도자 여호수아의 지시에 철저히 순종하여 일곱째 날 함께 소리쳐 외칠 때 무너졌습니다. 하나님이 하시는 일 앞에 우리가 해야 할 일은 단지 믿음으로 순종하는 것입니다. 지금 혹 우리의 삶을 가로막는 닫힌 쇠문이 있습니까? 그 닫힌 쇠문, 우리 주님은 얼마든지 여실 수 있습니다. 주님이 닫으시면 그 누구도 열 수 없고 주님이 여시면 그 누구도 닫을 수 없습니다. 들려주신 말씀에 단순하게 믿음으로 순종하십시오. 묶인 매임은 풀어지고 닫힌 쇠문은 열릴 것입니다.

그렇게 밖으로 나온 베드로가 한 거리를 지나자 그를 인도하던 천사가 곧 떠납니다. 홀로 남은 베드로가 그제야 했던 고백이 있습니다.

**"내가 이제야 참으로 주께서 그의 천사를 보내어 나를 헤롯의 손과 유대 백성의 모든 기대에서 벗어나게 하신 줄 알겠노라"**(행 12:11).

베드로가 이제껏 경험한 영적 체험이 얼마나 많습니까? 그런데 처형 바로 하루 전날 홀연히 임한 주의 사자의 도움으로 기적적으로 구출된 베드로가 비로소 새롭게 알게 된 것이 있습니다. 그것은 자신보다 '앞서 가시는 하나님'입니다. 베드로가 옥에서 나오는 과정을 다시 복기해 보십시오. 하나님이 앞서가고 베드로가 뒤따라가는 모습입니다. 사도행전에는 '앞서가시는 하나님'의 모습이 곳곳에 나옵니다. 사마리아 선교는 사도들이 앞장선 것이 아닙니다. 하나님이 앞서가시고 이후에 사도들이 뒤따랐습니다. 가이사랴에 있는 이방인 고넬료의 집에 복음이 전해진 것은 하나님이 앞서가시며 모든 사전 작업을 해 놓은 것을 베드로가 뒤따른 것입니다. 그래서 어떤 신학자는 "사도행전의 역사는 하나님이 앞서 나가시고 교회는 허겁지겁 따라가는 역사"라고까지 말했습니다.

감옥에서 풀려난 베드로는 곧바로 마가라 하는 요한의 어머니인 마리아의 집을 찾아갑니다. 그곳에는 많은 사람들이 모여 그를 위해 간절히 기도하고 있었습니다. 베드로가 감옥에서 하나님의 놀라운 역사하심을 경험할 수 있었던 이유가 바로 여기에 있습니다. 그렇게 감옥을 나온 베드로가 마리아의 집에 도착해 문을 두드리자, 로데라는 한 여자아이가 문을 열러 나옵니다. 그런데 베드로의 목소리를 듣는 순간, 너무 기쁜 나머지 문도 열지 않은 채 안으로 뛰어들어가 사람들에게 외칩니다. **"베드로가 대문 밖에 서 있어요!"** 그것은 감옥에 갇힌 베드로를 위해 간절히 기도하던 사람들이 가장 듣고 싶었던 소식이었습니다. 그러나 정작 그 기쁜 소식이 로데를 통해 전해지자, 사람들은 믿지 못하고 오히려 이렇게 말합니다.

**"네가 미쳤다"**(행 12:15a).

오죽하면 이렇게까지 말했겠습니까? 사람들로부터 미쳤다는 말까지 들었지만 로데는 "참말이라"고 자기주장을 굽히지 않습니다. 그런데도 사람들은 "그러면 그의 천사라"고 하며 끝까지 믿지 않습니다.

그로 인해 베드로가 했던 일이 있습니다.

**"베드로가 문 두드리기를 그치지 아니하니"**(행 12:16a).

베드로를 가둔 그 육중한 쇠문은 하나님의 능력으로 저절로 열렸지만 그를 위해 간절히 하나님께 기도했던 사람들의 집의 대문은 베드로가 아무리 두드려도 열리지 않았으니 이 얼마나 아이러니한 일입니까? 베드로의 계속되는 문 두드리기에 마침내 문을 연 사람들은 자유의 몸이 되어 자신들의 눈앞에 서 있는 베드로를 발견하고 놀랍니다. 천사가 아닌 실제 사도 베드로였습니다. 참 가슴 아픈 말이 "신자의 불신앙"이라는 말입니다. 믿음으로 기도했습니까? 그렇다면 응답도 믿음으로 해야 합니다.

본문의 이야기는 베드로가 처형 직전에 극적으로 구출되는 이야기입니다. 한마디로 해피 엔딩(happy ending)입니다. 자칫 베드로의 죽음이라는 슬픈 결말로 끝날 수 있었던 이야기가 해피 엔딩으로 끝날 수 있었던 것은 앞서가시는 하나님이 교회와 함께하셨기 때문입니다. 헤롯왕은 야고보 사도에 이어 베드로 사도마저 죽일 수 있다고 생각했습니다. 하지만 베드로는 이때 죽지 않았습니다. 감옥에서 옷을 차려입고 당당히 걸어 나왔습니다. 앞서가시는 하나님이 그와 함께 계셨기 때문입니다. 앞서가시는 그 하나님이 지금 여기에 우리와 함께 계십니다. 앞서가시는 하나님으로 인해 베드로처럼 **"내가 이제야 참으로 … 알겠노라"**는 아름다운 간증이 우리의 삶에도 가득하길 바랍니다.

**한마디 기도**
앞서가시는 하나님으로 인해 기도 응답의 기쁨을 누리게 하소서.

2부

더 멀리 세상 속으로

# 보내심

**사도행전 13:1-12**

두 사람이 성령의 보내심을 받아 실루기아에 내려가

거기서 배 타고 구브로에 가서(행 13:3)

　　전체 28장인 사도행전은 내용상 크게 두 부분으로 나눌 수 있습니다. 사도 베드로가 주축인 예루살렘교회를 중심으로 복음이 예루살렘과 온 유대와 사마리아까지 전파되는 과정을 보여주는 전반부 1-12장과 사도 바울이 주축인 안디옥교회를 중심으로 복음이 당시 세계 정치권력의 심장부인 로마까지 전파되는 과정을 보여주는 후반부 13-28장입니다.

　　본문은 그 후반부의 첫 부분으로 기독교 역사상 최초로 두 명의 선교사가 파송되는 이야기입니다. 본문 바로 직전 사도행전 12장 25절은 이렇게 끝납니다.

**"바나바와 사울이 부조하는 일을 마치고**

**마가라 하는 요한을 데리고 예루살렘에서 돌아오니라."**

　　기근으로 큰 어려움에 처한 예루살렘교회를 위한 구제헌금을 전달한 바나바와 사울은 마가라 하는 요한을 데리고 다시 안디옥교회에 돌아옵니다.

그렇게 바나바와 사울이 돌아와 은혜를 함께 나눈 안디옥교회는 어떤 교회입니까?

**"안디옥 교회에 선지자들과 교사들이 있으니 곧 바나바와 니게르라 하는 시므온과 구레네 사람 루기오와 분봉 왕 헤롯의 젖동생 마나엔과 및 사울이라"**(행 13:1).

성경은 안디옥교회에 선지자들과 교사들이 있었다고 전합니다. 여기 선지자들은 하나님의 말씀과 뜻을 사람들에게 전하고 해석하는 사람들로 당시 지역을 순회하며 복음을 전했던 전도자를, 그리고 교사들은 하나님의 뜻을 분별하여 성도들을 가르치고 양육하는 사람을 가리킵니다. 안디옥교회에는 선지자들과 교사들이 있었는데 본문에는 그중 특별히 다섯 명의 이름이 언급되어 있습니다.

첫 번째, 바나바입니다. 구브로 출신의 바나바는 안디옥에 흥왕한 복음 전파가 일어나고 있음을 듣고 이를 돕고자 예루살렘교회가 파송한 사역자입니다. 그는 남다른 친화력으로 갓 세워진 안디옥교회의 기틀을 잡았습니다.

두 번째, 니게르라 하는 시므온입니다. 니게르는 라틴어에서 온 말로 '검은'이라는 뜻입니다. 아프리카 흑인을 뜻하는 '니그로'가 바로 이 단어에서 유래되었습니다. 이로 볼 때 시므온은 그 출신이 흑인임을 알 수 있습니다. 일부 성경학자들은 여기 '니게르라 하는 시몬'을 골고다 언덕을 오른 예수님의 십자가를 억지로 짊어진 '구레네 시몬'일 것이라고 추정합니다. 만약 그렇다면 그는 억지로 진 십자가 때문에 교회 지도자로 쓰임 받는 엄청난 축복을 받게 된 것입니다. 그래서 십자가는 억지로라도 질만한 가치가 있습니다.

세 번째, 구레네 사람 루기오입니다. 루기오는 이름 외에 따로 알려진 것은 없지만 스데반의 순교 때 박해를 피해 안디옥으로 와 헬라인들에게 복음을 전한 사람 가운데 한 사람으로 추정됩니다. 네 번째, 헤롯의 젖동생 마나엔입니다. '젖동생'은 신약성경에서 여기에만 언급된 단어로 '함께 양육 받은'이라는 의미입니다. 헤롯과 마나엔은 왕궁에서 함께 자란 유대 귀족이지만, 두 사람의 인생 모습은 판이하게 달랐습니다. 헤롯은 세상의 권력자로 자신만을 위해 살았지만, 그의 젖동생 마나엔은 주와 복음을 위해 살았습니다. 당시에는 헤롯이 멋져 보이고 마나엔은 초라해 보였을 것입니다. 하지만 이후 헤롯은 세례 요한을 죽인 부끄러운 이름을 세상에 남겼지만, 그의 젖동생 마나엔은 안디옥교회를 섬긴 대표적인 지도자로 기억되고 있습니다.

마지막 안디옥교회의 선지자와 교사로 언급된 사람이 있습니다. 바울이라 불린 사울입니다. 회심 후 고향 다소에서 사역하던 사울은 바나바의 주선으로 안디옥교회에 와서 1년 동안 말씀으로 제자들을 양육하는 일에 헌신했습니다. 안디옥교회의 선지자들과 교사들로 언급된 다섯 명의 이름이 우리에게 보여주는 것이 있습니다. 바로 안디옥교회를 구성하고 있는 사람들의 다양성입니다. 안디옥교회는 출신 지역 혹은, 인종과 신분으로 인해 사람을 차별하지 않았습니다. 그래서 다양하고 좋은 일꾼들이 안디옥교회에 모인 것입니다.

교회에 없어서는 안 될 중요한 두 가지 요소가 있습니다. 하나는 일치성이요, 다른 하나는 다양성입니다. 교회는 머리 되신 예수님을 중심으로 성령의 하나 되게 하신 것을 힘써 지켜야 합니다. 믿음도 하나요, 세례도 하나요 소망도 하나요 하나님도 한 분이심은 교회의 일치성을 보여줍니다. 그 일치성은 획일성을 말하지 않습니다. 일치된 하나의 교회 안에 어떤 사람은 사도로 어떤 사람은 선지자로 어떤 사람은 복음 전하는 자로 어떤 사람은 목사와 교사로 세움을 받습니다. 이는 교회의 다양성을 보여줍니다.

교회는 사람의 다양성을 존중하되 동시에 머리 되신 그리스도를 중심으로 일치를 이루어야 합니다. 일치성을 위해 다양성을 상실하거나, 다양성을 위해 일치성을 포기하면 안 됩니다. 그래서 교회 안에서 나와 다른 생각을 가진 사람, 예를 들어 정치적 성향이 다르다고 서로를 배척해서는 안 됩니다. 우리가 교회에 함께 모인 것은 생각이 같아서가 아닙니다. 예수님을 주와 그리스도로 고백하는 같은 믿음 때문입니다. 이것을 결코 놓쳐서는 안 됩니다.

안디옥교회는 그 역사가 짧습니다. 세워진 지 기껏 1년 지난 교회입니다. 재정도 넉넉하지 않았습니다. 건물도 변변치 않습니다. 그런데 안디옥교회가 가진 것이 있습니다. 안디옥교회는 주와 복음을 위해 헌신한 다양하고 좋은 일꾼들이 있었습니다. 그런 안디옥교회가 주 앞에 금식하며 기도할 때 성령님께서 들려주신 음성이 있습니다.

**"성령이 이르시되 내가 불러 시키는 일을 위하여**
**바나바와 사울을 따로 세우라"**(행 13:2b).

하나님은 지금도 여전히 성령님을 통해 교회에 말씀하고 계십니다. 오해하지 마십시오. 이는 성령님을 통해 지금도 새로운 구원의 계시가 교회에 주어진다는 말이 아닙니다. 구원의 계시는 이미 우리에게 주어진 성경 66권으로 충분합니다. 거기에 더하거나 빼서는 안 됩니다. 하지만 하나님은 지금도 필요하시면 얼마든지 성령님을 통해 자신의 뜻을 우리에게 말씀하십니다. 하나님은 살아 계시기 때문입니다.

문제는 들려주신 성령님의 음성에 우리가 어떻게 반응하느냐입니다. "내가 불러 시키는 일을 위하여 바나바와 사울을 따로 세우라." 여기 "따로 세우라"는 말은 '특별한 목적을 위해 다른 것들로부터 구별하라'는 의미입니다. 성령님께서 따로 구별하여 세우라고 명령하신 두 사람이 있습니다. 안디옥교회 5명의 지도자 중 '바나바와 사울'입니다. 바나바와 사울이 누구입니까? 이 두 사람은 당시 안디옥교회의 폭발적인 부흥을 견인해 가고 있는 두 기둥과도 같은 사람입니다. 이 두 사람이 없는 안디옥교회의 모습, 감히 상상하기 어려울 정도였습니다. 그런데 다른 사람도 아닌 그 바나바와 사울을 따로 구별하여 세우라고 하시니….

이는 안디옥교회뿐 아니라 당사자로 지목된 바나바와 사울에게 마치 아브라함에게 그 사랑하는 독자 이삭을 번제로 바치라는 것과 같이 순종하기 너무나 부담스러운 말씀이었습니다.

다른 사람도 아닌 바나바와 사울을 따로 세울 것을 요구하시는 하나님, 이는 이 두 사람을 이방인을 위한 선교사로 파송하기 위해서입니다. 많은 교회가 여력이 있으면 선교하겠다고 생각합니다. 그러나 하나님은 그렇게 선교하지 않으셨습니다. 하나님은 선교에 최우선 순위를 두십니다. 그 증거가 금식 기도하던 안디옥교회에 바나바와 사울을 따로 세우라는 명령입니다.

순종하기에 너무나 부담스러운 성령님의 음성 앞에서 안디옥교회와 당사자인 바나바와 사울이 보인 태도가 무엇입니까?

**"이에 금식하며 기도하고 두 사람에게 안수하여 보내니라"**(행 13:3).

본문은 2절에서 3절로 단숨에 넘어갔지만, 그 과정 중에 안디옥교회 안에 반론이 적지 않았을 것입니다. 바나바와 사울을 파송하면 우리 안디옥교회는 어떻게 되느냐? 우리 교회 형편에 바나바와 사울을 단독 선교사로 파송하는 것이 가당키나 하냐? 지금 안디옥 지역에 복음을 전하기 위해 해야 할 일이 너무나 많은데 굳이 이렇게까지 선교사를 파송해야 하느냐 등등…. 그런데도 안디옥교회는 들려온 성령대로 바나바와 사울 두 사람을 안수하여 보냅니다. 들려주신 성령의 지시하심에 지체하지 않고 믿음으로 순종한 것입니다.

"엠마오로 가는 두 제자" 등 많은 명작을 남긴 네덜란드의 유명한 화가 렘브란트(Rembrandt)에게 종종 그의 친구들이 물었습니다.

"자네처럼 좋은 그림을 잘 그릴 수 있는 비결이 무엇인가?"

그때마다 그가 했던 대답이 있습니다.

"어떻게 그려야 하는지 묻기 전에 일단 붓을 들고 그리기 시작하게."

어떤 일을 시작하려고 할 때, 우리는 너무 망설이며 쭈뼛거리는 경우가 많습니다. 물론 일하기 전에 신중하게 생각하는 것도 필요하지만, 생각만 하다가 행동하지 않으면 아무 일도 일어나지 않습니다. 믿음도 선교도 마찬가지입니다. 생각만 하고 정작 순종하지 않는다면 그 어떤 일도 일어나지 않습니다. 믿음과 순종은 같은 뜻을 가진 다른 말입니다. 왜냐하면 믿으면 순종이 뒤따르기 때문입니다. 내적 믿음의 외적 표현이 바로 순종입니다.

안디옥교회가 "내가 불러 시키는 일을 위하여 바나바와 사울을 따로 세우라"는 성령의 음성에 순종하여 두 사람을 안수하여 보낸 것은 기독교 역사상 최초로 선교사가 파송되는 역사적인 순간이자 동시에 예루살렘교회 중심에서 안디옥교회 중심으로 선교의 바톤 터치가 일어나는 순간입니다. 우리는 영원히 쓰임 받지 않습니다.

전도서 기자는 **"범사에 기한이 있고 천하 만사가 다 때가 있나니"**(전 3:1)라고 했습니다. 물건마다 유통기한이 있듯 하늘 아래 일어나는 모든 일

에는 유통기한이 있습니다. 헌신도 마찬가지입니다. 언제든지 헌신할
수 있는 것이 아닙니다. 헌신도 때가 있습니다. 헌신할 기회가 주어졌습
니까? 그 기회를 놓치지 않아야 합니다. 많은 경우, 하나님의 은혜는 부
담이라는 포장지에 싸여 우리 앞에 주어집니다.

　다른 사람도 아닌 바나바와 사울을 선교사로 안수하여 파송하여 보
내는 일, 당시 안디옥교회 입장에서 얼마나 부담스러웠을까요? 그 부담
때문에 순종하지 않았다면 안디옥교회는 기독교 역사상 최초의 선교사
를 파송하는 그 위대한 하나님의 은혜를 경험하지 못했을 것입니다. 성
령의 감동은 인격적입니다. 우리가 순종하면 그 감동은 이어지지만 불
순종하면 성령의 감동은 그 순간 사라집니다. 성령의 감동이 사라지면
그것으로 끝이 아닙니다. 거기에는 사람의 소리가 그 자리를 대신하고
그 순간 교회는 더 이상 하나님의 뜻을 이루어 갈 수 없습니다. 당장의
부담 때문에 성령이 주신 감동을 거부해서는 안 되는 이유입니다.
　그렇게 안디옥교회가 들려주신 성령의 음성에 순종하여 바나바와 사
울을 따로 세우고 안수하여 파송하는 그 역사적인 모습을 성경은 이렇
게 기록합니다.
**"두 사람이 성령의 보내심을 받아**
**실루기아에 내려가 거기서 배 타고 구브로에 가서"**(행 13:4).
　바나바와 사울이 보내심을 받았습니다. 누구에게 보내심을 받았습니
까? 앞서 2-3절만 보면 안디옥교회를 통해 보내심 받은 것처럼 보입니
다. 그런데 성경은 "두 사람이 안디옥교회의 보내심을 받아"라고 하지
않고 "두 사람이 성령의 보내심을 받아"라고 하여, 두 사람을 선교사로
보내시는 주체가 다름 아닌 성령님이심을 분명히 합니다.
　선교는 교회의 프로그램이 아닙니다. 선교는 성령님이 말씀하시고,

성령님의 보내심을 따라 신실한 교회와 성도가 순종함으로 되는 것입니다. 교회와 개인이 구체적인 선교 사역을 수행하지만, 선교의 역사는 전적으로 성령님이 주관하십니다. 성령님은 진리의 영입니다. 그래서 성령님이 임하시면 예수님이 진리임을 깨닫게 됩니다. 성령님은 위로의 영입니다. 그래서 성령님이 임하시면 사람이 줄 수 없는 하늘의 위로와 평안이 임합니다. 그러나 결코 빼놓을 수 없는 성령님의 핵심 사역이 있습니다. 그것이 바로 선교입니다.

**"예루살렘과 온 유대와 사마리아와 땅끝까지 이르러
내 증인이 되리라"**(행 1:8b).

어떻게 이런 놀라운 일이 가능합니까? **"오직 성령이 임하시면 너희가 권능을 받고"**(행 1:8a)라고 했습니다. 선교는 오직 하나, 성령님이 임하실 때만 가능합니다. 왜냐하면 성령님은 선교의 영이기 때문입니다.

사도행전에서 우리가 주목해야 할 몇 단어들이 있습니다. '교회'와 '부르심', '사도'와 '보내심'입니다. 교회는 헬라어로 에클레시아(Ekklesia)인데 이는 '부름을 받은 사람들의 모임'이라는 뜻입니다. 그리고 사도는 아포스톨로스(apostolos)로, '보내심을 받은 사람'이라는 뜻입니다. 신학적으로 '부르심'을 소명(calling)이라고 부릅니다. 그리고 '보내심'을 사명(commission)이라고 합니다. 부르심과 보내심은 따로 분리되지 않습니다. 부르심이 있는 곳에는 반드시 보내심이 있고, 보내심이 있으려면 반드시 먼저 부르심이 있습니다.

하나님은 아무런 자격이 없는 우리를 은혜로 부르셨습니다. 하나님께서 우리를 부르신 이유는 보내시기 위해서입니다. 공생애 기간에 복음을 전하시던 예수님은 쉴 새 없이 몰려오는 무리를 바라보시며 추수할 것은 많은데 일꾼이 적다고 안타까워 하셨습니다. 그로 인해 주님은 제자들에게 "추수하는 주인에게 추수할 일꾼들을 보내 주시기를 기도하라"고 하십니다. 우리가 교회 오게 된 것, 하나님이 보내 주셨기 때문입니다. 우리는 모두 하나님의 보내심을 받은 자들(the sent)입니다. 그래서 보내심은 은혜입니다.

하늘과 땅의 모든 권세를 가지신 예수님께서 제자들에게 명령하셨습니다.
**"그러므로 너희는 가서 모든 민족을 제자로 삼아 아버지와 아들과 성령의 이름으로 세례를 베풀고 내가 너희에게 분부한 모든 것을 가르쳐 지키게 하라"**(마 28:19-20a).
그리고 이어진 약속이 있습니다.
**"볼지어다 내가 세상 끝날까지 너희와 항상 함께 있으리라"**(마 28:20b).
이는, '가라'는 보내심에 순종하는 자들에게 주시는 하나님의 약속입니다. '보내심'은 단지 보내심만으로 끝나지 않습니다.
'보내심'에는 반드시 하나님의 함께하심이 약속되어 있습니다. 이것을 잊지 않아야 합니다.

**한마디 기도**
우리 삶이 부르심의 자리에서 보내심의 자리까지 나아가게 하소서.

# 하나님 나라에 들어가려면

**사도행전 14:1-28**

제자들의 마음을 굳게 하여 이 믿음에 머물러 있으라 권하고

또 우리가 하나님의 나라에 들어가려면

많은 환난을 겪어야 할 것이라 하고(행 14:22)

**"우리가 이방인에게로 향하노라"**(행 13:46).

이는 비시디아 안디옥에서 유대인들이 시기가 가득하여 복음을 반박하고 비방하자 바울과 바나바가 사역의 대상을 유대인에서 이방인으로 방향을 전환하는 역사적 순간입니다. 박해가 복음 전파를 방해할 수는 있어도 결코 멈추게 할 수는 없습니다.

박해로 인해 비시디아 안디옥에서 쫓겨난 바울과 바나바는 이고니온에 이르러 회당에 들어가 말씀을 전했는데 이때 놀라운 일이 일어났습니다.

**"이에 이고니온에서 두 사도가 함께 유대인의 회당에 들어가 말하니 유대와 헬라의 허다한 무리가 믿더라"**(행 14:1).

"말하니… 믿더라." 마치 창세기 1장에 "하나님이 이르시되…. 그대로 되니라"는 내용을 떠올리게 합니다. 들려온 말씀이 마음에 의심 없이

믿어지는 것, 그것이 은혜입니다.

회당에 모인 사람들이 두 사도 바울과 바나바가 전하는 말씀을 듣고 믿자 "순종하지 아니하는 유대인들이 이방인들의 마음을 선동하여 형제들에게 악감을 품게" 합니다. 자기가 믿지 못하니 다른 사람까지 못 믿게 하려 한 것입니다.

그때에 주께서 하신 일이 있습니다.

**"두 사도가 오래 있어 주를 힘입어 담대히 말하니 주께서 그들의 손으로 표적과 기사를 행하게 하여 주사 자기 은혜의 말씀을 증언하시니"**(행 14:3).

유대인들이 이방인들의 마음을 선동하여 형제들에게 나쁜 감정을 품게 하자 주께서 표적과 기사를 행하여 전하는 말씀이 참됨을 증명해 주셨고, 그로 인해 바울과 바나바는 오랫동안 이고니온에 머무르며 은혜의 말씀을 전합니다. 사도행전에서 하나님 선교의 중심은 늘 말씀입니다.

두 사도의 손을 통해 표적과 기사가 행하여지고 은혜의 말씀이 증언되었음에도 무리는 유대인을 따르는 자와 두 사도를 따르는 자로 나뉩니다. 말씀은 동일한데 사람들의 반응은 상반됩니다. 심지어 이방인과 유대인과 그 관리들이 한편이 되어 두 사도를 모욕하여 돌로 치려고 달려듭니다. 이를 미리 알게 된 두 사도는 "루가오니아의 두 성 루스드라와 더베와 그 근방"으로 갑니다. 목숨을 부지하기 위해서가 아닌 박해자들과 무리한 충돌을 피하고자 다른 곳으로 옮겨간 것입니다. 복음의 반대자들과 맞서지 않고 피하는 것도 지혜로운 방법입니다.

그렇게 돌로 치려는 자들을 피하여 간 루스드라와 더베에서 두 사도가 한 일이 있습니다.

**"거기서 복음을 전하니라"**(행 14:7).

두 사도는 박해를 피해 도망쳐 간 루스드라에서 복음을 전하는 일을 멈추지 않습니다. 이들의 가슴에는 복음이 품어져 있었습니다.

루스드라에서 복음을 전하던 두 사도가 만난 사람이 있습니다. 나면서 걷지 못하게 되어 이제껏 한 번도 걸어 본 적이 없는 장애인이었습니다. 그가 바울이 전하는 복음에 보인 반응이 있습니다.

"바울이 말하는 것을 듣거늘

**바울이 주목하여 구원받을 만한 믿음이 그에게 있는 것을 보고**"(행 14:9).

믿음은 들음에서 납니다. 믿음을 가지길 원합니까? 그렇다며 무엇보다 먼저 마음을 열고 말씀을 들어야 합니다. 나면서 걷지 못하는 장애가 있는 사람을 만났을 때 바울은 그의 병이 얼마나 중한지 보지 않습니다. 그 병이 얼마나 오래되었는지 보지 않습니다. 바울은 '구원받을 만한 믿음'이 그에게 있는 것을 봅니다. 여기에 언급된 '구원'은 종말론적 구원이라기보다 그의 신체적 장애의 치유를 가리킵니다. 표준새번역이 이를 '고침을 받을 만한 믿음'으로, 공동번역이 '몸이 성해질 믿음'이라고 표현한 이유입니다.

그에게 '치유받을 만한 믿음'이 있음을 주목한 바울이 그를 향해 큰 소리로 선포합니다.

"네 발로 바로 일어서라"(행 14:10).

나면서부터 걷지 못하는 장애를 안고 평생을 살아온 사람에게 치유와 회복을 명한 것입니다. 그러자 놀라운 일이 눈앞에서 일어납니다. 나면서부터 걷지 못하던 사람이 바울이 선포한 그대로 바로 '일어나 걷는 것'입니다. 그 모습을 보고 현장에 있는 사람들이 얼마나 놀랐는지 자신들의 방언으로 **"신들이 사람의 형상으로 우리 가운데 내려오셨다"**(행 14:11)라고 소리 지르며 바울과 바나바를 신으로 추앙하려고 합니다.

이는 영적으로 무서운 위기였습니다. 고난과 핍박을 당할 때가 위기가 아닙니다. 그런 때는 누가 말하지 않아도 스스로 겸손합니다. 진짜 위기는 형통할 때요, 모든 일에 승승장구할 때요, 모든 사람이 인정하고 칭찬할 때입니다. 고난의 때에는 겸손히 자신을 돌아보지만, 형통의 때에 사람은 스스로 된 줄로 여겨 자신도 모르게 우쭐하여 넘어지기 쉽습니다. 다행스러운 것은 치유의 기적으로 인해 루스드라 사람들이 자신들을 신으로 추앙하려 할 때 바울과 바나바가 이에 조금도 동조하지 않았다는 것입니다.

한순간에 사람에서 신으로 추앙받은 바로 그때, 두 사도 바나바와 바울이 보인 모습이 있습니다.

**"두 사도 바나바와 바울이 듣고**
**옷을 찢고 무리 가운데 뛰어 들어가서 소리 질러"**(행 14:14).

사람들이 신으로 추앙하며 제사 드리려 하자 그들은 자신들의 옷을 찢습니다. 옷을 찢는 행위는 참을 수 없는 울분과 비통한 심정을 드러내는 유대인들의 전통적인 모습입니다. 이는 루스드라 주민들이 자신들을 신으로 추앙하는 행위를 바울과 바나바가 결코 용납하지 않았음을 생생하게 보여줍니다. 그렇게 옷을 찢고 무리 가운데 뛰어 들어간 바울이 소리치며 전한 메시지가 있습니다.

**"이르되 여러분이여 어찌하여 이러한 일을 하느냐 우리도 여러분과 같은 성정을 가진 사람이라 여러분에게 복음을 전하는 것은 이런 헛된 일을 버리고 천지와 바다와 그 가운데 만물을 지으시고 살아 계신 하나님께로 돌아오게 함이라 하나님이 지나간 세대에는 모든 민족으로 자기들의 길들을 가게 방임하셨으나 그러나 자기를 증언하지 아니하신 것이 아니니 곧 여러분에게 하늘로부터 비를 내리시며 결실기를 주시는 선한 일을 하사 음식과 기쁨으로 여러분의 마음에 만족하게 하셨느니라 하고"**(행 14:15-17).

이때 바울이 전한 메시지의 핵심은 세 가지입니다. 첫째, 하나님께서 만물의 창조주라는 것, 둘째, 하나님께서 배역하는 인간 세상에 대해 인내함으로 기다리신다는 것, 마지막 셋째, 지금도 여전히 자연현상을 통해 하나님께서 자신의 존재를 드러내신다는 것입니다.

나면서 걷지 못하던 사람을 일어나 걷게 한 일로 무리가 자신들을 신으로 추앙하며 제사하려 할 때 바울과 바나바는 철저히 자기를 부인하며 자신들에게 관심이 집중된 상황을 복음을 전할 기회로 삼습니다. 자신의 연설에 "이것은 신의 소리요 사람의 소리가 아니라"라며 무리가 추앙할 때 이에 도취하여 하나님의 영광을 가로챘던 헤롯왕과 전혀 다른 모습입니다.


그렇게 자신들을 신들로 추앙하려는 무리를 겨우 말려 제사를 드리지 못하게 하는 에피소드와 함께 루스드라에서 바울이 경험했던 또 하나의 잊을 수 없는 사건이 있습니다.

**"유대인들이 안디옥과 이고니온에서 와서 무리를 충동하니 그들이 돌로 바울을 쳐서 죽은 줄로 알고 시외로 끌어 내치니라"**(행 14:19).

유대인들은 비시디아 안디옥과 이고니온에서 루스드라까지 찾아온 무리를 충동했고 선동당한 사람들이 돌로 바울을 쳐서 죽은 줄로 알고 시외로 끌어 내칩니다. 다른 것도 아닌 구원의 복음을 전하는데 도리어 돌을 던져 자신을 죽이려 들며 복음을 극렬하게 대적하는 유대인들의 모습을 보며 바울은 어떤 생각이 들었을까요? 지난날 알지 못할 때 다메섹까지 찾아가서 예수 믿는 사람들을 사로잡아 끌어오려 했던 자신의 모습이 떠올랐을 것입니다. 그래서인지 바울은 돌을 던져 자신을 죽이려 하는 사람들과 맞서지 않습니다. 그들이 던진 돌에 그대로 맞습니다.

그런데 이때 바울은 무리가 던진 돌에 맞아 죽지 않았습니다. 이어진 20절 전반절에 보면 "제자들이 둘러섰을 때에 바울이 일어나"라고 했습니다. 돌에 맞아 죽은 줄로 여겨 시외로 끌어 내쳐진 바울 곁에 제자들이 둘러섰을 때 바울이 오뚝이처럼 일어납니다. 사명이 있으면 죽지 않습니다. 아니 죽을 수 없습니다. 그렇게 다시 일어난 바울은 흔연스럽게 다시 그 성에 들어갑니다. 돌에 맞아 죽을뻔했는데 조금도 위축되지 않습니다. 바울은 복음을 전하는 일에 자신의 생명을 조금도 귀한 것으로 여기지 않았습니다. 복음은 그만한 가치가 있습니다. 하나뿐인 목숨을 걸어볼 만한 가치 있는 일입니다.

다음날 바울은 바나바와 함께 사연 많은 루스드라를 떠나 더베로 나아갑니다. 그리고 복음을 그 성에서 전하여 많은 사람을 제자로 삼습니다. 그리고 더베를 마지막으로 다시 이전에 거쳐온 루스드라와 이고니온과 비시디아 안디옥으로 되돌아갑니다. 출발한 수리아 안디옥으로 귀환하려 한 것입니다. 사실 바울과 바나바는 수리아 안디옥으로 귀환할 때 더베에서 계속 동진해 길리기아로 내려가 바울의 고향인 다소를 거쳐 수리아 안디옥으로 돌아가는 여정을 택할 수 있었습니다. 그 길이 수리아 안디옥으로 돌아가는 가장 빠른 길입니다. 그런데 바울과 바나바는 빠른 길이 있음에도 이전에 복음을 전했던 곳을 되짚어가며 돌아갑니다. 복음을 전한 곳의 제자들을 돌아보고 그들을 위로하고 격려하기 위해서입니다.

그렇게 지나왔던 곳을 되짚어 돌아가면서 다시 만난 제자들에게 바울이 전한 내용이 있습니다.

**"제자들의 마음을 굳게 하여 이 믿음에 머물러 있으라 권하고 또 우리가 하나님의 나라에 들어가려면 많은 환난을 겪어야 할 것이라"**(행 14:22).

바울이 되돌아오는 길에 방문하여 다시 만난 제자들에게 전한 주요 메시지는 두 가지입니다. 첫째, "이 믿음에 머물러 있으라"입니다. 왜 바울은 제자들에게 "이 믿음에 머물러 있으라"고 권했을까요? 이는 우리의 신앙생활 중에 믿음에 머물지 못하게 하는 방해 요소가 많기 때문입니다. 우리의 믿음 생활을 흔들리게 하는 요소가 무엇입니까? 견실하며 흔들리지 말고 주 예수를 믿는 믿음 안에 계속 머물러 있으십시오.

"이 믿음에 머물러 있으라"는 권면과 아울러 바울이 두 번째로 제자들에게 상기시킨 내용은 "우리가 하나님 나라에 들어가려면 많은 환난을 겪어야 할 것이라"입니다. 이는 머리에서 나온 말이 아니라 그동안의 사역을 통해 바울의 가슴에서 우러나온 고백입니다. 많은 환난을 겪는 것이 하나님 나라에 들어가는 조건이라는 뜻이 아닙니다. 하나님 나라에 들어가기 위해 필요한 대가가 있다면 피하지 말고, 기꺼이 지불하라는 의미입니다. 다시 만난 제자들에게 바울은 근거 없는 평안으로 안심시키지 않습니다. 하나님 나라에 들어가려면 많은 환난을 겪어야 할 것을 분명하게 가르칩니다.

바울에게 주어진 영광, 그가 사도이기에 주어진 것이 아닙니다. 그가 주와 복음을 위해 고난받았기에 주어진 것입니다. 예수님께 주어진 영광, 하늘과 땅의 모든 이름이 예수의 이름 앞에 무릎을 꿇은 것, 그가 하나님의 아들이시기에 당연히 주어진 것이 아닙니다. 십자가에 피 흘려 죽기까지 고난받으심으로 주어진 것입니다. 고난 없이는 영광도 없습니다. 영광은 고난 속에서만 꽃피웁니다. 예수 믿고 신앙생활하면서 고난이 없습니까? 정말 불쌍한 사람입니다. 그에 걸맞은 영광도 없기 때문입니다. 지금 주와 복음을 위해 고난받는 자리가 있습니까? 피하지 마세요. 주와 복음을 위해 주어지는 불편함이 있습니까? 기꺼이 감수하세요.

하나님 나라, 즉 천국은 분명히 있습니다. 만일 하나님 나라, 즉 천국이 없다면 세상에서 가장 불쌍한 사람은 복음을 전하다 돌에 맞아 죽을뻔한 바울입니다. 하지만 하나님 나라, 즉 천국이 있기에 바울은 가장 복된 사람입니다. 그리스도로 인하여 우리가 받는 고난은 '영광의 훈장'입니다. 바울이 돌에 맞아 죽을 뻔하면서도 다시 복음을 전했던 이유, 굳이 편한 길을 뒤로 하고 힘들고 어려운 길을 마다하지 않은 이유, 하나님 나라를 위해 받은 고난이 가져올 영광을 확신했기 때문입니다.

귀환하는 길에 제자들에게 권면한 바울과 바나바는 비시디아 안디옥을 떠나 마가라 하는 요한이 선교여행을 포기하고 예루살렘으로 돌아갔던 밤빌리아 버가에 이릅니다. 그곳에서 다시 말씀을 전한 바울과 바나바는 근처 앗달리아 항구로 내려가 배 타고 안디옥으로 귀환합니다. 역사적인 바울의 제1차 전도 여행이 마침내 마무리되었습니다. 바울의 1차 전도 여행은 주후 47년에서 49년까지 약 2년간이었으며 그 이동 거리는 약 2,240킬로미터였습니다.

마침내 도착한 수리아 안디옥 그곳은 어떤 곳입니까?

**"거기서 배 타고 안디옥에 이르니 이곳은 두 사도가 이룬 그 일을 위하여 전에 하나님의 은혜에 부탁하던 곳이라"**(행 14:26).

하나님의 은혜에 부탁하던 곳이란, 파송된 바울과 바나바를 위해 기도한 곳이라는 의미가 내포되어 있습니다. 자신들을 선교사로 파송한 안디옥교회로 다시 돌아온 바울과 바나바는 **"교회를 모아 하나님이 함께 행하신 모든 일과 이방인들에게 믿음의 문을 여신 것"**(행 14:27)을 보고합니다. 바울과 바나바는 그동안 자신들이 선교하면서 수고하고 고난받은 일을 안디옥교회에 보고하지 않습니다. "하나님이 함께 행하신 모든 일과 이방인에게 믿음의 문을 여신 것"을 보고했습니다. 이 아름답고 복된 일은 예루살렘교회에서 일어나지 않았습니다. 바울과 바나바를 기꺼이 선교사로 파송하고 후원한 안디옥교회에서 일어났습니다. 보내심을 받은 선교사만 복된 것이 아닙니다. 그 선교사를 위해 기도와 물질로 후원하는 교회 또한 복됩니다.

마지막 28절입니다.

**"제자들과 함께 오래 있으니라."**

여기 "오래 있으니라"는 표현은 선교여행을 마치고 귀환한 바울과 바나바가 안디옥교회로부터 열렬한 환영을 받았음을 의미합니다. 힘겨운 선교 사역을 마치고 돌아온 바울과 바나바에게 안디옥교회는 따뜻한 어머니의 품과도 같았습니다. 바울과 바나바의 선교여행이 1차로 끝나지 않고 2차, 3차로 이어질 수 있었던 이유는 이처럼 어머니의 품과 같이 따뜻하게 품어주는 안디옥교회가 있었기 때문입니다.

주의 고난에 함께 한다면 반드시 주의 영광에도 함께하게 됩니다. "우리가 하나님 나라에 들어가려면 많은 환난을 겪어야 할 것이라." 믿음 생활 중에 늘 되새겨야 할 말씀입니다. 주와 복음을 위해 겪는 고난과 수고는 결코 헛되지 않습니다.

**한마디 기도**
하나님 나라를 위해 받는 고난을 기뻐하게 하소서.

# 갈등도 아름다워라!

**사도행전 15:36-16:10**
밤에 환상이 바울에게 보이니
마게도냐 사람 하나가 서서 그에게 청하여 이르되
마게도냐로 건너와서 우리를 도우라 하거늘(행 16:9)

다른 곳은 다 놔두고
굳이 수숫대 끝에
그 아슬아슬한 곳에 내려앉은 이유가 뭐냐?
내가 이렇게 따지듯이 물으면
잠자리가 나에게 되묻는다
너는 지금 어디에 서 있느냐?

시인 안도현의 시입니다. 저는 처음에 이 시의 제목을 마지막 행에 나오는 "너는 지금 어디에 서 있느냐?"로 생각했습니다. 그런데 이 시의 제목은 "나와 잠자리의 갈등"입니다. 잠자리가 어디를 앉든 상관할 바 아닌데도 걱정이 된 시인은 "다른 곳은 다 놔두고 굳이 수숫대 끝에 그 아슬아슬한 곳에 내려앉은 이유가 뭐냐?"고 묻습니다. 그러나 이는 시인의 입장에서 본 위태로움이지 잠자리로서는 전혀 아닙니다.

어쩌면 잠자리에게는 수숫대 끝이야말로 참으로 편하게 앉을 자리일 수 있습니다. 시인의 물음에 잠자리는 자신의 입장을 말하지 않고 오히려 "너는 지금 어디에 서 있느냐?"고 되묻습니다. 인간의 눈에는 잠자리가 아슬아슬한 곳에 앉았다고 생각할지 모르지만, 잠자리가 볼 때는 인간이야말로 오히려 위태로운 곳에 서 있는 것처럼 보입니다. 우리는 자신에게는 너그러우면서도 타자에게는 엄격한 경우가 많습니다. 자신의 커다란 잘못은 보지 못하고 다른 사람의 티끌 같은 잘못은 타박합니다. 어디 그뿐입니까? 자신 하나 돌보지 못하면서 다른 사람의 일은 일일이 간섭하려 서로 간에 갈등을 겪을 때가 얼마나 많습니까?

사실 누군가와 관계를 맺는다면 갈등이 생기는 것은 정상입니다. 오히려 갈등이 없다는 것이 이상합니다. 결혼했는데 부부간에 갈등이 한 번도 없다면 부러워할 일이 아닙니다. 오히려 갈등을 덮어두고 외면하고 있지 않은지 살펴보아야 합니다. '갈등'이라는 말은 '칡 갈(葛)' 자와 '등나무 등(藤)' 자로 이루어져 있습니다. 칡과 등나무는 비슷하게 보이지만 줄기가 감아 오르는 방향이 서로 반대 방향입니다. 칡은 왼쪽으로 감고 올라가며, 등나무는 오른쪽으로 감고 올라갑니다. 이 두 식물을 한곳에 심어두면 서로 부딪치고 얽히게 되듯 인간 사이에도 상대방의 입장을 헤아릴 줄 모르고, 자기주장만을 관철하려 들다 보면, 생각이나 뜻이 달라 서로 갈등하게 됩니다.

본문에는 서로 갈등하는 두 사람이 나옵니다. 바로 성령의 보내심을 받아 안디옥교회의 초대 선교사로 파송 받은 바울과 바나바입니다.

예루살렘 공의회가 비유대인들에게 할례 없는 구원이라는 위대한 결정을 내림으로 복음의 장벽을 제거한 후 다시 안디옥으로 돌아온 바울과 바나바는 더욱 힘써 주의 말씀을 가르치며 전파합니다. 그러던 중,

바울의 마음에 불현듯 떠오른 한 가지 생각이 있었습니다. 이전에 바나바와 함께 복음을 전한 지역을 다시 방문하고픈 생각이었습니다. 이는 하나님께서 바울의 마음에 주신 성령의 감동이었습니다. 지난 선교여행 중에 바울은 돌에 맞아 죽을 뻔할 만큼 많은 고난을 당했습니다. 그렇게 고난 당했으면 다시는 가지 않을 것 같은데 또 그곳에 복음을 전하러 가려 합니다. 복음을 전함으로 주어지는 보람과 기쁨이 복음을 전할 때 겪는 수고와 고난과 비교할 수 없을만큼 컸던 것입니다. "우리가 주의 말씀을 전한 각 성으로 다시 가서 형제들이 어떠한가 방문하자"는 바울의 제안에 바나바는 전적으로 동의하며 구체적인 선교여행 준비에 착수합니다.

그런데 선교여행을 준비하던 중에 생각지도 않은 한 가지 문제가 불거집니다. 선교지를 다시 방문할 때 마가라 하는 요한을 데리고 갈 것인지를 놓고 바울과 바나바의 의견이 첨예하게 갈립니다. 바나바의 생질이기도 한 마가라 하는 요한은 1차 선교여행 때 수행자로 함께 갔는데 도중 밤빌리아 버가에서 갑자기 예루살렘으로 되돌아갑니다. 당시 이 일은 바울과 바나바에게 심적으로 많은 타격을 주었습니다. 바나바는 이런 마가를 다시 데리고 가자고 주장했지만, 바울은 지난 선교여행 때 밤빌리아 버가에서 이유 없이 예루살렘으로 되돌아간 마가를 다시 데리고 가는 것이 옳지 않다고 주장합니다. 마가에게 다시 한번 기회를 주자는 바나바의 주장, 또다시 그럴 수 있으니 데리고 갈 수 없다는 바울의 주장, 두 주장 모두 각각 타당한 이유가 있습니다. 문제는 이 문제에 대해 바울과 바나바가 서로의 주장을 끝까지 굽히지 않았다는 것입니다.

그로 인해 바울과 바나바가 보인 모습이 있습니다.
**"서로 심히 다투어 피차 갈라서니"**(행 15:39a).

잘못 보았는지 눈이 의심스러울 정도입니다. 구원에 관련된 문제도 아니고 다만 선교팀을 구성하는 방법이 다를 뿐인데 이런 문제로 바울과 바나바가 심히 다투어 서로 갈라서다니… 공감 능력이 탁월하여 평소 위로의 사람으로 널리 알려진 바나바의 모습, 그런 바나바와 협력하며 누구보다 좋은 관계를 맺어온 바울의 모습과 전혀 다른 모습입니다.

"바위에 걸려 넘어진 사람은 없다. 작은 돌부리를 조심하라"는 말이 있습니다. 가정과 교회 혹은 직장에서 우리는 세계평화와 같은 크고 원대한 문제에 대한 의견 차이로 갈등하지 않습니다. 아주 작고 사소한 문제로 다투고 갈등합니다. 사탄이 잘하는 일이 있습니다. 별것도 아닌 사소한 일을 침소봉대하여 다투고 갈등하게 합니다. 바울이 마가를 다시 데려가자는 바나바의 의견을 따랐거나, 바나바가 요한을 데려가지 말자는 바울의 의견을 따랐다면, 피차 갈라서는 일까지는 이르지 않았을 것입니다. 그런데 각자의 주장을 끝까지 굽히지 않았기에 결국 그 누구보다 주와 복음을 위해 서로 협력했던 바울과 바나바가 갈라서게 된 것입니다.

천 길 낭떠러지 외나무다리에서 두 염소가 마주칩니다. 한편이 뒤로 물러서지 않고는 외나무다리를 건널 수 없는 상황입니다. 처음에 두 염소는 자존심 때문에 한 치의 양보도 없이 서로 대치합니다. 도무지 해결될 기미가 보이지 않습니다. 그러다 두 염소가 마침내 외나무다리를 건넙니다. 어떻게 했을까요? 대치하던 한 염소가 먼저 납작 엎드립니다. 그러자 다른 염소가 그 위를 뛰어넘음으로 두 염소 모두 천 길 낭떠러지 외나무다리를 안전하게 건너갑니다. 끝까지 자신의 입장만을 고집했다면 두 염소 모두 끝내 다리를 건너지 못했을 것입니다. 갈등에 직면할 때 그 갈등을 어떻게 대합니까? 내 입장에서만 생각하면 죽었다 깨어나도 갈등이 풀리지 않습니다. 상대방의 입장에 서서 생각해야 그 갈등을 풀 수 있습니다.

마가의 동행 문제에 대해 끝내 타협점을 찾지 못해 갈라선 후 바나바는 마가 데리고 배 타고 구브로로 가고 바울은 마가 대신 실라를 택한 후에 수리기아와 길리기아로 갑니다. 바울과 바나바가 각각 따로 선교팀을 꾸린 것입니다. 이들은 서로 심한 다툼과 갈등이 있었지만, 그로 인해 선교 그 자체를 포기하지는 않았습니다. 다툼과 갈등 때문에 주어진 사명마저 내팽개치는 사람들이 있습니다. 사람 때문에 하나님을 떠나서는 안 됩니다. 사람 때문에 사명을 떠나서는 안 됩니다.

갈등이 있습니까? 그럼에도 불구하고 마땅히 해야할 일은 계속해야 합니다. 우리는 사람 앞에 있지 않고 하나님 앞에 있기 때문입니다. 비록 의견 차이로 서로 심히 다투어 바나바와 갈라졌지만 바울은 실라와 함께 선교여행을 지속했고 그로 인해 일어난 결과가 있습니다.

**"수리아와 길리기아로 다니며 교회들을 견고하게 하니라"**(행 15:41).

하나님께서 합력하여 선을 이루신 것입니다. 이는 바울과 바나바의 다툼과 갈등이 정당해서가 아닙니다. 부족하고 연약하고 허물진 자들을 통해서 하나님이 여전히 일하셨기 때문입니다.

바나바와의 갈등으로 힘겹게 2차 선교여행을 출발한 바울은 안디옥에서 출발하여 더베를 지나 루스드라에 이릅니다. 그곳에서 바울은 장차 자신의 목회와 선교의 평생 동역자인 디모데를 만남으로 큰 위로를 얻습니다. 사람을 통해 받은 상처는 또 다른 사람을 통해 치유될 때가 참 많습니다. 바울은 디모데를 자신의 선교 동역자로 삼으면서 그를 데려다가 할례를 행합니다. 디모데는 어머니가 유대인이었기에 혈통적으로 유대인으로 간주되었습니다. 그러나 만일 할례를 받지 않으면 유대인들에게 복음을 전하는 데 방해를 받을 수 있기에 바울은 디모데를 할례받게 한 것입니다. 바울은 복음의 본질은 지키되 유대인에게는 유대인의 모습으로, 이방인에게는 이방인의 모습으로 다가갔습니다.

루스드라에서 만난 제자 디모데의 합류로 인해 바울의 2차 선교여행은 더욱 활기를 띠게 됩니다. 2차 선교여행을 통해 비시디안 안디옥 지역의 여러 교회가 믿음이 굳건해지고 수가 날마다 늘어갈 때 바울이 그다음 선교의 대상으로 삼은 지역이 있습니다. 그곳은 소아시아의 북쪽 내륙에 있는 비두니아였습니다. 비두니아는 헬라도시가 잘 발달해 있었고, 유대인 정착민들이 이미 살고 있어 바울과 일행이 갈라디아 지역에 이어 선교 거점으로 삼을만한 곳이었습니다. 그래서 비두니아로 나아가려는데 이상하게 여건과 상황이 여의치 않고 길이 막히는 것입니다.

**"성령이 아시아에서 말씀을 전하지 못하게 하시거늘"**(행 16:1a).

이런 일은 바울이 선교여행을 시작한 이래 처음 경험하는 일이었습니다. 그럼에도 바울은 계속해서 비두니아로 나아가려고 애씁니다(행 16:7a). 바울은 기질상 조금 어렵다고 쉽게 포기하는 사람이 아닙니다. 그런데도 끝끝내 가는 길이 열리지 않습니다. 이유가 무엇입니까?

**"예수의 영이 허락하지 아니하시는지라"**(행 16:7b).

바울과 일행이 비두니아에 가고자 애쓴 이유는 자신의 야망이 아니라, 비두니아 지역에 복음을 전하기 위해서였습니다. 그런데 그 길이 막힙니다. 사탄에 의해서가 아닙니다. 복음을 거부하는 사람들에 의해서가 아닙니다. 본문은 "예수의 영이 허락하지 아니하시는지라"고 증거합니다. '예수의 영'은 '선교의 영'입니다. 그런데 예수의 영이 선교를 허락하지 않는다니…. 비두니아에 복음을 전하려는 바울의 계획과 이를 허락하지 않는 성령의 역사 앞에서 바울의 마음이 얼마나 고민이 되었겠습니까? 바울은 답답했습니다.

결국 무시아에서 소아시아의 북쪽 끝인 비두니아로 가고자 했던 바울은 성령이 막으시므로 인해 방향을 틀어 서쪽으로 내려가다가 오늘날 트로이라고 불리는 '드로아'라는 작은 항구에 이르게 됩니다. 신약학자 데이비드 드실바(David A. deSilva)는 비시디아 안디옥에서 드로아까지 이르는 바울의 경로가 950킬로미터에 이르고 기간이 38일 걸렸을 것으로 추정합니다. 그렇게 도착한 드로아, 바울에게는 꿈과 소망의 도시가 아니라 망망한 지중해만 바라보이는 조그만 항구에 불과했습니다. 드로아에 도착한 바울과 일행의 마음은 비두니아로 가고자 했던 자신들의 꿈이 무너졌다는 생각에 막막하고 심히 낙심도 되어 마음이 많이 힘들었을 것입니다. 그런데 드로아에서 바울은 밤에 잊을 수 없는 한 환상을 봅니다.

그 환상은 마게도냐 사람 하나가 나타나 너무나 애처로운 모습으로 바울에게 **"마게도냐로 건너와서 우리를 도우라"**(행 16:9)고 간청하는 모습이었습니다. 이는 당시 마게도냐의 영적인 실상이었습니다. 겉으로는 화려했지만, 그들의 영혼은 영적인 기갈 속에서 죽어가고 있었습니다. 그들에게는 예수님이 필요했습니다. 그들에게는 복음이 필요했습니다.

밤에 그 애처로운 환상을 본 바울, 어떻게 응답합니까?

**"바울이 그 환상을 보았을 때 우리가 곧 마게도냐로 떠나기를 힘쓰니 이는 하나님이 저 사람들에게 복음을 전하라고 우리를 부르신 줄로 인정함이러라"**(행 16:10).

성령께서 소아시아로 가는 행보를 친히 막으시고 환상을 통해 마게도냐로 가도록 방향을 주셨을 때 바울은 "곧 마게도냐를 떠나기를" 힘쓸니다. 자신의 뜻과 계획을 고집하지 않고 즉각적으로 순종합니다.

바울이 소아시아만을 바라보고 있을 때 하나님은 바다 건너 마게도냐를 바라보고 있었습니다. 바울이 아시아의 선교를 계획할 때 하나님은 유럽 선교를 계획하고 계셨습니다. 바울과 일행은 하나님의 놀라운 계획에 순종하여 마게도냐로 갔고 이는 유럽 선교의 문을 여는 위대한 발걸음이 되었습니다.

20세기 위대한 역사가 아널드 토인비(Arnold J. Toynbee)는 "드로아에서 바울을 태우고 마게도냐로 건너가는 조그만 배 위에 유럽의 운명이 실려져 있었다"라고까지 평가했습니다. 만일 바울이 처음 자신의 뜻과 계획대로 비두니아로 갔다면 바울의 꿈은 이루어졌을지 몰라도 유럽 복음화를 향한 하나님의 뜻은 더디 이루어졌을 것입니다. 바울이 가졌던 비두니아의 꿈이 좌절되었기에 유럽 복음화를 향한 하나님의 꿈은 이루어졌습니다.

인생을 살다 보면 길이 막혔을 때 비로소 들려오는 음성이 있고, 길이 막혀서야 비로소 보이는 것들이 있습니다. 건강할 때는 보이지 않았는데 병들었을 때 비로소 보이고 형통할 때는 보이지 않는 것들이 곤고할 때에 비로소 보이는 것들이 있습니다. 건강할 때만 은혜가 아니라 병들 때도 은혜입니다. 승승장구하며 형통한 때만 은혜가 아니라 곤고하고 힘들고 어려울 때도 은혜입니다.

비두니아로 가려던 자신의 꿈이 좌절되었을 때 바울이 얼마나 내적으로 갈등했겠습니까? 그런데 그 갈등을 넘어설 수 있었던 것은 하나님이 주신 환상, 즉 비전(Vision)을 보았기 때문입니다. 갈등이 다툼으로 끝나면 거기에는 상처만 남습니다. 하지만 '갈등이 비전이 될 때' 그 갈등은 아름답습니다. 삶 속에 해결되지 않는 갈등이 있습니까? 갈등에 주목하지 말고 하나님이 주시는 비전에 주목하십시오. 갈등을 넘어 비전의 자리로 나아가십시오. 그때 우리는 "갈등도 아름다워라"라고 고백하게 될 것입니다.

**한마디 기도**
삶 속에 직면하는 갈등이 미래를 향한 비전이 되게 하소서.

# 주 예수를 믿으라

**사도행전 16:11-34**

이르되 주 예수를 믿으라

그리하면 너와 네 집이 구원을 받으리라 하고(행 16:31)

살다 보면, 직면하는 현실이 추구하는 이상과 다를 때가 있습니다. 무시아에서 소아시아 북쪽 비두니아로 가려고 애쓰던 바울은 예수의 영이 허락하지 않으므로 뜻하지 않게 서쪽 끝인 지중해 연안의 드로아라는 작은 항구에 이릅니다. 그런데 거기서 밤에 한 환상을 봅니다. 마게도냐 사람 하나가 서서 바울에게 마게도냐로 건너와서 우리를 도우라고 간절히 요청하는 환상이었습니다. 바울은 이 환상을 하나님이 마게도냐 사람들에게 복음을 전하라고 부르신 줄로 확신하고 일행과 함께 배로 사모드라게로 직행하여 이튿날 네압볼리에 도착합니다. 현재 까발라로 불리는 네압볼리는 드로아에서 바닷길로 185킬로미터쯤 떨어진 항구입니다.

바울은 앞서 남다른 환상을 보았기에 배를 타고 건너편 마게도냐에만 가면 자신들을 환영하며 기다리는 사람들을 만날 줄 알았습니다. 그런데 현실은 달랐습니다. 네압볼리에 도착했지만, 그런 사람은 눈을 씻고 봐도 찾을 수 없었습니다. 이에 바울 일행은 네압볼리에서 16킬로미터 떨어진 마게도냐 지방의 첫 성이요 또 로마의 식민지인 빌립보에 이릅니다. 하지만 빌립보에서도 현실은 여전했습니다. 빌립보에 이른지 수일이 지났지만 아무런 일도 일어나지 않습니다. 환상을 잘못 본 것은 아닌가 하는 생각이 들 정도였습니다. 그러던 차에 안식일이 이르렀고, 기도처를 찾기 위해 문밖 강가로 나간 바울 일행이 스치듯 마주친 사람들이 있습니다. 문밖 강가에 모여 앉아 있는 여자들이었습니다. 바울 일행은 그들을 지나치지 않았습니다. 다가가 말을 건넵니다. 그때 전혀 예상치 못한 뜻밖의 일이 일어납니다. 강가에 모여 앉아 있던 여자들 중에서 한 여자가 바울이 전하는 복음에 관심을 보인 것입니다. 그녀의 이름은 루디아였습니다.

루디아는 소아시아 지역인 두아디라 시에 있는 자색 옷감 장사로서 하나님을 섬기는 여자였습니다. 이는 그녀가 상당한 재력을 가진 여성임을 보여줍니다. 당시 자색 옷은 아무나 입을 수 있는 옷이 아니라 부유한 최고의 상류층만이 입을 수 있는 옷이었습니다. 자색 옷감 장사인 루디아는 또한 하나님을 섬기는 사람으로 소개됩니다. 이는 루디아가 유대교를 믿는 이방인임을 의미합니다. 그런데 이런 루디아가 바울이 복음을 전할 때 보인 모습이 있습니다.

**"주께서 그 마음을 열어 바울의 말을 따르게 하신지라"**(행 16:14b).

바울이 복음을 전했을 때 그중 루디아라는 여자가 그 말씀에 귀를 기울였고 이때 주께서 그 마음을 열어 바울의 말을 따르게 하십니다.

주목할 것은 "주께서 그 마음을 열어"라는 부분입니다. 루디아 스스로 자신의 마음을 연 것이 아닙니다. 바울과 일행이 그 마음을 열게 한 것도 아닙니다. 주께서 친히 루디아의 마음을 여셔서, 복음을 영접하도록 하셨습니다. 사람의 마음에 구원의 역사를 이루는 것은 오직 하나님입니다. 주께서 말씀을 듣는 루디아의 마음을 열어주셨고, 그날 루디아는 은혜를 받았습니다. 바울이 드로아에서 보았던 "마게도냐로 건너와서 우리를 도우라"고 간청했던 그 첫 번째 주인공은 바로 자색 옷감 장사인 루디아였습니다.

주께서 루디아의 마음을 여시사 바울이 전한 복음을 영접함으로 인해 일어난 일이 있습니다.
**"그와 그 집이 다 세례를 받고 우리에게 청하여 이르되 만일 나를 주 믿는 자로 알거든 내 집에 들어와 유하라 하고 강권하여 머물게 하니라"(행 16:15).**
가이사랴의 이방인 백부장 고넬료의 가정같이 복음을 영접한 루디아와 그 집이 다 세례를 받습니다. 온 가족이 예수를 구주로 믿은 것입니다. 온 가족이 다 세례를 받은 후 루디아는 바울 일행에게 "만일 나를 주 믿는 자로 알거든 내 집에 들어와 유하라"라고 강권하며 머물게 합니다. 자신의 집을 선교사들이 머무르는 숙소로 내어준 것입니다.
은혜를 받으면 공통으로 나타나는 현상이 있습니다. 그것은 주와 복음을 위해 수고하는 자들을 귀하게 여기게 된다는 것입니다. 자신의 집을 선뜻 내어주는 일, 절대 쉽지 않습니다. 그런데 누가 요구한 것도 아닌데 루디아가 바울 일행에게 자신의 집에 강권하여 머물게 한 것입니다. 이 루디아의 가정집은 이후 빌립보교회의 모태가 됩니다. 이 모든 일이 주께서 루디아 한 사람의 마음을 여시므로 가능했습니다. 한 사람이 말씀 앞에 마음을 여는 일이 그렇게 중요합니다.
만일 바울이 강가에 앉아 있는 사람들을 마주쳤을 때 여자라고, 또는 이방인이라고, 겉보기에 부유해서 복음을 듣지 않을 것이라고 여겨 지나치고 복음을 전하지 않았다면 어쩔 뻔했습니까? 복음을 전할 때 누가 믿을지는 아무도 모릅니다. 복음을 전해보면 믿을 것 같은 사람은 믿지 않고 믿지 않을 것 같은 사람이 도리어 믿는 경우가 많습니다. 우리가 대상을 차별하지 않고 복음을 전해야 하는 이유입니다.

루디아와의 만남으로 빌립보에서 선교의 교두보를 마련한 바울 일행은 이후 그 지역에 다니며 열심히 복음을 전합니다. 그러던 중 기도하는 곳에 가던 바울 일행은 점치는 귀신 들린 여종 하나를 만납니다. 오늘날로 하면 신들린 무당입니다. 점치는 귀신에게 붙들려 자신의 의지를 빼앗긴 채 고통받고 있었던 여종, 너무나 불쌍합니다. 하지만 주인들은 그 여종이 받은 고통에는 아무런 관심이 없었고, 오직 점치는 것을 통해 자신들의 이익을 챙길 뿐이었습니다. 이런 불쌍한 여종이 바울 일행을 만난 것, 우연입니까? 우연처럼 보이지만 이는 결코 우연이 아닙니다. 바울 일행이 놀러 가다가 이 여종을 만난 것이 아니라 기도하러 가는 중에 이 여종을 만났다는 것은, 우연이 아니라 이 만남 속에 보이지 않은 하나님의 인도하심이 있음을 의미합니다.

점치는 귀신 들린 여종은 바울 일행을 만나자 소리쳐 외칩니다.

**"이 사람들은 지극히 높은 하나님의 종으로서**
**구원의 길을 너희에게 전하는 자라"**(행 16:17).

사실 겉모습만 보면 바울 일행은 집도 없이 이곳저곳을 떠돌아다니는 처량한 나그네에 불과합니다. 하지만, 영물인 귀신은 바울 일행의 실체가 "지극히 높은 하나님의 종으로서 구원의 길을 전하는 자"임을 단번에 알아봅니다. 점치는 귀신 들린 여종이 자신들이 누구인지를 알아보고 소리칠 때 바울은 심히 괴로워합니다. 그러한 상황이 구원의 복음을 전하는데 결코 유익하지 않기 때문입니다. 바울은 처음 얼마 동안은 이 상황을 묵묵히 견뎠습니다. 하지만 점치는 귀신 들린 여종이 지속해서 따라다니며 괴롭히자, 바울은 그 여종을 붙들고 있는 점치는 귀신을 향하여 "예수 그리스도의 이름으로 내가 네게 명하노니 그에게서 나오라"고 명합니다. 그러자 그동안 그 여종을 붙들고 괴롭히던 점치는 귀신이 즉시 나옵니다.

부활하신 주님이 믿는 자들에게 주신 약속이 있습니다.
**"믿는 자들에게는 이런 표적이 따르리니**
**곧 그들이 내 이름으로 귀신을 쫓아내며"**(막 16:17).
바울을 통해 주님이 하신 그 약속이 성취되는 것을 분명히 볼 수 있습니다. 점치는 귀신 들린 여종을 온전하게 한 것은 바울이 아니라, 바울이 선포한 '예수 그리스도의 이름'입니다. 예수 그리스도의 이름이 믿음으로 선포되는 곳에는 영적인 자유가 임합니다. 참된 회복이 주어집니다.

점치는 귀신 들려 고통받던 한 여종이 예수 그리스도로 인해 귀신에게 놓임 받았고, 자유롭게 되었습니다. 이 얼마나 기쁘고 복된 일입니까? 큰 잔치를 벌여야 마땅한 일입니다. 그런데 점치는 귀신 들린 여종이 온전하게 되어 더 이상 점을 치지 못해 자신들의 돈벌이가 끊기자, 분풀이로 바울과 실라를 고발합니다. 그로 인해 끌려간 바울과 실라는 옷이 벗긴 채 많은 매를 맞고, 발은 차꼬에 채워진 채 깊은 감옥에 갇히게 됩니다. 한마디로 중죄인으로 취급당한 것입니다.

바울과 실라가 무슨 잘못을 했습니까? 거짓말을 했습니까? 단지 점치는 귀신 들려 고통당하는 한 여종을 예수 그리스도의 이름으로 자유롭게 한 것뿐입니다. 그런데 그로 인해 고발당해 매를 맞고 발이 차꼬에 채여 깊은 감옥에 갇히게 되었으니 이런 억울할 데가 또 어디 있습니까?

그런데 억울하게 빌립보 감옥에 갇힌 바울과 실라가 한밤중에 했던 일이 있습니다.

**"한밤중에 바울과 실라가 기도하고 하나님을 찬송하매 죄수들이 듣더라"**(행 16:25).

바울과 실라가 한밤중에 기도합니다. 옥에서 풀려나서 기도하고 찬송한 것이 아닙니다. 옥에 갇힌 중에 기도하고 찬송합니다. 발은 차꼬에 채이고 몸은 깊은 감옥에 갇혀 있지만 바울과 실라의 마음은 천국이었습니다.

우리를 향한 하나님의 뜻이 무엇입니까? 항상 기뻐하는 것입니다. 쉬지 않고 기도하는 것입니다. 범사에 감사하는 것입니다. 감옥에서 풀려나야만 찬송할 수 있다고요? 갇힌 채로 얼마든지 기도하고 찬송할 수 있습니다. 병든 채로 얼마든지 기도하고 찬송할 수 있습니다. 곤고한 때에도 얼마든지 기도하고 찬송할 수 있습니다. 억울할수록 기도해야 합니다. 원통할수록 찬송해야 합니다. 이것이 하나님의 방법이며, 이것이 예수 믿는 사람들이 살아가는 재미입니다. 세상 사람들은 아무리 많이 배웠어도, 아무리 많이 가졌어도 이런 재미를 느낄 수 없습니다. 그래서 우리는 다른 건 잃어버려도 기도와 찬송은 잃어버리면 안 됩니다. 원망 대신 기도하고 불평 대신 찬송하십시오. 그래야 다시 일어설 수 있습니다.

감옥에서 바울과 실라가 기도하고 찬송했을 때 그 소리를 누가 들었을까요? 가장 먼저는 기도하고 찬송하는 바울과 실라 자신이 들었습니다. 기도하고 찬송할 때 가장 큰 유익은 다른 사람이 아니라 바로 기도하고 찬송하는 자신입니다. 그리고 또 들은 사람들이 있습니다. 25절 끝에 "죄수들이 듣더라"라고 했습니다. 죄수들이 들었으면 분명 간수들도 들었을 것입니다. 기도와 찬송 소리를 죄수들이 들었다는 것은 바울과 실라가 마음으로만 읊조린 것이 아니라 소리내어 기도하고 찬송했다는 의미입니다. 이는 빌립보 감옥이 생긴 이래에 처음 있는 일이었습니다. 두 죄수의 기도와 찬송 소리를 듣던 다른 죄수들과 간수는 어떤 생각을 했을까요? 처음에는 제정신이 아니라고 생각했을 것입니다. 그러나 바울과 실라의 기도와 찬송 소리가 그치지 않을 때, 죄수들과 간수는 도대체 무엇이 매를 맞고 감옥에 갇혔어도 기도하고 찬송하게 하는지 궁금증을 자아냈을 것입니다.

바울과 실라의 기도와 찬송 소리는 죄수와 간수들만 들은 것이 아닙니다. 또 있습니다. 하나님께서 그 기도 소리, 그 찬송 소리를 듣고 계셨습니다. 그 증거가 26절 말씀입니다.

**"이에 갑자기 큰 지진이 나서 옥터가 움직이고 문이 곧 다 열리며**
**모든 사람의 매인 것이 다 벗어진지라."**

"갑자기"라고 했습니다. 그 누구도 예기치 않은 일이어서입니다. 옥터를 뒤흔드는 지진으로 인해 닫힌 옥문이 다 열립니다. 그뿐이 아닙니다. 모든 사람의 매인 것이 다 벗어집니다. 바울과 실라의 발을 채우고 있던 차꼬도 풀어집니다. 감옥에서 바울과 실라가 원망하고, 불평하고, 분노하며 밤을 지새웠다면 이런 일이 일어날 수 있었을까요? 기도와 찬송에는 능력이 있습니다. 닫힌 것을 열리게 합니다. 묶인 것을 풀리게 합니다. 낙심하지 말고 기도하고 찬송하십시오. 우리 삶의 닫힌 문은 열려지고 매인 것이 완전히 풀려질 것입니다.

갑작스러운 지진으로 옥문이 열리고 죄수들이 매인 것이 다 벗어지자 자다가 깬 간수는 죄수들이 도망한 줄 생각하고 칼을 빼어 자결하려 합니다. 당시 죄수들이 탈옥하면 그 책임을 간수들에게 물었기에 자결함으로 그 책임을 면하려 한 것입니다. 이에 바울이 **"네 몸을 상하지 말라 우리가 다 여기 있노라"**(행 16:28)고 크게 소리 지르며 만류합니다. 옥문이 열리고 매인 것이 풀어졌음에도 도망치지 않고 "네 몸을 상하지 말라 우리가 다 여기 있노라"라는 외침에 간수는 등불을 들고 뛰어 들어와 무서워 떨며 바울과 실라 앞에 엎드립니다.

엎드린 간수가 바울과 실라에게 던진 놀라운 질문이 있습니다. **"선생들이여 내가 어떻게 하여야 구원을 받으리이까 하거늘"**(행 16:30).

다른 사람도 아닌 그 밤에 감옥을 지키던 간수가 바울과 실라에게 물었던 질문입니다. "선생들이여, 내가 어떻게 하여야 구원을 받으리이까?" 참 좋은 질문입니다. 온통 돈에 관심이 있는 사람이라면 이렇게 물을 수 없습니다. 온통 명예에 관심이 있는 사람이라면 이렇게 물을 수 없습니다. 이는 평소, 구원의 문제에 대하여 깊이 생각하고 고민하지 않은 사람이어야 물을 수 있는 질문입니다.

흥미로운 것은 이 간수는 자신이 구원받기 위해서는 무언가를 해야만 한다고 생각했다는 것입니다. 그래서 "내가 어떻게 하여야"하는지를 물었습니다. 간수의 질문에 대해 바울은 **주 예수를 믿으라 그리하면 너와 네 집이 구원을 받으리라"**고 구원의 길을 분명히 제시합니다. '무언가를 행해야' 구원받지 않습니다. '믿어야' 구원받습니다. 예수님을 주로 믿는 사람에게 주시는 하나님의 선물이 바로 구원입니다. 예수를 주로 믿으면 살길이 열립니다. 나만이 아니라, 온 가족에게 살길이 열립니다.

그날 밤 그 간수의 집에 일어난 일이 그 증거입니다.

**"그 밤 그 시각에 간수가 그들을 데려다가 그 맞은 자리를 씻어주고 자기와 온 가족이 다 세례를 받은 후 그들을 데리고 자기 집에 올라가서 음식을 차려주고 그와 온 집안이 하나님을 크게 기뻐하니라"**(행 16:33-35).

가져야만 기쁜 것이 아닙니다. 믿으면 기쁩니다. 이는 세상의 기쁨이 아니라 영적인 기쁨입니다. 구원의 기쁨보다 더 큰 기쁨은 없습니다.

내가 주인 삼은 모든 것 내려놓고 예수님을 내 삶의 주로 모셔 들이기로 오늘 결단하십시오. 하나님이 주시는 큰 기쁨이 우리의 마음과 가정에 임합니다.

본문은 빌립보에서 하나님이 행하신 놀라운 구원의 드라마입니다. 옥문이 열리고 매인 것이 풀어지는 것보다 더 큰 기적은 한 영혼이 예수 믿어 구원받은 것입니다.

**"하나님은 모든 사람이 구원을 받으며**
**진리를 아는데에 이르기를 원하시느니라"**(딤전 2:4).

모든 사람이 구원받으면 진리를 아는데 이르는 것은 하나님의 뜻입니다. 그러기 위해 우리에게 꼭 필요한 것이 있습니다.

**"주 예수를 믿으라!"**

한마디 기도
"주 예수를 믿으라 그리하면 너와 네 집이 구원을 얻으리라."
이 단순한 구원의 도리를 담대히 세상에 전하게 하소서.

# 간절한 마음으로 말씀을 받는 사람들

**사도행전 17:1-15**

베뢰아에 있는 사람들은 데살로니가에 있는 사람들보다 더 너그러워서

간절한 마음으로 말씀을 받고 이것이 그러한가 하여

날마다 성경을 상고하므로(행 17:11)

바울과 실라는 마게도냐의 첫 성 빌립보에서 점치는 귀신 들린 여종을 예수 그리스도의 이름으로 온전하게 하는데, 이로 인해 금전적 손실을 입은 주인들의 고발로 옥에 갇히게 됩니다. 억울하게 갇힌 감옥에서 바울과 실라는 한밤중에 원망 대신 기도하고, 불평 대신 하나님을 찬송했고, 그로 인해 옥문이 열리는 기적과 함께 간수와 그 온 가족이 구원받는 놀라운 역사가 일어납니다. 감옥에서 구원의 도리를 묻는 간수에게 바울은 선포합니다.

**"주 예수를 믿으라 그리하면 너와 네 집이 구원을 받으리라"**(행 16:31).

구원은 오직 예수를 주로 믿는 사람에게 주어집니다.

바울은 로마 시민권자입니다. 만약 바울이 붙들렸을 때 자신이 로마 시민임을 내세웠다면 옥에 갇히지 않았을 것이고, 그랬다면 단순하고 분명한 이 구원의 진리는 오늘 우리에게 들려지지 않았을 것입니다. 얼마든지 누릴 수 있음에도 누리지 않았던 바울의 권리포기가 있었기에

이 구원의 복음이 우리에게 전해졌습니다. 주와 복음을 위해서라면 포기도 아름답습니다.

그렇게 빌립보 감옥에서 풀려난 바울과 실라는 빌립보를 떠난 암비볼리와 아볼로니아를 거쳐 데살로니가에 이릅니다. 데살로니가에 이른 바울과 실라는 관례대로 유대인의 회당에 들어갑니다. 바울이 복음을 전할 때 유대인의 회당을 찾은 것은 그곳이 동족인 디아스포라 유대인들 뿐만이 아니라 다양한 이방인들을 만날 수 있는 접촉점이었기 때문입니다. 데살로니가에 있는 유대인의 회당에 들어간 바울은 세 안식일에 성경을 가지고 강론합니다.

바울이 이곳에서 강론한 내용이 있습니다.

**"뜻을 풀어 그리스도가 해를 받고 죽은 자 가운데서 다시 살아나야 할 것을 증언하고 이르되 내가 너희에게 전하는 이 예수가 곧 그리스도라 하니"**(행 17:3).

바울은 유대인의 회당에 모인 사람들에게 구약성경의 '뜻을 풀어' 예수님을 증언합니다. 구약성경에 기록된 그리스도의 고난 당하심과 부활에 관한 예언이 예수를 통하여 성취되었음을 증언한 것입니다.

'구약성경의 그리스도 중심적 해석', 이것이 바울의 성경 강론 방법입니다. 그 성경 강론의 핵심은 한마디로 '예수가 바로 그리스도이시다'입니다. 바울이 예수가 그리스도이심을 뜻을 풀어 증언했을 때 일어난 결과는 두 가지 모습으로 나타납니다. 먼저 4절입니다.

**"그중의 어떤 사람 곧 경건한 헬라인의 큰 무리와 적지 않은 귀부인도 권함을 받고 바울과 실라를 따르나."**

경건한 헬라인의 큰 무리와 적지 않은 귀부인이 회당에서 선포한 바울의 강론을 듣고 따릅니다. 하지만 또 다른 모습이 5절에 나옵니다.

"그러나 유대인들은 시기하여 저자의 어떤 불량한 사람들을 데리고 떼를 지어 성을 소동하게 하여 야손의 집에 침입하여 그들을 백성에게 끌어내려고 찾았으나."

전한다고 다 믿는 것은 아닙니다. 같은 말씀을 들었는데 그 말씀에 대한 반응이 완전히 다릅니다. 바울이 전하는 복음을 듣고 따르는 사람들이 나오자 이를 시기한 유대인들은 저잣거리의 불량배들을 동원해서 바울과 실라를 사로잡고자 야손의 집에 떼를 지어 들이닥칩니다. 군중으로 모일 때 사람들은 집단 지성보다 집단 광기에 붙들리기 쉽습니다. 야손의 집에 들이닥친 무리가 그러했습니다. 그러나 바울과 실라가 없자, 이에 유대인들은 분풀이로 야손과 몇몇 형제들을 붙잡아 읍장들 앞에 끌고 가서 소리칩니다.

"천하를 어지럽게 하던 이 사람들이 여기도 이르매 야손이 그들을 맞아들였도다 이 사람들이 다 가이사의 명을 거역하여 말하되 다른 임금 곧 예수라 하는 이가 있다 하더이다"(행 17:6-7).

야손과 몇 형제들은 복음을 받아들임으로써 동족에게서 고난을 받습니다. 이들이 고발된 죄목은 바울 일행을 "맞아들였다"라는 단순한 이유였습니다. '맞아들였다'는 환대의 언어입니다. 환대는 기독교의 핵심 가치입니다. 우리는 예수를 영접함으로 복음을 받아들이고 적대적인 사람도 형제로 받아들이기 때문입니다.

놀라운 것은 야손과 몇 형제들을 붙잡아 간 유대인들이 읍장들에게 고소한 내용입니다.

"이 사람들이 다 가이사의 명을 거역하여 말하되
다른 임금 곧 예수라 하는 이가 있다 하더이다."

황제 가이사 외에 다른 왕이 있다고 선동하는 것은 곧 로마에 대한 반역입니다. 이들이 주장한 "다른 임금 곧 예수라 하는 이가 있다"라는 말은 그리스도인을 로마에 대항하는 반국가 세력으로 몰아가려는 정치적 거짓 선동이지만, 동시에 진리의 일면을 드러냅니다. 바울이 전한 복음의 핵심은 하나님 나라였고, 그 하나님 나라에 다른 왕이 없다는 말은 자연스러운 귀결이기 때문입니다. 우리가 믿고 아멘 하는 복음, 우리를 구원하는 복음은 '왕의 복음'입니다. 나 개인의 영혼 구원, 죽어서 천당 가는 복음으로 축소하지 말고, 오늘 여기 이 땅에서부터 예수 그리스도의 왕 되심을 인정하고 구현하는 삶을 살아가야 합니다.

읍장들은 무리의 고소로 인해 혼란스러웠으나 이내 야손과 잡혀 온 사람들에게 보석금을 물리고 풀어 줍니다. 보석금을 물렸다는 것은 유대인들이 고소한 죄에 대해 어느 정도는 그 혐의를 인정한 것으로 볼 수 있습니다. 이 때문에 데살로니가에서 더 이상 복음을 전하기 어렵게 된 바울과 실라는 밤에 그곳을 떠납니다. 그렇게 밤에 데살로니가를 떠난 바울과 실라는 데살로니가에서 남서쪽으로 약 80킬로미터 떨어진 베뢰아라는 지역에 이릅니다.

베뢰아는 로마의 주요 간선도로인 비아 에그나티아 상에 있지 않는 도시입니다. 데살로니가에서의 소요가 없었다면 아마 들리지 않고 지나쳤을 곳입니다. 그런데 소요를 피해 들린 베뢰아의 유대인의 회당에서 바울과 실라는 특별한 경험을 합니다.

**"베뢰아에 있는 사람들은 데살로니가에 있는 사람들보다 더 너그러워서 간절한 마음으로 말씀을 받고 이것이 그러한가 하여 날마다 성경을 상고하므로"**(행 17:11).

이는 베뢰아 사람들이 바울과 실라가 전하는 복음을 어떤 태도와 자세로 대했는지를 매우 잘 보여줍니다. 베뢰아 사람들은 데살로니가 사람들보다 더 너그러웠습니다. "더 너그러워서"를 이전 개역 성경에서는 "더 신사적이어서"라고 되어 있습니다. 영어 성경에는 "Noble, noble character, noble-minded, open-minded 등 다양하게 번역되고 있는데 이는 진리 앞에서 선입견이나 편견이 없는 태도를 가리킵니다. 공동번역은 "더 너그러워서"라는 부분을 "마음이 트인 사람들"이라고 표현합니다.

베뢰아 사람들은 데살로니가의 유대인들보다 마음이 트여 복음의 말씀을 선입견과 편견이 없는 태도로 대했습니다. 그렇게 너그러운 베뢰아 사람들의 모습을 본문은 "간절한 마음으로 말씀을 받고 이것이 그러한가 하여 날마다 성경을 상고하므로"라고 묘사합니다. 이는 말씀을 향한 베뢰아 사람들의 적극적인 태도를 보여줍니다. 바울이 말씀을 전할 때 베뢰아 사람들은 간절한 마음으로 말씀을 받았습니다. 마치 목마른 사슴이 시냇물을 찾기에 갈급함 같이, 마치 스펀지가 물을 빨아들이듯 열성적으로 바울이 선포하는 말씀을 받았습니다. 말씀은 귀로 듣기만 해서는 안 됩니다. 말씀은 마음으로 받아야 합니다. 말씀을 들을 때 어떤 자세로 받느냐가 대단히 중요합니다.

종교 개혁자 마르틴 루터가 하루는 식탁에서 빵을 먹고 있었습니다. 그때 식탁 밑에 있던 개가 빵을 들고 있는 루터의 손을 바라보았습니다. 주인의 손에 시선을 집중하던 개는 루터가 손으로 빵을 집으면 그곳을 바라보고, 빵을 입으로 가져가면 그곳을 뚫어지게 바라보았습니다. 그 순간 루터는 빵을 먹다 말고 그 자리에서 바로 무릎을 꿇고 이렇게 기도합니다.

"주여! 이 개가 주인의 손에서 시선을 떼지 않고 집중하듯이

제가 오직 하나님만 바라보고 하나님만 의지하고
하나님의 은혜만 구하게 하옵소서."

　　같은 말씀을 들어도 가난하여 간절한 마음으로 듣는 사람과 그렇지
않은 사람은 같을 수 없습니다.
　　지금 어떤 마음과 태도로 말씀을 받고 있습니까? 간절한 마음으로
말씀을 받고 있습니까? 간절한 마음은 가난한 마음입니다.
　　가난한 마음은 우리에게 말씀에 대해 간절하게 합니다. 간절한 마음
과 더불어 베뢰아의 사람들이 말씀을 대하는 또 다른 태도가 있습니다.
"이것이 그러한가 하여 날마다 성경을 상고하여"라고 했습니다. 여기
'상고하다(헬: 아나크리노)'는 문자적으로 '알아보다, 자세히 조사하다'라
는 말로서 법정에서 죄가 있는지 없는지를 따지려고 조사하고 청문하는
과정을 가리킬 때 쓰는 단어입니다. 그러니까 바울이 회당에서 말씀을
전할 때 그곳 사람들은 마치 취조하듯 말씀에 대해서 꼬치꼬치 따져 물
은 것입니다. 베뢰아 사람들은 마음을 열고 간절한 마음으로 말씀을 들
었을 뿐 아니라 법정에서 실체적 진실에 접근하기 위해 갖은 수고를 다
하듯 성경을 하나하나 짚어가며 바울이 주장하는 바가 사실인지를 꼼꼼
하게 확인했습니다. 그들은 신중했고 어떤 의미에서 까칠했습니다. 앞
서 폭력적인 데살로니가 사람들을 경험했던 바울과 실라는 말씀을 대하
는 베뢰아 사람들의 이같은 태도에 너무나 큰 위로를 받았을 것입니다.

　　오래전 경기도 수원에서 나름대로 규모 있는 교회를 목회하는 동기
목사님 교회를 방문할 기회가 있었습니다. 그때 그 동기 목사님에게서
들었던 안타까운 사연이 있습니다. 설교를 마치고 집에 들어가면 매 주
일 교회 장로님 중에 한 분이 그날 전한 주일설교 내용에 대해 메일로

일일이 논평을 보내온다는 것입니다. 그것도 아주 시시콜콜한 내용을 가지고 말입니다. 그 목사님이 설교를 못 하느냐? 아닙니다. 아주 설교 잘합니다. 그런데 어쩌다 한 번도 아니고 주일마다 맞춤법 틀린 것까지 논평받았으니 얼마나 힘들겠습니까? 결국 그 목사님은 2년 전 그 교회를 떠나야만 했습니다.

매 주일 강단에서 말씀 전하기는 어렵고 힘들고 부담스러운 일입니다. 그런데 그 어렵고 힘들고 부담스러운 마음이 위로받을 때가 있습니다. 바로 본문의 베뢰아 사람들처럼 "간절한 마음으로 말씀을 받고 이것이 그러한가 하여 날마다 성경을 상고하며" 들려온 말씀 붙들고 삶 속에서 실천하고자 몸부림치는 사람을 만날 때입니다.

베뢰아 사람들은 보석 상인이 예리하게 보석의 진위 여부를 가려내듯, 바울이 전한 복음이 성경의 가르침과 일치하는지 일일이 찾아 검증했습니다. 베뢰아 사람들은 기적보다 말씀에 관심을 기울였습니다. 그런 베뢰아에서 어떤 일이 일어났습니까?

**"그중에 믿는 사람이 많고**

**또 헬라의 귀부인과 남자가 적지 아니하나"**(행 17:12).

옥토에 떨어진 씨에서 삼십 배, 육십 배, 백배의 열매를 맺듯 베뢰아 사람 중에 믿는 사람이 많았고, 또 헬라의 귀부인과 남자가 적지 않았습니다. 바울이 전한 복음을 듣고 성경을 상고함으로 구약에 예언된 메시아가 바로 예수님임을 확신한 것입니다.

성경은 진리의 표준이요 신앙을 견고하게 하는 원동력입니다. 설교자가 얼마나 말을 잘하느냐보다 그 말이 얼마나 성경적이냐에 관심을 기울이는 것이 성도의 자세입니다. **"나를 사랑하는 자들이 나의 사랑을 입**

으며 나를 간절히 찾는 자가 나를 만날 것이니라"(잠 8:17)라고 했습니다. 복음은 그것을 귀히 여기고 간절히 사모하는 자에게 생명으로 임합니다.

그런데 그 은혜로운 베뢰아에서 바울의 말씀 사역은 오래 지속되지 못했습니다.

**"데살로니가에 있는 유대인들은 바울이 하나님의 말씀을 베뢰아에서도 전하는 줄을 알고 거기도 가서 무리를 움직여 소동하게 하거늘"**(행 17:13).

세상에서 가장 위험한 사람은 무지하면서도 강한 신념을 가진 사람입니다. 잘못된 열심보다 더 무섭고 위험한 것은 없습니다. 데살로니가에서 무려 80킬로미터나 떨어진 베뢰아까지 쫓아와 소동을 일으키며 바울의 말씀 사역을 방해한 유대인들이 바로 그런 사람들이었습니다. 그들의 모습은 앞서 간절한 마음으로 말씀을 받고, 그것이 참된 것인지 날마다 성경을 상고했던 베뢰아 사람들과 극명하게 대조됩니다.

집요하게 바울을 쫓아와 소동을 일으킨 데살로니가의 유대인들로 인해, 형제들은 바울을 보호하기 위해 한 가지 결단을 내립니다.

**"형제들이 곧 바울을 내보내어 바다까지 가게 하되 실라와 디모데는 아직 거기 머물더라 바울을 인도하는 사람들이 그를 데리고 아덴까지 이르러 그에게서 실라와 디모데를 자기에게로 속히 오게 하라는 명령을 받고 떠나니라"**(행 17:14-15).

형제들은 바울을 베뢰아에서 바닷가로 인도한 후, 배를 타고 아덴까지 동행합니다. 베뢰아에서 아덴까지의 거리는 육로로 약 310킬로미터, 배로는 500킬로미터가 넘는 먼 길이었습니다. 그러나 바울은 조금도 주저하지 않고 길을 떠납니다.

아프리카 선교사였던 데이비드 리빙스턴(David Livingstone)은 "어디든 갈 준비가 되어 있느냐"는 질문을 받았을 때 이렇게 답했습니다.

"그것이 전진이라면 어느 곳이라도 갈 준비가 되어 있다."

바울도 마찬가지였습니다. 그는 복음을 전할 수 있다면 어디든 기꺼이 나아갔습니다. 오늘 우리도 그런 결단이 필요합니다. 잘못된 열심이 아닌, 간절한 마음으로 말씀을 받고 그것을 삶으로 살아내는 사람이 되어야 합니다.

**한마디 기도**

간절한 마음으로 말씀을 받아 날마다 상고한
베뢰아 사람들의 영성을 품게 하소서.

# 하나님이 하십니다

**사도행전 18:1-11**

밤에 주께서 환상 가운데 바울에게 말씀하시되

두려워하지 말며 침묵하지 말고 말하라(행 18:10)

뒷모습이 어여쁜

사람이 참으로

아름다운 사람이다.

자기의 눈으로는 결코

확인이 되지 않는 뒷모습

오로지 타인에게로만 열린

또 하나의 표정

뒷모습은

고칠 수 없다.

거짓말을 할 줄 모른다.

… (중략)


시인 나태주의 "뒷모습"이란 시의 전반부입니다. 뒷모습은 자신의 눈으로는 절대 확인되지 않고 오로지 타인에게만 열린 또 하나의 표정입니다. 앞모습은 얼마든지 꾸밀 수 있지만 뒷모습은 꾸밀 수 없습니다. 뒷모습은 거짓말을 할 줄 모릅니다. 우리 인생도 마찬가지입니다. 삶의 진실은 드러나 보이는 앞모습이 아니라 보이지 않는 뒷모습에 있을 때가 많습니다.

사도행전의 말씀을 통해 오순절 성령강림 이후 복음이 예루살렘을 넘어 사마리아로, 사마리아를 넘어 유대로, 유대를 넘어 소아시아와 마게도냐로 퍼져나가는 모습을 보고 있습니다. 아름다운 앞모습입니다. 그러나 우리가 놓쳐서는 안 될 것이 있습니다. 그 앞모습 이면의 우리 눈에 보이지 않는 뒷모습입니다.

본문은 아덴 선교에 연이은 바울의 고린도 선교입니다. 바울은 신화의 도시 아덴에서 성안에 가득한 우상을 보고 마음에 격분하여 회당과 장터에서 날마다 사람들과 변론했고, 아레오바고 언덕에 서서 아덴 사람들에게 회개를 촉구하며 예수와 부활의 복음을 전했습니다. 하지만 알지 못하는 신들에게라고 새긴 단까지 만들어 섬기던 아덴 사람들 대다수는 바울이 전하는 예수와 부활의 복음에 냉담했습니다. 그들의 마음이 딱딱한 길가와 같고 굳어진 돌밭과 같았기 때문입니다. 그로 인해 바울의 아덴 선교의 결과는 미미했습니다. 소수 몇 명의 결신자만을 얻는 데 그쳤습니다. 수고에 비해 그 열매가 너무 적었습니다.

이후 바울은 우상의 도시 아덴을 떠나 남서쪽으로 약 60킬로미터 떨어진 아가야의 수도 고린도에 이릅니다. 이오니아해와 에게해 사이에 위치하여 지리적으로 펠로폰네소스 반도를 대륙과 연결하는 고린도는 교역이 활발했고 그로 말미암아 당시 부와 사치의 상징이 되다시피 했습니다.

그러다 보니 고린도와 아덴은 거리상으로는 가까웠지만 그 분위기는 사뭇 달랐습니다. 아덴이 신화와 철학의 성이라면 고린도는 쾌락과 환락의 성이었습니다. 그런 고린도에 바울의 발걸음이 머물렀습니다. 아레아바고 언덕에서 인본주의 철학자들에 맞서 힘써 복음을 전했지만, 기대했던 결실을 보지 못한 바울은 고린도에 도착했을 때 그 마음이 매우 착잡했을 것입니다. 그런데 아무도 환영해 주는 이 없는 낯설고 물선 고린도에서 바울이 만난 사람이 있습니다.

유대인 추방령으로 로마를 떠나 고린도로 이주해 온 아굴라와 브리스길라 부부입니다. 아굴라와 브리스길라 부부는 바울과 생업이 같았습니다. 그 생업은 천막을 만드는 일(tent-making)이었습니다. 고린도 선교 초기에 바울은 천막을 만드는 일로 생계를 유지했습니다.

고린도에서 바울이 천막을 만드는 일을 생업으로 삼은 가장 결정적인 이유는 선교 후원이 충분하지 않았기 때문입니다. 그러다 보니 바울은 부득이하게 천막을 만드는 일로 생활비를 벌며 복음을 전했습니다. 복음은 그렇게라도 전해야 합니다.

고린도에서 같은 생업을 가진 아굴라와 브리스길라 부부와의 만남은 이후 바울의 선교 사역에 있어 매우 중요한 의미가 있습니다. 아굴라와 브리스길라 부부가 이후 바울의 선교 사역을 돕는 평생의 복음 동역자가 되었기 때문입니다.

한경직 목사님은 한국 교회에서 종교계의 노벨상이라고 불리는 템플턴 상을 받은 유일한 목사님입니다. 한국 교회를 위해 참으로 많은 일들을 하셨고 지금도 여러 곳에 그 흔적이 남아 있습니다. 그런데 그렇게 많은 일들을 할 수 있었던 것은 한경직 목사님 곁에 드러나지 않게 물심양면으로 끝까지 도운 최창근 장로님이 계셨기 때문입니다. 한경직 목사님과 최창근 장로님의 만남은 우연이 아닙니다. 하나님이 하신 일입니다. 주 안에서 우리의 만남은 결코 우연이 아닙니다. 거기에는 우리가 다 헤아리지 못하는 하나님의 뜻이 있습니다.

여러 착잡한 마음으로 고린도에 이른 바울이 생업이 같은 아굴라와 브리스길라 부부를 만나 함께 동역하므로 이후 행한 일이 있습니다.

**"안식일마다 바울이 회당에서 강론하고**
**유대인과 헬라인을 권면하니라"**(행 18:4).

바울은 평일에는 생계비를 마련하기 위해서 천막 만드는 일을 하였고 안식일이 되면 회당에서 말씀을 전파합니다. 영적 침체로 착잡하고 의기소침했던 마음을 이겨내고 다시 복음을 전할 힘을 얻은 것입니다.

거기에 더해 바울의 마음을 더욱 고무한 사건이 있습니다. 베뢰아에서 유대인들의 소요로 홀로 피신해 아덴에 이른 바울은 마게도냐에 남겨 두었던 동역자인 실라와 디모데와 다시 만나기를 학수고대했는데 마침내 고린도에서 이들과 재회합니다. 동역자들과 다시 재회하는 자체만으로도 기쁜데 디모데를 통해 데살로니가교회 성도들이 믿음과 소망과 사랑으로 신앙생활을 잘하고 있다는 소식을 전해 듣습니다. 또한 실라를 통해 빌립보교회 소식과 성도들이 정성껏 모아 보내 준 선교 헌금을 받습니다. 빌립보교회에서 보내 준 선교 헌금은 당시 바울에게 있어서 아주 시의적절하고 유용했습니다. 그 선교 헌금으로 바울은 더 이상 먹고 사는 생계유지에 신경을 쓰지 않고 오로지 복음 전파에만 몰두할 수 있었습니다.

그 모습이 5절 후반절입니다.

**"바울이 하나님의 말씀에 붙잡혀**
**유대인들에게 예수는 그리스도라 밝히 증언하니."**

바울은 하나님의 말씀에 붙잡힌 사람입니다. 요즘 무엇에 붙잡혀 사십니까? 그리스도의 십자가에 붙잡히지 않으면 세상에 붙잡히게 됩니다. 하나님을 믿는지 안 믿는지 알 수 있는 분명한 지표가 있습니다. 그것은 십자가에 달린 그리스도를 대하는 마음과 태도를 보면 정확히 알 수 있습니다. 천하에 없는 신령한 체험을 하고 능력이 있어 성경 전체를 꿰뚫어 보는 안목이 있고, 은혜로운 말을 청산유수와 같이 늘어놓는다 해도 그 삶의 중심에 그리스도의 십자가가 없다면 모두 거짓말입니다. 그리스도의 십자가에 붙잡히고 하나님의 말씀에 붙잡혀 사는 것이 진정한 복입니다.

하나님의 말씀에 붙잡힌 바울은 유대인들에게 "예수는 그리스도라 밝히 증언"합니다. 그랬더니 그들이 듣고 믿어 주께 돌아왔습니까? 사람들이 알아주고 인정해 주었습니까? 전혀 그렇지 않았습니다. 바울이 고린도에서 하나님의 말씀에 붙잡혀 "예수께서 그리스도이심을 유대인들에게 밝히 증언"하자 유대인들은 이를 대적하며 비방했습니다. 그들 안에 있는 어두움이 빛 되신 예수님을 거부하게 한 것입니다. 그렇게 복음을 대적하여 비방하는 유대인들을 향해 바울은 옷에서 먼지를 텁니다. 유대인들은 이방인의 마을에 들어갔다 나오면 으레 발의 먼지를 떨어 버리는 모습을 취했습니다. 이는 부정한 모든 것을 거룩한 자신들의 땅에 묻혀 들어오지 않으려는 의도적인 행동으로 자신들은 이방인들과 아무 관계가 없다는 것을 상징적으로 나타낸 행동입니다. 그런데 사도 바울은 그것을 역이용하여 복음을 받아들이지 않는 자들은 구원과 무관하다는 사실을 그들의 방법대로 보여줍니다.

바울이 고린도에서 복음을 전할 때 유대인들의 극심한 방해와 대적에도 불구하고 복음을 영접하는 사람이 있었습니다. 하나님을 경외하는 디도 유스도입니다. 디도는 로마식 이름으로 그가 유대인이 아닌 이방인임을 나타냅니다. 그런데 이런 이방인 디도가 자신의 집을 예배 처소로 내어줍니다. 위기가 도리어 복음 확장의 기회가 되었습니다. 하나님이 하신 일입니다. 하나님은 위기를 기회로 만드시는 전문가이십니다. 위기에 직면해 있습니까? 위기를 놀라운 기회로 만드시는 하나님을 바라보십시오.

이방인 디도 유스도가 자기 집을 예배 처소로 내어주는 일과 함께 고린도에서 일어난 참으로 놀라운 일이 있습니다.

**"또 회당장 그리스보가 온 집안과 더불어 주를 믿으며**
**수많은 고린도 사람도 듣고 믿어 세례를 받더라"**(행 18:8).

회당장이 예수를 믿는 것은 매우 상징적인 사건입니다. 회장당은 복음을 대적하고 비방한 유대 공동체의 대표자이기 때문입니다. 회당장 그리스보와 온 가족이 예수를 구주로 영접하자 복음의 물꼬가 터지게 되어 수다한 고린도 사람들도 믿고 주께 돌아와 세례를 받습니다.

그렇게 놀랍고 강력한 복음의 역사가 고린도에서 일어날 때 바울이 경험한 영적 체험이 있습니다.

**"밤에 주께서 환상 가운데 바울에게 말씀하시되**
**두려워하지 말며 침묵하지 말고 말하라"**(행 18:9).

주님은 바울에게 먼저 두려워하지 말라고 하십니다. 이는 바울이 당시 두려움에 사로잡혀 있었음을 의미합니다. 다른 사람도 아닌 회당장인 유대인 그리스보와 온 가족이 주를 믿는 일은 너무나 감격스러운 일이지만 그로 인한 다른 유대인들의 반감은 더욱 더 거세질 수 있기에 바울의 마음에 두려움이 엄습한 것입니다. 바울 역시 연약한 인간입니다. 그런데 주님은 그런 바울 마음속의 두려움을 헤아리시며 "두려워하지 말며 침묵하지 말고 말하라"고 하십니다. 바울이 하는 일의 정당성을 친히 인정해주시고 격려해 주십니다.

그리고 이어 바울에게 주신 주님의 약속이 있습니다.

**"내가 너와 함께 있으매 어떤 사람도 너를 대적하여 해롭게 할 자가 없을 것이니 이는 이 성중에 내 백성이 많음이라"**(행 18:10).

"내가 너와 함께 있으매"는 한마디로 임마누엘입니다. 이는 예수님께서 부활 승천하실 때 이 땅에 남아 복음의 증인이 될 그의 제자들과 성도들에게 주신 말씀이자 궁극적으로는 모든 믿는 자들에게 주시는 약속입니다.

바울은 고린도에 홀로 있지 않았습니다. 주님이 그 곁에 함께 하셨습니다. 때로 사람의 위로가 필요하지만, 그 위로는 한계가 있습니다. 우리에게 진정 필요한 위로는 주님의 위로입니다. 주님께서 고린도에서 바울에게 환상 중에 나타나 "두려워하지 말며 침묵하지 말고 말하라", "내가 너와 함께 있으매 어떤 사람도 너를 대적하여 해롭게 할 자가 없을 것이니"라고 말씀하신 이유가 있습니다.

**"이는 이 성중에 내 백성이 많음이라 하시더라"**(행 18:10b).

하나님께서는 이미 구원하시기로 택정한 많은 사람들이 고린도 성내에 많다고 하십니다. 여기 내 백성은 영적인 아브라함의 자손으로 예수님을 믿어 구원받을 사람들을 가리킵니다. 외형적으로 볼 때 소돔과 고모라와 같았던 고린도에 구원받을 자가 많아 보이지 않았습니다. 그런데 주님은 "이 성중에 내 백성이 많음이라"고 하십니다. 이는 사람의 생각과 하나님의 생각이 다르고 사람이 보는 것과 하나님이 보는 것은 같지 않음을 다시 한번 생각나게 합니다.

주님의 위로와 격려 덕분에 바울은 이후 고린도에서 1년 6개월을 머묻니다. 1년 6개월은 달수로 18개월로 결코 적지 않은 기간입니다. 바울이 1년 6개월이나 고린도에 머물며 하나님의 말씀을 가르칠 수 있었다는 것은 "내가 너와 함께 있으매 어떤 사람도 너를 대적하여 해롭게 할 자가 없을 것이니"라는 약속의 성취이자, "이 성중에 내 백성이 많음이라"는 말씀에 대한 분명한 증거입니다. 고린도 선교, 겉으로 보면 바울이 한 것처럼 보입니다. 그러나 그 이면을 살펴보면 바울이 한 것이 아니라 바울에게 말씀하신 하나님이 하신 것입니다.

저는 본문 설교 제목을 정하면서 한주 내내 고심했습니다. 처음에는 9절의 "두려워하지 말고 말하라"였습니다. 그러다 다시 10절의 "내가 너와 함께 있으매"로, 또다시 "이 성중에 내 백성이 많음이라"고 했습니다. 그러다가 목요일 아침에 5절에 근거해 "하나님의 말씀에 붙잡힌 사람"으로 바꾸었습니다. 그런데도 뭔가 미흡했습니다. 다시 고심하며 기도했고, 금요일 새벽에 말씀을 묵상하던 중에 제 마음을 붙든 제목이 '하나님이 하십니다'였습니다.

바울의 발걸음을 아덴에서 고린도에 이르게 하시고, 거기서 천막을 만드는 아굴라와 브리스길라를 만나게 하신 일, 회당 전도가 막혀 전도할 처소가 없을 때 이방인 개종자 디도 유스도가 회당 옆에 있는 자신 집을 기쁨으로 내놓은 일, 더 놀라운 것은 회당장 그리스보가 온 집안과 더불어 주를 믿는 일, 그로 인해 수많은 고린도 사람들이 듣고 믿어 세례를 받는 일, 그리고 자그마치 1년 6개월을 고린도에 머물며 하나님의 말씀을 방해 없이 가르친 일, 바울이 아덴을 떠나 고린도에 첫발을 디뎠을 때 이런 일이 있으리라고는 상상조차 못했습니다.

이 모든 일은 누가 행한 것입니까? 바울이 아닙니다. 하나님이십니다. 구원, 회복, 그리고 부흥은 사람이 할 수 있는 일이 아닙니다. 그것은 오직 하나님만이 하십니다.

우리의 인생에서 중요한 것은 당장 우리 눈에 보이는 결과가 아니라 보이지 않는 뒤편에서 하나님이 일하고 계신다는 사실입니다. 서두에 나태주 시인의 "뒷모습이 어여쁜 사람이 참으로 아름다운 사람이다"라는 싯구를 소개했는데, 지금 우리 인생의 뒷모습은 아름답습니까? 우리 인생의 뒷모습이 아름답기 위해 꼭 필요한 것이 있습니다. 하나님이 하셔야 합니다. 하나님이 하실 때 우리의 뒷모습은 참으로 아름다워집니다. "하나님이 하십니다." 이것이 매일 우리 삶의 고백이 되어야 합니다.

**한마디 기도**
범사에 "하나님이 하십니다"라고 고백하는 삶이 되게 하소서.

# 내가 후에 로마도 보아야 하리라

사도행전 19:8-22

내가 거기 갔다가

후에 로마도 보아야 하리라 하고(행 19:21b)

어떤 사람이 소년 시절에 길에서 5달러짜리 지폐 하나를 주었습니다. 소년은 그것으로 자기가 사고 싶은 물건을 샀습니다. 얼마나 기뻤는지 모릅니다. 그다음부터 소년은 길을 갈 때 땅만 쳐다보고 다니는 습관이 생겼습니다. 평생 길바닥만 쳐다보고 다닌 덕에 그는 많은 것을 주웠는데 그가 그렇게 평생 주운 것들은 단추가 29,519개, 머리핀이 54,172개, 그리고 수천 개의 동전들이었습니다. 하지만 그것들을 줍느라 맑은 하늘도, 아름다운 꽃들도, 지저귀는 새들과 푸른 초목도 보지 못하고 살았습니다.

미국 작가 윌리엄 페더(William Feather)의 글에 나오는 이야기입니다. 이 사람이 더 안타까운 것은 평생 땅에 떨어진 동전을 줍느라 꿈이 없는 인생을 살았다는 것입니다.

어떤 사람이 보지 못하고, 듣지 못하고, 말하지 못하는 헬렌 켈러 여사에게 질문했습니다.

"여사님! 당신은 시각장애인인데 보지 못하는 사람보다 더 불쌍한 사람은 어떤 사람입니까?"

헬렌 켈러 여사가 대답했습니다.

"보는 눈은 있지만 꿈이 없는 사람입니다. 이 세상에서 가장 불쌍한 사람은 꿈도 사명도 없는 사람입니다."

예수를 만나기 전, 바울의 꿈은 스승 가말리엘을 이어 당대 이스라엘의 최고 율법사가 되는 것이었습니다. 하지만 예수를 만난 후에 바울은 땅끝까지 구원의 복음을 전하는 선교사가 됩니다. 인생의 걸음을 인도하시는 하나님께서 바울의 꿈을 바꾸셨습니다. 예수님을 제대로 만나면 인생의 꿈이 바뀝니다. 삶의 참된 목적을 발견하기 때문입니다.

바울은 선교사로 부르심을 받은 후 3차에 걸쳐 선교여행을 다녔습니다. 사도행전 19장은 그중 마지막 3차 선교여행 중에 소아시아 지역 에베소에서의 사역을 우리에게 보여줍니다. 바울이 에베소에 와서 복음을 전했던 방식이 있습니다.

**"바울이 회당에 들어가 석 달 동안**
**담대히 하나님의 나라에 관하여 강론하며 권면하되"**(행 19:8).

바울은 복음을 전할 때 유대인들이 정기적으로 모이는 회당을 접촉점으로 삼았는데 에베소에서도 동일한 방식으로 석 달간 담대하게 복음을 전합니다.

에베소의 회당에서 바울은 세상 나라의 형통에 관해 전하지 않았습니다. 하나님 나라에 관하여 강론하며 권면했습니다. 유대인들이 알고 있는 하나님 나라에 들어갈 자격 조건은 혈통이었습니다. 이스라엘 자손이어야 하나님 나라에 들어갔습니다. 하지만 바울은 혈통이나 육정이나 사람의 뜻이 아닌 예수 그리스도를 믿음으로 들어가는 하나님 나라에 대해 강론하고 권면합니다. '하나님 나라'는 복음의 핵심입니다. 왜 우리가 예수님을 믿어야 합니까? 의의 나라요, 평안의 나라요, 희락의 나라인 하나님 나라는 오직 길이요, 진리요, 생명이신 예수님을 믿어야만 들어갈 수 있기 때문입니다.

바울이 에베소의 회당에서 하나님 나라에 관하여 강론하고 권면한 기간은 석 달입니다. 석 달이면 12주인데 이는 대학에서 한 학기 수업 기간입니다. 바울은 회당에서 하나님 나라라는 주제로 한 학기 분량의 내용을 가르친 것입니다. 바울이 석 달 동안 담대히 하나님 나라에 관하여 강론하며 권면했을 때 회당에 모인 어떤 유대인들은 순종하지 않고 비방합니다. 순종하면 비방하지 않습니다. 꼭 순종하지 않는 사람들이 비방합니다. 이는 사도행전을 통해 계속 반복되는 모습입니다. 복음의 말씀이 들려지고 믿어지는 것은 당연한 일이 아닙니다. 전적인 은혜입니다. 말씀이 들려지면 삽니다, 구원받습니다. 예수님께서 말씀을 전하신 후 듣는 자들에게 "들을 귀 있는 자는 들으라"고 매번 강조하신 이유입니다.

복음을 듣고도 마음이 굳어 순종하지 않고 비방하는 사람들로 인해 바울이 한 일이 있습니다.

**"바울이 그들을 떠나 제자들을 따로 세우고**
**두란노 서원에서 날마다 강론하니라"**(행 19:9b).

바울은 복음을 거부하는 자들로 인해 낙심하거나 좌절하지 않습니다. 이전과 다른 새로운 방식으로 복음을 전합니다. 말씀으로 소수의 제자들을 집중적으로 양육합니다. 교회는 어머니입니다. 어머니의 가장 주된 역할이 자녀 양육이듯 교회의 가장 주된 사명은 성도들을 말씀으로 양육하는 일입니다. 이는 많은 수고가 동반되는 일입니다. 에베소에서 바울은 그 일을 마다하지 않았습니다. 에베소에서 제자들을 따로 세우고 두란노 서원에서 날마다 강론하는 일은 자그마치 두 해 동안이나 계속되었습니다.

그로 인해 참으로 놀라운 일이 일어납니다.

**"두 해 동안 이같이 하니 아시아에 사는 자는 유대인이나 헬라인이나 다 주의 말씀을 듣더라"**(행 19:10).

바울이 2년간 두란노 서원에서 날마다 강론했을 때 아시아에 사는 자는 유대인이나 헬라인이나 다 주의 말씀을 듣게 됩니다. 양육 받은 제자들이 가서 복음을 전한 것입니다. 그때 세워진 교회가 골로새교회를 비롯하여 소아시아의 일곱교회인 서머나, 버가모, 두아디라, 사데, 빌라델비아, 라오디게아교회입니다. 소수의 제자를 집중적으로 양육하는 것은 다수가 모이는 대중집회에 비해 당장은 더디고 비효율적입니다. 하지만 지나고 보면 이보다 빠르고 효과적인 방법은 없습니다.

데이빗 왓슨(David Watson)의 『제자도』라는 책에 보면 이와 관련하여 매우 흥미로운 통계가 나옵니다. 만약에 빌리 그래함(Billy Graham) 같이 전 세계의 인기를 한 몸에 받는 탁월한 복음 전도자가 매일 밤에 1천 명씩을 그리스도에게 인도할 수 있다면 전 세계를 그리스도에게로 인도하는 데 걸리는 시간은 인구 폭발을 고려하지 아니한다고 해도 1만 년이 소요됩니다. 그런데 한 사람이 그리스도의 참 제자가 되고 그 한 사람이 일 년에 단 한 사람을 그리스도로 인도한다면 그리고 만약에 인도된 그 한 사람이 일 년에 또 한 사람을 그리스도로 인도할 수 있도록 양육시킨다면 전 세계가 그리스도에게 인도되는데 걸리는 시간은 단 32년이면 가능하다는 것입니다. 소수의 제자 양육은 예수님께서 몸소 보여주신 방법입니다. 예수님은 공생애 3년간 12명의 제자를 양육하는 일에 가장 우선순위를 두셨습니다. 더디 보여도 그것이야말로 이 땅에 하나님 나라가 임하는 지름길이기 때문입니다.

바울이 두란노 서원에서 두 해 동안 제자들을 따로 세워 양육했던 기간에 하나님은 에베소에서 바울의 손으로 놀라운 능력을 행하게 하셨습니다.

**"심지어 사람들이 바울의 몸에서 손수건이나 앞치마를 가져다가 병든 사람에게 얹으면 그 병이 떠나고 악귀도 나가더라"**(행 19:12).

바울이 직접 안수한 것도 아니고, 단지 바울이 땀을 닦기 위해 쓰던 손수건과 천막을 만들면서 몸에 걸쳤던 앞치마를 가져다가 병든 사람에게 얹기만 했는데도 그 병이 떠나고 악귀가 나가는 희한한 역사가 일어납니다. 바울이 쓰던 손수건이나 앞치마에 어떤 신비한 능력이 있어서 이런 일이 일어난 것은 결코 아닙니다. **"하나님이 바울의 손으로 놀라운 능력을 행하게 하시니"**(행 19:11)라고 했습니다.

하나님은 메마른 막대기에서도 얼마든지 꽃이 피게 하십니다. 100세나 되어 죽은 자와 방불한 아브라함과 이미 생리가 끊어진 사라를 통해서도 이삭이 태어나게 하십니다. 하나님께 능치 못할 일은 없습니다. 여기서 우리가 놓쳐서는 안 될 것은 하나님은 바울이 쓰던 손수건과 앞치마까지도 복음 증거를 위해 쓰셨다는 것입니다. 내게 있는 것들이 주와 복음을 위해 쓰이는 것만큼 복된 일은 없습니다. 우리 눈에 하찮고 보잘 것없어 보여도 하나님이 들어 쓰시면 그 하찮고 보잘것없는 것을 통해 우리의 생각과 경험을 뛰어넘는 놀라운 일이 일어납니다.

바울이 쓰던 손수건과 앞치마를 통해서 병이 떠나고 악귀가 나가는 역사가 일어났다는 소문이 퍼지자, 에베소에서는 이런 바울을 흉내 내는 사람까지 나타났습니다. 진품이 있는 곳에 모조품이 있고 진리가 있는 곳에 이단 사이비가 있듯 에베소에 바울의 축사 사역을 도용하는 사람들이 있었습니다. 이런 가짜들 중에 하나가 유대 제사장 스게야의 일곱 아들들이었습니다. 제사장 스게야의 일곱 아들들은 악귀 들린 사람에게 "내가 바울이 전파하는 예수를 의지하여 너희에게 명하노라"라며 바울의 축사 사역을 흉내 냅니다.

그런데 이때 악귀가 나가기는커녕 그들에게 "내가 예수도 알고 바울도 알거니와 너희는 누구냐" 하며 달려듭니다. 악귀가 먼저 압니다. 진짜 믿는지, 믿는 흉내만 내는지를 압니다. 그렇게 바울을 모방하여 악귀를 쫓아내려던 스게와의 일곱 아들에게 일어난 일이 있습니다.

**"악귀 들린 사람이 그들에게 뛰어올라 눌러 이기니**

**그들이 상하여 벗은 몸으로 그 집에서 도망하는지라"**(행 19:16).

스게야의 일곱 아들들이 악귀 들린 한 사람을 당해내지 못해 상하여 벗은 몸으로 도망가는 봉변을 당합니다.


바울을 모방하다가 큰 봉변을 당한 제사장 스게와의 일곱 아들에 관한 이야기는 금세 소문으로 퍼지기 시작했고 그로 인해 에베소 지역에 세 가지 일이 일어납니다. 첫째, 사람들이 두려워하며 주 예수의 이름을 높이게 됩니다. **"에베소에 사는 유대인과 헬라인들이 다 이 일을 알고 두려워하며 주 예수의 이름을 높이고"**(행 19:17).

둘째, 믿는 사람들 가운데 죄를 회개하는 운동이 일어납니다.

**"믿은 사람들이 많이 와서 자복하여 행한 일을 알리며"**(행 19:18).

셋째, 마술을 행하는 사람들에게 극적인 변화가 일어납니다.

**"또 마술을 행하던 많은 사람이 그 책을 모아 가지고 와서 모든 사람 앞에**

서 불사르니 그 책 값을 계산한 즉 은 오만이나 되더라"(행 19:19).

이는 복음의 능력이 한 도시를 어떻게 변화시키는가를 생생하게 보여주는 중요한 사례입니다.

그렇게 불태워진 책값인 은 오만은 오늘날로 계산하면 자그마치 50억 원에 해당하는 엄청난 금액입니다. 인간적으로 생각하면 아까울 것 같은데 본문에는 그들이 마술책들을 불태울 때 아까워하는 기색이 전혀 느껴지지 않습니다. 에베소의 마술사들은 주 예수의 이름의 능력이 진짜임을 발견했기 때문입니다.

진짜를 발견하면 가짜는 더 이상 의미가 없습니다. 교회 다니는데도 여전히 세상에 목마르십니까? 참 생수가 되시는 예수님을 발견해야 합니다. 진정으로 복음의 가치를 알게 된다면 이전에 좋던 것이 더 이상 값없게 여겨지게 될 것입니다.

마술과 우상숭배가 만연한 에베소 지역에 이처럼 놀라운 회개 운동과 복음의 능력이 나타난 이유는 20절 말씀에 있습니다.

**"이와 같이 주의 말씀이 힘이 있어 흥왕하여 세력을 얻으니라."**

겉으로만 보면 에베소의 놀라운 변화의 원인이 바울이 행한 남다른 이적에 기인하는 것으로 생각할 수 있습니다. 하지만 성경은 주의 말씀이 힘이 있어 흥왕했기 때문이라고 진단합니다. 이는 복음의 승리요, 말씀의 승리입니다. 기적과 이적보다 말씀이 먼저입니다.

에베소에서 바울의 선교 사역은 대성공이었습니다. 그런데 이런 놀라운 선교적 업적을 이룬 직후 바울이 사람들 앞에서 공개적으로 한 말이 있습니다.

**"이 일이 있은 후에 바울이 마게도냐와 아가야를 거쳐 예루살렘에 가기로 작정하여 이르되 내가 거기 갔다가 후에 로마도 보아야 하리라"(행 19:21).**

에베소에서 참으로 놀라운 회심과 부흥이 일어난 이후 바울은 에베소를 떠나 마게도냐와 아가야를 거쳐 예루살렘으로 가기로 작정합니다. 당시 예루살렘교회는 기근으로 많은 어려움을 당하고 있었기에 바울은 마게도냐와 아가야에 있는 교회들을 방문해 구제 헌금을 모은 후 예루살렘교회를 방문하기로 마음을 먹은 것입니다.

그리고 난 후 바울이 마음속에 품었던 한 가지 계획이 있습니다.
**"내가 거기 갔다가 후에 로마도 보아야 하리라."**
이는 바울의 간절한 소망이 담긴 믿음의 고백이자 선교 비전 선언문(Mission Vision Statement)입니다. 에베소에서 바울은 선교적으로 괄목할 만한 놀라운 성과를 거두었습니다. 그런데 바울은 여기에 안주하지 않았습니다. 바울은 예루살렘을 거쳐 이후에 로마까지 가기를 원했습니다. 로마는 당시 제국의 수도로 세계의 심장과 같은 곳입니다. 모든 길은 로마로 통했습니다. 바울은 제국의 수도인 그 로마에서도 복음을 전하기를 원했습니다.
**"내가 후에 로마도 보아야 하리라."**
에베소에서 이 선교 비전을 선포한 바울은 이후 어떻게 되었을까요? 사도행전 마지막 장인 28장에는 마침내 바울이 제국의 수도인 로마에 도착해서 하나님 나라를 전파하며 주 예수 그리스도에 관한 모든 것을 담대하게 거침없이 가르치는 것으로 끝을 맺습니다. 비록 죄수의 몸으로 갔지만 "내가 후에 로마도 보아야 하리라"는 바울의 선교 비전은 마침내 이루어졌습니다. 우리가 믿음으로 부르는 노래, 이후에 반드시 실상이 됩니다.

불이 나면 가장 먼저 생각나는 번호가 있습니다. 119입니다. 마찬가지로 수고하고 무거운 짐을 지고 살아가는 사람들이 가장 먼저 생각나는 그곳이 교회였으면 좋겠습니다. 또한 현실에 안주하지 않고 "내가 후에 로마도 보아야 하리라"고 선포하며 앞으로 나아간 바울처럼 계속하여 하나님이 주시는 선교적 꿈을 품고 전진하는 교회가 되기를 바랍니다.

마지막으로 가슴이 뛰어본 적이 언제입니까? "꿈꾸는 것을 멈추면 인생이 끝나고 믿는 것을 멈추면 희망이 끝난다"라는 말이 있습니다. 주와 복음을 위해 꿈꾸십시오, 하나님 나라를 위해 꿈꾸십시오. 하나님의 꿈이 나의 비전되기를 간절히 원하고 바라십시오. 그리고 그것을 믿음으로 고백하고 담대하게 선포하십시오.

"We dream, God build!"
**우리가 꿈꿀 때 하나님은 이루십니다.**

**한마디 기도**
하나님이 주시는 선교적 비전을 품고 앞으로 나아가게 하소서.

# 하나님이 자기 피로 사신 교회

**사도행전 20:16-28**

여러분은 자기를 위하여 또는 온 양 떼를 위하여 삼가라
성령이 그들 가운데 여러분을 감독자로 삼고
하나님이 자기 피로 사신 교회를 보살피게 하셨느니라(행 20:28)

어떤 단어 앞에 '마지막(final, last)'이라는 단어가 붙으면 그 의미가 남다르게 다가옵니다. '마지막'이라는 단어는 단순히 끝을 의미하는 것이 아니라, 다시는 같은 순간을 맞이하지 못할 것임을 암시하기 때문입니다. 그래서 누군가 그랬습니다. "마지막이라는 단어는 언제나 슬프다…." 하지만 거기에 슬픔만 있는 것이 아닙니다. 마지막이라는 단어는 그 순간의 의미와 가치를 더 깊고 명확하게 해줍니다.

우리가 늘 드리는 예배지만 만일 오늘 내가 드리는 예배가 내 생의 마지막 예배라면…. 늘 듣는 설교지만 만일 오늘 듣는 설교가 내 생의 마지막 듣는 설교라면…. 늘 먹는 식사지만 오늘 먹는 식사가 내 생의 마지막 식사라면…. 늘 만나지만 지금 내가 만나고 있는 사람과의 만남이 오늘 내 생의 마지막 만남이라면…. 그 예배, 그 설교, 그 식사, 그 만남은 마지막이라는 단어로 인해 이전과 다른 특별한 의미를 줄 것입니다.

본문은 3차 선교여행을 마친 사도 바울이 예루살렘으로 올라가는 중에 에베소교회를 섬기는 장로들을 밀레도에 따로 불러 전한 '마지막 고별 설교'입니다. 사도행전에서 가장 심금을 울리는 부분이 있다면 바로 본문의 말씀이라고 할 수 있습니다. 밀레도에서 에베소까지는 약 48킬로미터 떨어져 있습니다. 따라서 사도 바울이 사람을 보내어 에베소교회의 장로들이 자신이 있는 밀레도에 오기까지는 적어도 2-3일은 소요되었을 것입니다. 이는 사도 바울에게나 에베소교회 장로들에게 모두 번거로운 일이었습니다. 그럼에도 굳이 에베소교회 장로들을 밀레도까지 오게 한 것은 이번이 마지막 만남이 될 것을 예견한 바울이 마지막으로 당부해야 할 내용이 있었기 때문입니다.

밀레도에서 에베소교회 장로들을 만난 바울의 첫마디가 있습니다.

**"오매 그들에게 말하되 아시아에 들어온 첫날부터 지금까지 내가 항상 여러분 가운데서 어떻게 행하였는지를 여러분도 아는 바니"**(행 20:16).

이는 사도 바울이 과거 에베소에서 어떻게 사역했는지를 보여줍니다. 바울의 에베소 사역의 가장 큰 특징은 시종여일했다는 것입니다. "첫날부터 지금까지"라는 표현이 바로 그것입니다. 바울은 주어진 사역에 충성했습니다. 그 모습이 어떠했습니까?

**"곧 모든 겸손과 눈물이며 유대인의 간계로 말미암아 당한 시험을 참고 주를 섬긴 것과 유익한 것은 무엇이든지 공중 앞에서나 각 집에서나 거리낌이 없이 여러분에게 전하여 가르치고 유대인과 헬라인들에게 하나님께 대한 회개와 우리 주 예수 그리스도께 대한 믿음을 증언한 것이라"**(행 20:19-21).

이는 바울이 과거 어떻게 에베소교회를 섬겼는지를 마치 한 편의 그림처럼 보여줍니다.

바울에게는 남다른 신유의 은사가 있었습니다. 사도행전 19장 12절에, **"심지어 사람들이 바울의 몸에서 손수건이나 앞치마를 가져다가 병든 사람에게 얹으면 그 병이 떠나고 악귀도 나가더라"**고 했습니다. 그로 인해 에베소 사람들이 사도 바울을 얼마나 우러러봤겠습니까? 바울은 마음만 먹으면 자신이 가진 은사를 가지고 얼마든지 사람들을 조종할 수 있었습니다. 하지만 바울은 그렇게 하지 않았습니다. 시종여일, 모든 겸손과 눈물 그리고 시험을 참고 주를 섬겼습니다. 에베소교회의 목회 사역을 회고하면서 모든 겸손과 눈물 그리고 시험을 찾고 주를 섬겼다는 고백은 동시에 에베소에서의 바울이 3년간 행한 목회 사역이 결코 쉽지 않았음을 은연중에 보여줍니다.

태국에서 코끼리를 울리는 대회가 열렸습니다. 누구든지 코끼리를 울리는 사람에게는 거액의 상금을 준다고 하였습니다. 이에 거액의 상금을 타겠다고 너도나도 도전하였지만, 그 누구도 코끼리를 울리지 못했습니다. 그런데 한 사람이 코끼리에게 다가가 귀에 대고 뭐라고 속삭이니 코끼리가 눈물을 뚝뚝 흘리는 것입니다. 사람들이 너무나 신기해서 도대체 무슨 말을 했기에 코끼리를 저리 슬피 울게 했느냐고 물었더니, 그분이 하는 말이 "저는 개척교회 목사인데 코끼리에게 제가 목회하면서 겪었던 힘든 이야기를 조금 들려주었을 뿐"이라고 대답했습니다. 물론 누군가 만들어 낸 이야기입니다. 하지만 이는 결코 현실과 무관한 이야기가 아닙니다.

작년 12월, 서종지역 13개 교회 목회자 부부가 수입리에 있는 북한강중앙교회에 모였습니다. 은퇴를 앞둔 한남제일교회 오창우 목사님이 강사로 오셔서 자신의 마을 목회 이야기를 들려주셨는데 참으로 유익했습니다. 그런데 그날 참석한 서종지역 목회자들이 강의 중 가장 공감한 내용이 있었는데 그것은 오창우 목사님이 39년간 목회하면서 너무 힘이 들어 죽고 싶었던 적이 여러 번 있었다는 고백을 들을 때였습니다. 강의 후 돌아가면서 소감을 나눌 때 참석하신 한 목사님은 자신도 역시 과거 목회 중에 너무 힘들어 팔당댐 다리 위에서 떨어져 죽으려고 할 때가 있었기에 강의에 큰 위로를 받았다고 하셨습니다. 쉬운 목회는 없습니다. 남다른 계시를 받고 그 탁월한 성령의 은사를 지닌 바울조차도 눈물 없이는 목회할 수 없었는데 오늘날의 목회자들은 더 말할 것도 없습니다.

에베소에서 3년간 모든 겸손과 눈물 그리고 시험을 참고 주를 섬기며 주와 복음을 위해 수고하고 애쓴 바울 앞에 무엇이 기다리고 있습니까?

**"보라 이제 나는 성령에 매여 예루살렘으로 가는데 거기서 무슨 일을 당할는지 알지 못하노라 오직 성령이 각 성에서 내게 증언하여 결박과 환난이 나를 기다린다"**(행 20:22-23).

몸이 아파 병원에 갔다가, "혹 암일 수도 있습니다"라는 의사의 우려 섞인 한마디만 들어도, 그 이후에 밥맛이 사라지고 일이 손에 잡히지 않는 것이 사람의 연약한 마음입니다. 그런데 예루살렘에 올라가면 결박과 환난을 겪고 어떤 일을 당할지 알 수 없다는 말을 사람이 아닌 성령에게서 직접 들었으니 사도 바울인들 마음이 편할 리가 있습니까? 마음이 불편하면 만사가 귀찮아집니다. 사람을 만나기도 꺼려집니다. 내 마음이 힘들면 다른 사람을 배려하는 것이 쉽지 않습니다. 바울 역시 그러했을 것입니다. 그런데 바울은 그런 상황에서 에베소교회 장로들을 밀레도에 따로 불러 만납니다. 그 이유는 에베소교회에 대한 사랑 때문입니다.

신약성경에는 바울이 쓴 서신이 13개나 됩니다. 서신서의 절반이 넘습니다. 그 서신서 중에 감옥에 갇혀있을 때 적어 보낸 서신들이 골로새서, 에베소서, 빌립보서, 빌레몬서입니다. 그런데 그 어느 서신서에도 바울이 자기 자신의 안위를 걱정하는 내용이 나오지 않습니다.

바울에게 있어서 중요한 것은 자신의 안위가 아니라 교회의 안위였습니다. 자신의 평안이 아니라 교회의 평안이었습니다. 자신의 영광이 아니라 교회의 영광이었습니다. 자나 깨나 바울의 관심은 오직 교회였습니다. 그래서 자신의 유불리와 상관없이 교회가 평안하면 바울은 기뻐했지만, 교회에 어려움이 닥쳤다는 소식을 들으면 노심초사하며 기도했습니다.

본문의 말씀도 그렇습니다. 직설적으로 표현되고 있지는 않지만, 본문 말씀 전체에 흐르고 있는 일관된 흐름이 있습니다. 그것은 마음 깊은 곳에서부터 우러나는 교회에 대한 바울의 깊고 뜨거운 사랑입니다. 사도 바울은 위대한 선교사요 목회자입니다. 그의 선교와 목회를 통해 빌립보교회, 데살로니가교회, 골로새교회, 고린도교회, 에베소교회 등 셀 수 없이 많은 교회들이 유럽과 소아시아에 세워졌습니다. 또한 사도 바울은 위대한 신학자입니다. 2천 년이 흘렀지만, 기독교 신학은 여전히 사도 바울이 세운 신학적 기초에 많은 빚을 지고 있습니다. 하지만 바울을 선교사, 목회자 또는 신학자로만 보는 데 그친다면 그를 제대로 이해하지 못한 것입니다. 사도 바울 영성의 핵심은 '교회'에 대한 뜨거운 사랑에 있습니다.

처음부터 바울이 교회를 그토록 뜨겁게 사랑한 것이 아닙니다. 처음에 바울은 교회를 핍박하고, 심지어는 교회를 이 땅에서 진멸하기 위해 가장 선봉에 섰던 사람입니다. 그런데 이런 바울이 다메섹 도상에서 빛으로 자신을 찾아오신 부활하신 예수님을 통해 **"나는 네가 박해하는 예수라"**(행 9:5b)는 음성을 듣고 그 순간 깨닫습니다. '교회를 핍박하는 것'이

다름 아닌 '예수를 핍박하는 것'임을, '교회를 미워하는 것'이 '예수를 미워하는 것'임을, 더 나아가 '교회를 사랑하는 것'이 바로 '예수를 사랑하는 것'임을….

사도 바울이 그 힘들고 열악한 환경속에서 모든 겸손과 눈물로 에베소교회를 품고 섬길 수 있었던 것도, 동족 유대인들로 말미암은 여러 가지 도전과 시련들을 참고 견딜 수 있었던 것도, 유익한 것은 무엇이든지 간에 공중 앞에서나 사람 앞에서나 거리낌이 없이 하나님의 말씀을 전하여 가르칠 수 있었던 것도, 다른 데 있지 않습니다. 주님의 몸 된 교회에 대한 뜨거운 사랑 덕분입니다.

아무리 오랫동안 교회를 다닌다고 할지라도, 목사가 되고, 장로가 되고, 권사가 되고, 안수집사가 된다고 할지라도 '교회 사랑'이 바로 '예수님 사랑'임을 깨닫지 못한다면 아직 제대로 예수님을 만나지 못한 것입니다. 눈에 보이는 주님의 몸 된 교회를 사랑하지 않는데 어떻게 눈에 보이지 않은 주님을 사랑한다고 말할 수 있겠습니까? '예수님과 교회, 교회와 예수님'은 결코 분리될 수 없습니다. 예수님이 계신 곳에 교회가 있고, 교회가 있는 곳에 예수님이 계십니다. 그래서 교회가 갈라지면 주님의 몸이 함께 갈라지는 것이고, 교회가 영광을 받으면 우리 주님께서 함께 영광을 받으시는 것입니다.

성령께서 예루살렘에 올라가는 바울에게 "결박과 환난이 기다린다"라고 말씀하셨을 때 바울이 취한 태도가 있습니다.
**"내가 달려갈 길과 주 예수께 받은 사명 곧 하나님의 은혜의 복음을 증언하는 일을 마치려 함에는 나의 생명조차 조금도 귀한 것으로 여기지 아니하노라"**(행 20:24).

바울은 결박과 환난이 기다리는 예루살렘에 가는 길을 어떻게 피할까를 고민하지 않습니다. 도리어 그 길을 향해 달려간다고 고백합니다. 바울이 이런 태도를 취한 것은 자신이 주 예수로부터 받은 사명 때문입니다. 바울은 하나님의 은혜의 복음을 증언하는 사명 앞에 자신의 생명조차 귀한 것으로 여기지 않았습니다. 바울에게 있어서 사명은 생명보다 더 소중했습니다.

받은 사명을 위해 자신의 생명조차 조금도 귀한 것으로 여기지 않았던 바울의 모습에서 저는 예수님의 모습이 떠올랐습니다. 예수님은 십자가에서 돌아가시기까지 세 번의 큰 위기가 있었습니다. 첫 번째는 40일간 금식하여 주리신 예수님에게 사탄이 찾아와서 "내게 엎드려 단 한번만 경배하면 천하만국과 그 영광을 주겠다"라고 유혹할 때였습니다. 이 얼마나 치명적인 유혹입니까? 고난 없이 모든 영광을 얻을 수 있다니…. 두 번째는 수제자인 베드로가 장차 십자가를 지겠다는 자신을 붙들고 항변하면서까지 "주여 그리 마옵소서"라고 강경하게 만류할 때이었습니다. 이 얼마나 마음을 뒤흔드는 만류입니까?

그리고 마지막 세 번째는 예수님께서 십자가에 달려 극심한 고통 가운데 있을 때 십자가 아래에서 들려온 사람들의 외침이었습니다.

**"네가 만일 하나님이 아들이라면**
**자기를 구원하고 십자가에서 내려오라"**(마 27:40).

얼마든지 십자가에서 내려올 힘과 능력이 있는 예수님에게 이는 얼마나 큰 도전입니까? 그 세 번 중에 단 한 번이라도 예수님께서 주어진 사명보다 생명을 더 중요하게 여기셨다면 십자가를 지시지 못했을 것입니다. 그때 예수님께서 자신의 생명을 조금도 귀한 것으로 여기지 않으시고 아버지께서 주신 사명을 끝까지 붙드셨기에 지금 우리가 모두 구원의 은혜를 누리는 것입니다.

예수 믿는 우리의 이 땅에서의 삶의 목적은 단순히 생존에 있지 않습니다. 우리의 삶의 목적은 하나님께서 내게 맡겨 주신 사명을 온전히 이루는 것입니다. 예루살렘에서 결박과 환난이 기다린다는 성령의 음성을 듣고서도 "내가 달려갈 길과 주 예수께 받은 사명 곧 하나님의 은혜의 복음을 증언하는 일을 마치려 함에는 나의 생명조차 조금도 귀한 것으로 여기지 아니하노라"(행 20:24)고 고백하는 바울을 우리 주님께서 얼마나 기뻐하셨을까요? 바울은 행복한 사람입니다. 생명보다 귀한 자신의 사명을 발견하고 그것을 위해 살다 죽었기 때문입니다.

생명보다 사명이 더 귀하다고 고백한 바울은 이어 에베소교회 장로들에게 자신이 전한 복음을 하나님 나라로 요약하며 모든 사람의 피에 대하여 내가 깨끗하다고 말합니다. 또한 하나님의 뜻을 다 전하였다고 합니다. 이것은 교만이 아닙니다. 최선을 다한 자만이 할 수 있는 고백입니다.

그런 바울이 에베소교회 장로들에게 간절하게 마지막으로 당부한 것이 있습니다.

"여러분은 자기를 위하여 또는 온 양 떼를 위하여 삼가라 성령이 그들 가운데 여러분을 감독자로 삼고 하나님이 자기 피로 사신 교회를 보살피게 하셨느니라"(행 20:28).

여기 "하나님이 자기 피로 사신 교회"라는 표현은 교회의 가치가 얼마나 큰지를 생생하게 보여줍니다.

생명은 피에 있습니다. 그러므로 피로 교회를 사셨다는 것은 교회를 세우기 위해 자신의 생명을 대가로 지불하셨다는 것입니다. 세상에 수많은 공동체가 있지만 이 세상에서 하나님께서 자신의 피로 값을 치르고 사신 공동체는 단 하나, 오직 교회뿐입니다. 하나님이 자신의 피로 교회를 사셨다는 것은 '교회의 주인은 하나님'이라는 것입니다. 교회는 그 누구의 소유도 아닌 하나님의 소유입니다.

사람의 눈에 보이는 교회는, 교인이 많은 교회, 교인이 적은 교회, 재정이 풍족한 교회, 재정이 부족한 교회, 역사가 오래된 교회, 역사가 짧은 교회로 나뉘지만, 교회의 본질은 '하나님이 자기 피로 사심'에 있습니다. 하나님께서 교회를 사랑하시는 이유는 단 하나, 하나님이 교회를 자신의 피로 사셨기 때문입니다.

찬송가 208장 1절은 하나님이 자신의 피로 사신 교회에 대해 우리가 늘 품어야 할 마음을 이렇게 노래합니다.

> 내 주의 나라와
> 주 계신 성전과
> 피 흘려 사신 교회를
> 늘 사랑합니다

그 누구보다 그 무엇보다 교회를 사랑하십시오. 자신의 생명보다 교회를 더 소중히 여기십시오. 그리할 때 하나님이 교회를 사기 위해 갈보리 십자가 위에서 지불하신 그의 아들 예수님의 핏값은 결코 헛되지 않을 것입니다.

**한마디 기도**
하나님이 자신의 피로 사신 교회를
우리가 전심으로 사랑하게 하소서.

# 주의 뜻대로 이루어지이다

**사도행전 21:1-14**

그가 권함을 받지 아니하므로
우리가 주의 뜻대로 이루어지이다 하고 그쳤노라(행 21:14)

세상의 수많은 사람은 크게 두 종류로 구분할 수 있습니다. 예수 믿는 사람과 예수 믿지 않은 사람, 이것을 신학적으로 사도 바울은 '그리스도 예수 안에 있는 사람'과 '그리스도 예수 밖에 있는 사람'으로 표현했습니다. 즉 '예수 믿는 사람을 그리스도 예수 안에 있는 사람'으로 '예수 믿지 않은 사람을 그리스도 예수 밖에 있는 사람'으로 본 것입니다.

그리스도 예수 안에 있는 사람의 실상을 가장 선명하게 보여주는 말씀이 있습니다. 로마서 8장 1절과 2절 말씀입니다.

**"그러므로 이제 그리스도 예수 안에 있는 자에게는 결코 정죄함이 없나니 이는 그리스도 예수 안에 있는 생명의 성령의 법이 죄와 사망의 법에서 너를 해방하였음이라."**

그리스도 예수 안에 있는 자는 더 이상 정죄 안에 있지 않습니다. 더 이상 사망 안에 있지 않습니다. 그리스도 예수 안에 있는 자는 생명 안에 있습니다. 성령 안에 있습니다. 하나님의 은혜와 긍휼 안에 있습니다.

그래서 그리스도 예수 안에 있는 나를 묵상하면 자꾸 손에 힘이 불끈 쥐어집니다. 죽음을 향해 "사망아 너의 승리가 어디 있느냐 사망아! 너의 쏘는 것이 어디 있느냐"라고 외칠수 있는 사람은 오직 그리스도 예수 안에 있는 사람뿐입니다. 때로 내 자신이 왜소하게 느껴집니까? 가진 것도 없고, 별다른 배경도 없어 의기소침해집니까? 그때마다 내가 그리스도 예수 안에 있음을 떠올리십시오.

그리스도 예수 안에 있는 사람의 삶은 그리스도 밖에 있는 세상 사람의 삶과 분명히 다릅니다. 무엇이 다릅니까? 가장 두드러지게 다른 점은 그리스도 예수 안에 있는 사람은 '하나님의 뜻(the will of God)'을 그 무엇보다도 소중히 여긴다는 것입니다.

1704년 독일의 벤자민 슈몰크(Benjamin Schmolck) 목사는 30년 종교전쟁 이후 영적으로 피폐해진 36개 지방의 여러 교회들을 맡아 과로하면서까지 목회하였습니다. 그러던 어느 날 부부가 심방을 마치고 돌아와 보니, 집에 불이 나 완전히 잿더미가 되어 버렸고, 그 와중에 사랑하는 두 아들이 불에 타 죽어 있었습니다. 말로 형용할 수 없는 슬픔으로 망연자실할 수밖에 없었습니다. 자신이 직면한 비극적인 현실 앞에서 슈몰크 목사님은 하나님의 뜻을 물으며 기도했고 그 기도 중에 "나의 예수님, 당신의 뜻대로 하소서(Mein Jesu, wie du willt)"라고 읊조리며 시를 적었는데 그것이 오늘날 수많은 크리스천에게 애송되고 있는 찬송가 549장 "내 주여 뜻대로"입니다.

> 내 주여 뜻대로 행하시옵소서 온 몸과 영혼을 다 주께 드리니
> 이 세상 고락간 주 인도하시고 날 주관하셔서 뜻대로 하소서
> 내 주여 뜻대로 행하시옵소서 큰 근심 중에도 낙심케 마소서

주님도 때로는 울기도 하셨네 날 주관하셔서 뜻대로 하소서
내 주여 뜻대로 행하시옵소서 내 모든 일들을 다 주께 맡기고
저 천성 향하여 고요히 가리니 살든지 죽든지 뜻대로 하소서

그리스도 밖에 있는 세상 사람들은 하나님의 뜻이 무엇인지 알지도
못하고 관심도 없습니다. 하지만 그리스도 예수 안에 있는 사람은 슈몰
크 목사님처럼 어떤 상황과 형편에 직면하든지 나를 향한 하나님의 뜻
에 관심을 두고 그 뜻대로 살려고 애쓰고 힘씁니다.

본문은 자신을 향한 하나님의 뜻에 흔들림 없이 나아가는 사도 바울
의 이야기입니다. 에베소에서 밀레도로 온 장로들을 만나 하나님이 자
기 피로 사신 교회를 위한 보살피기를 마지막으로 간절하게 당부한 바
울은 그들과 눈물의 기도로 작별한 후 이제 본격적으로 예루살렘을 향
한 여정에 오릅니다. 밀레도를 떠난 바울 일행은 고스로 갑니다. 고스는
밀레도 남쪽 68킬로미터 지점에 위치한 작고 비옥한 섬으로 우리에게
널리 알려진 의학자인 히포크라테스의 고향입니다. 고스에서 이튿날 로
도에 이릅니다.
　　로도에서 바울 일행은 아름다운 항구 도시이자 해상무역으로 유명한
바다라에 이르고, 그곳에서 베니게(오늘날 페니키아)로 건너가는 배로 갈
아탑니다. 그리고 도착한 곳이 두로입니다. 밀레도에서 두로까지는 약
천 킬로나 떨어진 상당히 먼 거리입니다. 기나긴 항해에 육적으로 피곤
하고 지쳐있을 법한데 두로에 도착한 바울은 그곳에 있는 제자들을 찾
아 만난 후 이레를 머뭅니다. 이는 이방 도시인 두로에도 예수 믿는 사
람들이 있었음을 보여줍니다.

그렇게 두로에서 이레를 머물던 중 제자들이 바울에게 성령의 감동으로 전한 예언의 말씀이 있습니다.

**"그 제자들이 성령의 감동으로**
**바울더러 예루살렘에 들어가지 말라 하더라"**(행 21:4).

바울의 예루살렘행을 만류한 것입니다. 바울이 예루살렘으로 올라가고자 한 것은 성령의 인도함을 받은 것입니다. 그런데 두로의 제자들이 성령의 감동을 받아 바울에게 예루살렘에 들어가지 말라고 합니다. 이것은 일견 성령의 역사가 모순된 것처럼 보이게 합니다. 하지만 이는 결코 모순되는 것이 아닌 오히려 성령께서는 두로의 제자들을 통해 바울의 이번 예루살렘행이 고난의 길임을 다시금 확인시켜 준 것입니다.

성령의 감동 받은 두로의 제자들의 간곡한 만류에도 불구하고 바울은 예루살렘으로 올라가려는 자신의 계획과 뜻을 끝내 굽히지 않습니다. 결국 예루살렘으로 올라가는 바울을 두로의 제자들이 전송했는데 그 모습이 매우 인상적입니다. 두로의 제자들은 예루살렘으로 올라가기 위해 배를 타러 가는 바울을 다 그 처자와 함께 성문 밖까지 전송했습니다. 단 일주일의 짧은 만남임에도 불구하고 오랜 친구와 같이 서로 간에 돈독한 관계가 형성된 것입니다. 그리고 그들은 헤어지기 전에 마지막으로 바닷가에서 무릎을 꿇어 서로를 위해 기도합니다. 서서 기도하지 않고 바닷가에서 무릎을 꿇고 기도했다는 것은 그만큼 그 기도가 간절했던 것입니다. 그리스도 안에서 성도는 기도로 서로 교제합니다.

바닷가에서 제자들의 눈물의 전송을 받은 바울은 이제 두로를 떠나 돌레마이에 이릅니다. 돌레마이에서 바울은 형제들에게 안부를 묻고 그들과 함께 하루를 지낸 후 이튿날 그곳을 떠나 가이사랴에 다다릅니다. 가이사랴에 이른 바울이 전도자 빌립의 집에 머물고 있을 때 아가보라 하는 한 선지자가 유대로부터 가이샤라에 내려옵니다. 아가보는 탁월한 예언의 은사를 가진 선지자였습니다. 그런 선지자 아가보가 가이사라에 내려와 빌립의 집에서 바울을 만났을 때 들려준 예언이 있습니다. 그는 바울의 띠를 가져다가 자기 수족을 잡아맨 후 "예루살렘에서 유대인들이 이같이 이 띠 임자를 결박하여 이방인의 손에 넘겨 주리라"라고 예언합니다. 말이 아닌 행위를 통한 전달 방식은 전하는 메시지의 내용을 극대화합니다. 다른 사람도 아닌 탁월한 예언의 은사를 지닌 선지자 아가보의 생생한 예언을 듣고 동역자들은 바울에게 예루살렘에 올라가지 말 것을 권합니다.

하지만 동역자들의 이런 간곡한 만류에도 바울은 "어찌하여 내 마음을 상하게 하느냐"고 대답합니다. 자신을 사랑하고 아끼는 사람들의 마음을 몰라서 바울이 이렇게 말한 것이 아닙니다. 그들의 마음을 누구보다 잘 알고 있음에도 이렇게 단호하게 말한 것은, 예루살렘으로 올라가는 것이 하나님의 뜻임을 바울은 확신했기 때문입니다. 자신의 예루살렘 행을 간곡히 만류하는 사람들에게 바울이 이어 했던 고백이 있습니다.

**"나는 주 예수의 이름을 위하여 결박당할 뿐 아니라**
**예루살렘에서 죽을 것도 각오하였노라."**

세상에서 제일 무서운 사람은 바로 죽음을 각오한 사람입니다. 죽음을 각오한 사람에게는 그 무엇도 두려워할 것이 없기 때문입니다. 바울은 죽음을 불사하면서까지 예루살렘에 올라가기로 굳게 결심하고 있었습니다.

바울의 이 모습과 태도는 고집(固執)입니까? 소신(所信)입니까? 고집과 소신은 겉보기에 매우 유사해 구분하기가 쉽지 않습니다. 하지만 둘은 전혀 다릅니다. 고집은 본인의 뿌리 깊은 고정 관념에서 나오지만,

소신은 보편타당한 원칙에 근거한 일관성에서 나옵니다. 물고기가 하늘을 날겠다고 우기면 그게 고집이지 소신입니까? 우리의 믿음 생활과 공동체에 가장 위험한 때가 있습니다. 고집이 소신이 될 때입니다. 그리스도 예수 안에 있는 우리에게 필요한 것은 소신이지 고집이 아닙니다. 두 번이나 거듭된 예루살렘행을 만류하는 음성에도 바울이 그 길을 포기하지 않은 것은 고집이 아닙니다. 그리스도 예수 안에서 자신을 향한 하나님의 뜻에 기꺼이 순종하려는 소신입니다.

이러한 바울의 소신에, 동역자들은 바울에게 더 이상 권하지 않고 "주의 뜻대로 이루어지이다"라고 기도합니다. 이는 바울을 더 이상 설득할 수 없다는 것을 알고 체념한 듯한 말이지만 사실 이 말이 모든 문제의 정답입니다. 그리스도인들에게 가장 소중한 것은 우리를 향한 하나님의 뜻이기 때문입니다. 예수님께서 왜 겟세마네 동산에서 땀방울이 핏방울이 되기까지 그토록 간절히 세 번씩이나 기도하셨습니까? 하나님 아버지의 뜻에 순종하기 위해서였습니다. 어떻게 핍박자였던 바울이 변하여 탁월한 복음 전도자요, 사도가 되었습니까? 바울은 귀찮을 정도로 반복해서 "하나님의 뜻을 따라 내가 사도로 택하심을 입었다"라고 고백합니다. 왜 이 시대에 대한민국 국민으로 태어나 살아가고 있습니까? 하나님의 뜻을 이루기 위해서입니다. 그래서 진정한 그리스도인은 주님처럼 "아버지의 뜻이 하늘에서와 같이 이 땅에서도 이루어지게 하소서"라고 반드시 기도해야 합니다.

하나님의 뜻대로 하지 않는다면 아무리 최선을 다하여도 그것은 허사입니다. 많은 일을 하는 것보다 더 중요한 것은 하나님의 뜻에 맞게 하는 것입니다. 주님 말씀하시면 담대히 나아가십시오, 그러나 주님 뜻이 아니면 당장 멈추십시오.

우리에게 매우 익숙한 "내가 처음 주를 만났을 때"(1981년), "예수보다 더 좋은 친구 없네"(1983년), "예수 믿으세요"(1985년)라는 복음 성가들은 모두 1980년대에 나왔는데 40여 년이 지난 지금도 교회에서 애창될 만큼 인기가 있습니다. 이 찬양들을 작사 작곡한 김석균 목사님은 부름을 받기 전에 고등학교 교사였습니다. 그래서 학교에서 온종일 아이들을 가르치고 퇴근해 찬양 사역을 했는데 그런 일이 5-6년 지속되다 보니 과로사 직전까지 이릅니다. 이에 따라 믿지 않는 아내와 심각한 갈등을 겪습니다. 그 모든 갈등과 어려움은 찬양 사역을 그만두면 해결될 일이었습니다. 그러면 믿지 않는 아내도 안심시킬 수 있고 잃었던 건강도 되찾을 수 있었습니다. 그래서 깊은 고민 중에 기도했고, 그 기도 중에 하나님께서 들려주신 단호하지만 분명한 세미한 음성이 있었습니다.

"그냥 가라."

너무나도 단호한 성령의 음성 앞에 김석균 씨는 '아멘!' 하며 하나님께 순종하기로 결단합니다. 그때의 가슴 벅찬 마음으로 만든 곡이 지금도 수많은 교회와 성도들이 즐겨 애창하는 "주의 길을 가리"(1986년)입니다.

> 비바람이 앞길을 막아도 나는 가리 주의 길을 가리
> 눈보라가 앞길을 가려도 나는 가리 주의 길을 가리
> 이 길은 영광의 길 이 길은 승리의 길
> 나를 구원하신 주님이 십자가 지고 가신 길
> 나는 가리라 주의 길을 가리라
> 주님 발자취 따라 나는 가리라

어느 길이 생명의 길이요, 승리의 길입니까? 다름 아닌 주의 길입니다. 주의 길은 예수님처럼 주의 뜻대로 사는 길입니다. 세상에서 가장 위험한 기도와 간구가 있습니다. 그것은 "주의 뜻대로 이루어지이다"라는 기도와 간구입니다. 왜 이 기도와 간구가 세상에서 가장 위험한 기도와 간구일까요? 그 기도와 간구가 응답하면 더 이상 이전과 동일한 삶을 살 수 없고 십자가 지신 주님 발자취를 뒤따르게 되기 때문입니다. 하나님이 자기 피로 사신 이 땅의 교회와 우리 삶 위에 아버지의 뜻이 이루어지기를 간절히 소망합니다.

**한마디 기도**
"아버지의 뜻이 이루어지이다"라는 기도가
오늘 우리의 기도가 되게 하소서.

# 은혜의 기억을 늘 새롭게

**사도행전 22:1-16**

내가 땅에 엎드러져 들으니 소리 있어 이르되

사울아 사울아 네가 왜 나를 박해하느냐 하시거늘(행 22:7)

 

 

 

강화도에 가면 강화대교 초입에 '강화 기독교 역사 기념관'이 있습니다. 2022년 3월 21일에 개관한 이 기념관은 강화군의 신앙의 유산을 한자리에서 볼 수 있는 곳으로 초교파적으로 백 명 이상의 목사님들이 기독교 기념 사업회를 결성해서 만들었습니다. 강화 기독교 역사 기념관에 들어서면 가장 먼저 눈에 띄는 것이 있습니다. 아주 오래된 교회 종입니다. 그 종 옆에 세워진 보면대에는 "기억의 종(鐘)"이라는 제목과 함께 아래와 같은 내용이 적혀 있습니다.

교회의 종소리는 하나님을 기억하라는 소리와도 같았습니다. 예배 30분 전에 처음 치는 것은 '초종(初鐘)', 예배 시간이 되어 치는 종은 '재종(再鐘)'이라고 불렀습니다. 그리고 신도들의 죽음을 알리는 '조종(弔鐘)'이 있습니다. 그리스도교가 공인된 후 6세기 무렵부터 교회는 출입구 양쪽에 탑을 2개 세우고 종 2개를 매달았습니다. 한 종은 마을의 종, 한 종은 교회의 종으로 사용하기도 했습니다. 유럽에서는 하루 세차례 종을 쳤고 이 종에 맞춰 기도했습니다. 아침 6시, 정오, 저녁 6시에 맞춰 세 번 친다고 해서 '삼종기도(三鐘祈禱)'라 불립니다. 교회력은 예수님의 생애를 중심으로 1년 단위로 기억하는데, 종소리는 하루 단위의 시간을 일상속에서 하나님의 임재를 묵상하기 위한 청각 신호인 셈입니다.

성 어거스틴(Augustine)은 『고백록(*Confessions*)』에서 '기억'을 매우 중요한 주제로 다룹니다. 어거스틴은 기억을 통해 자신의 과거를 돌아보고 하나님이 자신의 삶 속에서 어떻게 역사하셨는지를 되새기며, 은혜를 경험한 순간들을 회상합니다. 어거스틴에게 기억은 단순한 회상이 아니라, 신앙의 성숙과 하나님의 은혜를 새롭게 하는 중요한 수단이었습니다.

신앙생활에서 '은혜를 기억'함은 매우 중요합니다. 과거에 하늘 문이 열어지는 큰 은혜를 받았다고 할지라도, 오늘 그 은혜를 기억하지 않는다면 그것은 지금의 나에게 아무런 영향을 미치지 않습니다. 그 은혜가 내 삶 속에서 의미 있게 역사할 때는 오늘 그 은혜를 새롭게 기억할 때입니다.

바울은 두로와 가이사랴를 거쳐 마침내 예루살렘에 도착합니다. 그곳에서 그는 자신이 전통과 율법을 무시한다는 유대인들의 오해를 풀기 위해 성전에 올라가 정결 예식을 행합니다. 그러나 그때 소아시아에서 온 유대인들이 바울을 목격하고 그가 이방인을 성전에 데려왔다고 주장하며 군중을 선동합니다. 이는 그들이 에베소 사람 드로비모가 바울과 함께 시내에 있는 것을 보고, 바울이 그를 성전으로 데리고 들어왔다고 잘

못 추측한 데서 비롯된 오해였습니다. 사실과 전혀 다른 이 소문에 격분한 무리는 바울을 붙잡아 성전 밖으로 끌어내 폭행하며 죽이려 합니다.

성령이 줄곧 바울에게 경고했던 대로 예루살렘에서의 결박과 환난이 현실이 된 순간이었습니다. 만약 그대로 두었다면 바울은 무리에게 죽임을 당했을 것입니다. 그러나 바로 그때 로마 군대의 천부장이 군인들을 이끌고 와 바울을 흥분한 무리의 손에서 구해냅니다. 예루살렘의 치안을 유지하기 위한 조치였지만, 이는 곧 바울을 보호하시는 하나님의 손길이었습니다.

본문은 로마 천부장에 의해 흥분한 무리에게 구출된 바울이 감옥으로 이송되어 가는 도중 층대 위에 서서 동족인 유대인 군중 앞에서 전한 회심 간증 설교입니다.

그 서두입니다.

**"부형들아 내가 지금 여러분 앞에서 변명하는 말을 들으라 그들이 그가 히브리 말로 말함을 듣고 더욱 조용한지라 이어 이르되"**(행 22:1-2).

당시 바울은 두 쇠사슬에 결박되어 있었습니다. 그런데도 전혀 주눅들지 않고 자신을 주시하는 유대인 군중을 향해 "부형들아"라고 친근하게 부르며 히브리어로 말합니다. 유대교를 배교한 자로 여긴 바울이 자신들의 일상어인 히브리어로 말하자 무리는 소란을 멈추고 그 말에 귀를 기울입니다. 그렇게 조용히 자신의 말에 귀를 기울이는 유대인 군중을 향해, 바울은 먼저 자신의 출생과 성장 그리고 교육 배경을 먼저 밝힙니다.

바울은 먼저 자신이 유대인임을 밝힙니다. 길리기아 다소에서 출생한 바울은 예루살렘에서 자라 가말리엘의 문하에서 율법의 엄한 교훈을 받았습니다. 가말리엘은 1세기 때에 유대인들로부터 가장 존경받던 랍

비 중의 한 사람입니다. 바울이 이 가말리엘 문하에서 율법을 배웠다는 것은 그 누구 못지않게 율법에 정통한 식견을 지녔음을 말해 줍니다.

그렇게 바울이 자신을 소개하면서 자신을 율법을 비방하고 이방인을 성전에 데리고 들어갔다고 오해하는 유대인들에게 새삼 강조한 내용이 있습니다.

**"오늘 너희 모든 사람처럼 하나님께 대하여 열심이 있는 자라"**(행 22:3b).

어느 정도로 바울이 하나님께 대하여 열심히 있었습니까? 하나님의 율법 준수에 대한 바울의 열심은 사람을 죽이는 일조차 서슴지 않게 했습니다. 그렇게 과거에 교회와 성도들을 박해할 때 바울에게 죄책감이 조금이라도 있었을까요? 일말의 죄책감도 없었습니다. 지금 자신은 옳은 일을 하고 있다고 추호의 의심 없이 굳게 믿었기 때문입니다.

마르틴 루터(Martin Luther)에 의해 종교개혁이 일어나기 약 100년 전인 1415년에 체코의 가톨릭 사제 얀 후스(Jan Hus)가 화형을 당해 죽습니다. 그는 가톨릭 사제 중 처음으로 신도들에게 포도주잔을 허락했고 여러 가지 개혁적 행동을 주도하다 이단으로 정죄당해 화형당합니다. 우리가 성찬식에서 받는 잔은 세례교인이라면 누구나 받을 수 있지만 가톨릭은 지금도 성찬식에서 오직 사제만이 잔을 마실 수 있습니다. 얀 후스가 가톨릭교회에 의해 이단으로 정죄당해 화형당할 때 한 나이 든 농부가 타오르는 화형 불 속에 열심히 장작을 나르고 있었습니다. 얀 후스 같은 사람은 화형을 당해 죽어도 마땅하다고 여긴 것입니다. 그렇게 장작 나무를 열심히 나르고 있는 농부를 향해 화형을 당해 죽어가던 얀 후스가 외쳤던 한마디가 있습니다.

**"오, 거룩한 단순함이여!**(O sancta simplicitas)"

단순함, 소박함은 분명 신앙인들이 삶 속에 지녀야 할 원칙입니다.

그러나 이때 얀 후스가 화형 불 속에 넣을 장작을 열심히 나르던 농부를 향해 외쳤던 '단순함'은 결코 그런 의미의 단순함이 아닙니다. 농부의 천진무구한 무지를 지적한 것입니다. 전후 사정을 고려하지 않고 무조건 명령만 따르는 열성, 머리를 제쳐두고 손과 발만으로 뿌듯하게 느끼는 신앙의 자부심, 얀 후스는 바로 이런 단순함을 조소한 것입니다. 하나님을 위한다는 신앙의 확신에 가득 차 하나님의 진리를 대변한 사람을 불태우는 일에 열심을 내는 신도라니… 이 얼마나 '거룩한 단순함'입니까? 안타깝지만 얀 후스의 일성은 오늘날에도 변함없이 유효합니다. 위대한 사도 바울마저도 과거 하나님을 향한 열성으로 스데반을 향해 던지는 돌을 마땅히 여겼는데 하물며 우리라고 안전할까요? 눈먼 열심보다 위험한 것은 없습니다. 무지한 단순함보다 해악스러운 것은 없습니다.

하나님과 율법에 관하여 거룩한 단순함을 지녔던 바울은 그리스도인을 결박하여 형벌 받게 하려고 예루살렘을 넘어 멀리 다메섹까지 원정 갑니다. 다메섹은 예루살렘 옆 동네가 아닙니다. 길의 상태나 경로에 따라 거리는 조금 달라질 수 있지만 예루살렘에서 다메섹까지의 거리는 왕복 450킬로에 달하는 먼 거리입니다. 그런데 그 먼 거리를 단지 예수 믿는 남녀를 붙들기 위해 찾아가는 것은 아무나 흉내 낼 수 없는 특별한 열심입니다.

그렇게 예수 믿는 사람들을 붙잡아 오기 위해, 다메섹에 가까이 갔을 때쯤 전혀 예기치 못한 일이 바울에게 일어납니다. 홀연히 하늘로부터 '큰 빛'이 바울을 둘러 비칩니다. 오정쯤이면 우리 시간으로 정오입니다. 그때는 해가 가장 강하고 밝게 빛날 때입니다. 그런데 그 하늘의 태양 빛과는 비교할 수 없는 '큰 빛'이 마치 무대에 있는 주연 배우에게 스포트라이트를 비추듯 바울을 비춥니다. 갑자기 자신에게 비춘 큰 빛으로 인해 바울은 더 이상 서 있지 못합니다. 털썩 주저앉았더니 그만 땅에 엎드러집니다.

땅에 거꾸러진 바울에게 뚜렷이 들려온 한 음성이 있었습니다.

**"사울아 사울아 네가 왜 나를 박해하느냐"**(행 22:7b).

이는 땅에 거꾸러지기 전에는 결코 들을 수 없는 음성입니다. 그동안 바울이 얼마나 의기양양했습니까? 얼마나 자신감이 넘쳤습니까? 그렇게 자신을 믿고 자신만만하게 사는 동안에는 이런 주의 음성이 들리지 않았습니다. 하늘에서 비춘 강한 빛에 땅에 거꾸러지고 난 후에야 비로소 주의 음성이 들립니다. 그래서 하나님 앞에서 꺾어짐은 은혜 중의 은혜입니다.

**"네가 왜 나를 박해하느냐?"**

하늘의 준엄한 책망의 소리에 바울은 **"주님 누구시니이까"**(행 22:8a)라고 되묻습니다. 도무지 그 음성이 이해되지 않았던 것입니다. 바로 그때 들려온 음성이 있습니다.

**"나는 네가 박해하는 나사렛 예수라"**(행 22:8b).

그동안 바울은 교회를 박해했습니다. 예수 믿는 사람들을 박해했습니다. 그런데 예수님은 교회를 박해했다고 말씀하지 않고 "네가 박해한 것은 나 예수다"라고 하십니다. 이 한마디 말씀은 바울의 가슴에 비수처럼 날아와 박힙니다. 바로 그 순간은 껍데기를 깨고 병아리가 부화하듯 죄와 무지로 인해 죽었던 바울이 영적으로 깨어나는 순간이었습니다. 본문에 기록되어 있지는 않지만, 두 쇠사슬에 결박된 채 유대인 군중 앞에서 이 고백을 하는 바울의 눈에 눈물이 촉촉이 적셨을 것입니다.

"나는 네가 박해하는 나사렛 예수라"는 충격적인 음성을 들은 후 바울이 부활의 주님께 물었던 질문이 있습니다.

"주님 무엇을 하리이까?"

공동번역은 이를 "주님, 제가 어떻게 하면 좋겠습니까"라고 표현했습니다. 참 좋은 질문이자 우리가 자주 주님께 물어야 할 질문입니다. 회심한 사람은 이전과 같이 살 수 없고 반드시 바울처럼 이렇게 묻게 됩니다.

바울의 질문에 주님께서 주신 대답이 있습니다.

**"다메섹으로 들어가라**

**네가 해야 할 모든 것을 거기서 누가 이르리라"**(행 22:10b).


이미 하나님께서 다메섹에 바울을 위해 한 사람을 예비해 놓으신 것입니다. 이후 다메섹에 들어가는 바울의 모습을 11절은 이렇게 기록합니다.

**"나는 그 빛의 광채로 말미암아 볼 수 없게 되었으므로**

**나와 함께 있는 사람들의 손에 끌려 다메섹에 들어갔노라."**

그렇게 의기양양하고, 자신만만해서 찔러도 피 한 방울 나지 않을 것 같던 바울이 이제 갑자기 비춘 하늘의 큰 빛에 눈이 멀어 사람들의 손에 이끌려 다메섹에 들어갑니다. 이는 매우 의미심장한 모습입니다. 이제껏 자신이 주인이 되어 능동태의 인생을 살아왔던 바울이 이후로는 하나님이 주인이 되는 수동태의 인생을 살아가게 될 것을 미리 보여주기 때문입니다.

다른 사람의 손에 이끌려 다메섹에 끌려 들어간 바울이 만난 사람이 있습니다. **"율법에 따라 경건한 사람으로 거기 사는 모든 유대인들에게 칭찬을 듣는 아나니아라 하는 사람"**(행 22:12)입니다. 주님의 간섭함이 없었다면 아마도 이 아나니아는 바울에게 붙들려 예루살렘으로 끌려갔을지도 모릅니다. 시력을 잃고 다른 사람들의 손에 이끌려 온 바울을 만난 아나니아가 그의 곁에 서서 건넨 첫마디가 매우 인상적입니다.

**"형제 사울아"**(행 22:13).

바울은 스데반을 죽인 원수요, 교회를 핍박하고 수많은 그리스도인을 사지로 몰아넣은 원수였습니다. 그런데 그런 바울을 아나니아는 "형제"라고 머뭇거림 없이 부릅니다. 이것이 그리스도인입니다. 그리스도인에게는 원수가 없습니다. 그리스도 안에서 원수도 변하여 친구가 되기 때문입니다. 아나니아가 사울을 형제라고 부르며 "다시 보라"고 명했을 때 큰 빛으로 상실했던 바울의 시력이 즉시 회복됩니다.

그렇게 다시 시력을 회복한 바울에게 아나니아가 전한 말씀이 있습니다.

**"우리 조상들의 하나님이 너를 택하여 너로 하여금 자기 뜻을 알게 하시며 그 의인을 보게 하시고 그 입에서 나오는 음성을 듣게 하셨으니"**(행 22:14)

여기서 눈여겨보아야 할 단어가 있습니다. "너를 택하여… 알게 하시며… 보게 하시고… 듣게 하셨으니"입니다.

무엇이 은혜입니까? "하나님의 택하심"이 은혜입니다. 그 은혜 앞에 바울이 응답해야 할 삶이 있습니다.

**"네가 그를 위하여 모든 사람 앞에서**
**네가 보고 들은 것에 증인이 되리라"**(행 22:15).

이는 앞서 "주님, 무엇을 하리이까"라고 물었던 바울의 질문에 대한 대답이기도 합니다. 바울이 증거해야 할 내용은 '보고 들은 것'입니다. 하나님은 교회의 핍박자 바울을 위대한 복음의 증인으로 부르셨습니다. 이것은 전적인 은혜입니다.

바울을 향한 주의 뜻을 남김없이 전한 아나니아가 마지막으로 요구한 것이 있습니다.

**"이제는 왜 주저하느냐**

**일어나 주의 이름을 불러 세례를 받고 너의 죄를 씻으라 하더라"**(행 22:16).

바울에게 주신 선교적 사명을 세례받게 함으로 확증시켜 주신 것입니다.

본문에 기록된 바울의 회심 간증은 여기에만 나오지 않습니다. 앞선 사도행전 9장과 이후 26장에도 나옵니다. 왜 성경은 바울의 회심 간증을 한 번도 아니고 세 번씩이나 기록했을까 … 궁금했습니다. 묵상 중에 제가 깨달은 것이 있습니다. 바울이 자신에게 주어진 그 무겁고 힘겨운 사명을 끝까지 감당할 수 있었던 비결이 바로 여기에 있다는 것을… 다메섹 회심 체험은 바울에게 있어서 "내가 처음 주를 만난 날"입니다. 그날의 은혜와 감격을 바울은 잊지 않고 늘 기억 속에 되새김질하며 살았던 것입니다.

오, 주님!

제 영혼이 바짝 야위었습니다.

당신을 먹지 않았기 때문에!

16세기 깊은 영성가로 알려진 십자가의 요한(John of the Cross)의 고백입니다. 지금 나의 영혼은 건강합니까? 혹 주님을 먹지 않아서 바짝 야위어 있지는 않습니까? '내가 처음 주를 만난 날'을 기억하고 그 은혜를 다시 새롭게 해야 할 때입니다.

한마디 기도

외롭고 쓸쓸할 때

나를 만나주신 은혜의 기억을 늘 새롭게 하소서.

# 하나님이 지키시는 사람

사도행전 23:1-32

그날 밤에 주께서 바울 곁에 서서 이르시되

담대하라 네가 예루살렘에서 나의 일을 증언한 것 같이

로마에서도 증언하여야 하리라 하시니라(행 23:11)

북아메리카의 한 부족에서는 아이가 성년이 되는 마지막 관문으로 특별한 의식을 치릅니다. 마을에서 멀리 떨어진 깊은 숲속으로 아이를 데려가 눈을 가린 채 홀로 밤을 보내게 하는 것입니다. 이때 아이는 눈가리개를 절대 벗어서는 안 되며, 밤새도록 짙은 어둠 속에서 매서운 바람 소리와 짐승의 울음소리에 맞서야 합니다. 그렇게 두려움과 싸우며 긴 밤을 견뎌낸 아이는 비로소 진정한 어른으로 인정받게 됩니다.

그런데 아침이 되어 눈가리개를 벗는 순간, 아이는 깜짝 놀랍니다. 자신이 밤새 홀로 있다고 생각했는데, 조금 떨어진 곳에서 단 한 순간도 자리를 뜨지 않고 밤새 자신을 지키고 있었던 아버지를 발견했기 때문입니다. 혹 있을 수 있는 위험에 대비하여 아버지는 눈을 가린 아이 곁을 밤새도록 지키고 있었습니다. 이런 경험을 한 아이는 이후 더 이상 쉽게 두려움에 사로잡히지 않습니다. 비록 자기 눈에는 보이지 않지만, 아버지가 항상 곁에서 자신을 지키고 있다는 믿음이 생겼기 때문입니다.

이 부족의 성년식 이야기는 졸지도 주무시지도 아니하고 우리를 지키시는 하나님을 떠올리게 합니다.

본문은 예루살렘에서 붙들린 사도 바울이 산헤드린 공회 앞에서 심문받는 장면입니다. 공회에서 심문받게 된 사도 바울의 공식적인 첫 마디가 무엇입니까?

**"여러분 형제들아**
**오늘까지 나는 범사에 양심을 따라 하나님을 섬겼노라"**(행 23:1).

"범사에 율법을 따라 하나님을 섬겼노라"라고 말하지 않고 "범사에 양심을 따라 하나님을 섬겼노라"는 바울의 고백이 특이합니다. 지금 바울은 율법을 어겼다는 이유로 고소당해 공회 앞에서 재판받고 있기 때문입니다. 법정의 피고인석에 서면 위압적인 분위기에 자기도 모르게 주눅이 들어 위축되기 마련입니다. 그런데 지금 바울은 서슬 퍼런 공회 앞에서 "오늘까지 나는 범사에 양심을 따라 하나님을 섬겼노라"라고 당당하게 선언합니다.

사도 바울의 당당한 태도에 대제사장 아나니아가 보인 반응이 있습니다.

**"대제사장 아나니아가 바울 곁에 서 있는 사람들에게**
**그 입을 치라 명하니"**(행 23:2).

바울의 죄는 아직 확정되지 않았습니다. 그런데도 대제사장 아나니아는 "범사에 양심을 따라 하나님을 섬겼노라"라고 말하는 바울의 입을 치라고 명합니다. 이는 명백한 불법입니다. 율법대로 심판한다고 재판석에 앉아 있는 사람이 정작 율법을 어기고 있습니다. 대제사장 아나니아의 불법적인 지시에 바울은 묵묵히 있지 않습니다. 바울은 자신의 입을 치라고 지시한 대제사장 아나니아를 향해 "회칠한 담이여 하나님이 너를 치시리로다"라고 강력하게 맞대응합니다. 이때 바울은 단지 대제사장 아나니아의 위선을 질책하는 데에 머무르지 않습니다. 한 걸음 더 나아가 "하나님이 너를 치시리로다"라고 선언합니다. 이 바울의 선언은 주후 66년 로마와의 전쟁 중에 대제사장 아나니아가 살해당함으로 성취됩니다.

대제사장 아나니아를 향한 바울의 날선 맞대응에 곁에 있던 사람들이 **"하나님의 대제사장을 네가 욕하느냐"**며 바울을 꾸짖습니다. 이에 바울은 자신의 입을 치라고 명한 사람이 대제사장인 줄 몰랐다고 말합니다. 바울이 정말 몰랐는지, 아니면 책임을 회피하는 변명인지는 확실하지 않습니다. 일부 신학자들은 아나니아를 진짜 대제사장으로 인정하지 않는 바울의 마음이 자신도 모르게 표현된 것으로 보기도 합니다.

사실 바울은 공회에서 성실하게 자신의 무죄를 변호하려 했습니다. 하지만 대제사장 아나니아의 태도를 보면서 더 이상 공회에서는 공정한 판결을 기대하기가 어렵다는 것을 감지합니다. 그래서 사두개인과 바리새인으로 구성된 공회 앞에서 기지를 발휘한 바울이 외친 소리가 있습니다.

**"여러분 형제들아 나는 바리새인이요 또 바리새인의 아들이라 죽은 자의 소망 곧 부활로 말미암아 내가 심문을 받노라"**(행 23:6).

공정한 재판을 기대하기 어려운 상황에서 바울이 공회에 모인 구성원들 사이에 서로 논란이 될 만한 신학적 질문을 던진 것입니다. 바울의 의도는 적중합니다. 바울의 외침에 바리새인과 사두개인들로 구성된 공회 안에 다툼이 일어나 무리가 서로 나누어집니다.

그 이유를 8절에서 찾을 수 있습니다.
**"이는 사두개인은 부활도 없고 천사도 없고 영도 없다 하고**
**바리새인은 다 있다 함이라."**

평소 부활에 대한 신학적 견해가 극명하게 서로 달랐던 바리새인과 사두개인은 "죽은 자의 소망 곧 부활로 말미암아 내가 심문을 받노라"라는 바울의 주장을 듣고 찬반이 확연하게 갈립니다. 평소 부활이 있다고 주장하는 바리새인들은 바울의 주장을 듣고 적극적으로 두둔합니다. 반면에, 합리적이고 현세 지향적이어서 평소 부활이 없다고 여긴 사두개인은 바울의 주장을 강력히 배척합니다.

바리새인과 사두개인 사이의 견해 차이로 큰 분쟁이 생기자, 상황이 심상치 않음을 감지한 천부장은 군인들에게 공회 안에 있던 바울을 빼내어 영내로 들어갈 것을 명합니다. 공회의 격심한 분쟁 가운데에서 바울의 신변을 안전하게 보호하려는 조치였습니다. 그렇게 천부장의 개입으로 가까스로 공회를 빠져나온 그날 밤, 여러모로 마음이 착잡했던 바울이 경험한 일이 있습니다.

**"그날 밤에 주께서 바울 곁에 서서 이르시되 담대하라 네가 예루살렘에서 나의 일을 증언한 것 같이 로마에서도 증언하여야 하리라"**(행 23:11).

그날 밤, 주님은 바울 곁에 서 계셨습니다. 바울 앞이 아닌 바울 곁에 서서 계셨음을 지나치지 않아야 합니다. 바로 그 순간 주님은 바울 곁에서 함께 동행하고 계셨던 것입니다. 곁에 서신 주님이 바울에게 들려주신 음성이 있습니다. "담대하라!" 왜 이때 곁에 서신 주님께서 바울에게 "담대하라"고 말씀하셨을까요? 당시 바울이 두려워하고 있었기 때문입니다.

우리는 사도 바울 하면 믿음 충만, 은혜 충만, 성령 충만하여 물불을 두려워하지 않는 사람으로 생각하기 쉽습니다. 하지만 사도 바울 역시 코에 호흡이 있는 연약한 인간입니다. 남들이 보기에는 생명의 위협 앞에 의연한 듯 보였지만 마음 한편에서는 그 역시 두려웠던 것입니다. 이런 바울의 마음을 헤아리신 주님께서 그의 곁에 서서 "담대하라"라고 격려하신 것입니다.

수필가이자 영문학자였던 장영희 서강대 교수는 어려서부터 소아마비로 목발을 짚고 다녔습니다. 초등학교 시절, 어느 날 혼자 집 앞에 앉아 있는데 골목을 지나던 깨엿 장수 아저씨가 목발을 옆에 둔 어린 장영희를 힐끗 보더니 다가와서 깨엿 두 개를 건넸습니다. 그러면서 그 아저씨는 미소를 지으며 "괜찮아"라는 한마디를 남긴 채 떠나갔습니다. 당시엔 무엇이 괜찮다는 건지를 몰랐다고 합니다. 그러나 그 말에 담긴 따뜻한 위로와 격려가 오랜 시간 동안 장영희 교수에게 큰 힘이 되었다고 합니다. 사람이 건넨 한마디 말에도 큰 위로와 힘을 얻는다면 우리 주님의 한마디 말씀은 얼마나 큰 위로와 힘을 주겠습니까?

주님은 생명의 위협 속에 놓인 바울에게 "내가 네가 직면한 문제를 해결해 준다"라고 말씀하지 않으셨습니다. "담대하라"고 하십니다. 당면한 문제 해결이 아니라 그 문제를 직면하여 맞설 수 있는 용기를 주신 것입니다. 바울은 수도 없이 주의 음성을 들었습니다. 그런데 그 많은 주의 음성 중 본문 사도행전에 "담대하라"는 한마디가 기록된 것은 이때 들려온 말씀이 바울에게 남다른 격려와 위로, 그리고 용기가 되었기 때문입니다. 물질 속에 답이 있지 않습니다. 사람에게 답이 있지 않습니다. 답은 하나님의 말씀 속에 있습니다. 말씀이 들리면 우리는 삽니다. 말씀이 들리면 길이 보입니다. 어떤 상황, 어떤 형편 속에서도 말씀에 의지하여 담대해야 합니다.

곁에 서신 주님께서 바울에게 "담대하라"라고 용기를 북돋우며 약속하신 것이 있습니다.

**"네가 예루살렘에서 나의 일을 증언한 것 같이**
**로마에서도 증언하여야 하리라"**(행 23:11b).

주님은 바울이 예루살렘에서 예수님을 증언한 것을 다 알고 계셨습니다. 눈을 지으신 하나님께서 우리의 형편을 모르시겠습니까? 귀를 지으신 하나님께서 우리의 기도와 간구를 모르시겠습니까? 마음을 지으신 하나님께서 우리의 마음을 모르시겠습니까? 모두 다 보고 계십니다. 모두 다 듣고 계십니다. 모두 다 헤아리고 계십니다.

사도행전 19장 21절에 보면 바울은 에베소에서 예루살렘에 올라가기로 작정하면서 **"내가 거기 갔다가 로마도 보아야 하리라"**(행 19:21)고 다짐한 바 있습니다. 예루살렘에 올라와 결박당해 산헤드린 공회에서 재판받으면서 로마로 가고자 했던 바울의 계획이 무산되는 것처럼 보였습니다. 그런데 주님께서 바울이 로마로 가게 될 것을 분명히 약속하신 것입니다. 하지만 "로마에서도 증언하여야 하리라"는 분명한 주님의 약속에도 불구하고 바울은 이때 곧 풀려나지 않았습니다.

그 이유를 이어지는 12-13절 말씀에서 찾을 수 있습니다.

**"날이 새매 유대인들이 당을 지어 맹세하되 바울을 죽이기 전에는 먹지도**
**아니하고 마시지도 아니하겠다 하고 이같이 동맹한 자가 사십여 명이더라."**

율법을 범했다는 이유로 공회에서 바울이 정죄받을 줄 알았는데 도리어 바리새인들과 사두개인들간의 큰 분쟁으로 막을 내리자, 유대인들 중에 당을 지어 바울을 없애버리려는 사람들이 나타납니다. 그 수가 무려 사십여 명에 달했습니다. 이들은 유대교 지도부에게 바울을 공회에 다시 부르게 하고, 자신들은 잠복하고 있다가 바울이 오는 길에 처단하기로 음모를 꾸밉니다. 그들의 의지는 바울을 죽이기 전에는 먹지도 마시지도 않겠다고 맹세할 만큼 단호했습니다. 이들은 바울을 제거하는 일에 죽음까지 각오했습니다. 이런 상황에서 만일 바울이 풀려났다면 어쩔 뻔했습니까? 생명을 보존하기 어려웠을 것입니다.

지금 당장 내 뜻대로 되지 않는 일이 있습니까? 거기에 내가 미처 헤아리지 못한 주님의 뜻이 있을 수 있기에 믿음으로 기다려야 합니다. 그동안 바울은 사역 중에 여러 번 생명의 위협을 받았지만, 이번만큼 심각한 위협에 직면한 적은 없었습니다. 그만큼 사탄은 바울이 로마에 가서 복음 전하는 것이 싫었던 것입니다. 그런데 이때 놀라운 반전이 일어납니다.

매복하여 바울을 암살하려는 유대인들의 계략을 바울의 생질이 알게 됩니다. 생질은 이 사실을 바울에게 알렸고, 바울은 한 백부장을 통해 자신의 생질이 천부장을 만나게 합니다. 천부장을 만난 바울의 생질은 **"바울을 죽이기 전에는 먹지도 아니하고 마시지도 않기로 맹세한 사십여 명이 그를 죽이려고 숨어서 지금 다 준비하고 당신의 허락만 기다리나이다"**(행 23:21)라고 전하며 공회에 다시 부르라는 유대인들의 요구를 따르지 말 것을 요청합니다.

이에 천부장은 바울의 생질에게 **"이 일을 내게 알렸다고 아무에게도 이르지 말라"**(행 23:22)고 당부한 후 바울을 로마 총독이 있는 가이사랴로 급히 호송하기로 하고, 자신의 병력을 자그마치 470명이나 동원합니다. 470명이면 바울을 죽이려고 맹세한 사람 40명의 거의 12배에 달하는 숫자요, 당시 예루살렘 치안을 담당한 군인의 거의 절반에 가까운 병력입니다. 천부장이 취한 조치는 거기에 그치지 않습니다. 미결수 바울을 가이사랴로 호송하는데 그를 태워 갈 짐승까지 따로 준비하게 합니다. 사실 천부장은 바울의 생질이 제보한 유대인들의 바울 암살 계획을 듣고 얼마든지 무시할 수 있었습니다. 하지만 그렇게 하지 않고, 자신이 가진 권세와 힘을 총동원하여 바울을 죽이려는 모든 시도에 대하여 최선을 다해 철저하게 대비합니다. 표면적으로는 로마 시민권자인 바울을 지키기 위해서 한 일이라고 하지만 이는 상식을 넘어서는 매우 이례적인 조치가 아닐 수 없습니다.

예루살렘 수비대의 절반에 가까운 병력을 동원해 바울을 예루살렘에서 가이사랴로 호송하면서 천부장이 당시 총독 벨릭스에게 보낸 편지가 있습니다.

"글라우디오 루시아는 총독 벨릭스 각하께 문안하나이다 이 사람이 유대인들에게 잡혀 죽게 된 것을 내가 로마 사람인 줄 들어 알고 군대를 거느리고 가서 구원하였다가 유대인들이 무슨 일로 그를 고발하는지 알고자 하여 그들의 공회로 데리고 내려갔더니 고발하는 것이 그들의 율법 문제에 관한 것뿐이요 한 가지도 죽이거나 결박할 사유가 없음을 발견하였나이다 그러나 이 사람을 해하려는 간계가 있다고 누가 내게 알려 주기로 곧 당신께로 보내며 또 고발하는 사람들도 당신 앞에서 그에 대하여 말하라 하였나이다 하였더라"(행 23:26-30).

사도행전을 기록한 누가는 천부장이 총독에게 보낸 편지를 요약하거나 간접적으로 언급하지 않고, 직접적으로 기록합니다. 이는 두 가지 목적이 있습니다. 첫째, 바울이 무죄라는 점을 분명히 보여주고, 둘째, 초기 그리스도인이 결코 로마에 해롭지 않다는 것을 드러내려 한 것입니다.

두 명의 백부장이 인솔한 470명의 로마 군사의 삼엄한 호위 속에 바울은 예루살렘에서 48킬로미터 떨어진 안디바드리에 도착합니다. 이후 안디바드리에서 보병 200명, 창병 200명은 돌아가고 기병 70명의 호위 하에 바울은 마침내 가이사랴에 도착합니다. 유대인들이 맹세하면서까지 시도한 바울의 암살 계획은 허사가 됩니다. 이 사건이 우리에게 가르쳐주는 중요한 진리가 있습니다. 하나님의 계획은 어떤 사람도, 어떤 상황도 막을 수 없다는 것입니다.

바울 곁에 서서 "담대하라"고 말씀하신 하나님은 오늘 우리의 삶에도 동일하게 역사하십니다. 하나님은 결코 우리를 홀로 두지 않으십니다. 그분은 보이지 않는 곳에서 지켜보고 계실 뿐 아니라, 때로는 우리 곁에 서서 직접 격려하시며 용기를 주십니다. 삶이 어둡고 고달플 때도, 하나님의 음성을 듣고 담대함을 잃지 마십시오.

바울은 '하나님이 지키시는 사람'이었습니다. '가장 안전한 사람'은 '하나님이 지키시는 사람'입니다. 두려워하지 말고 담대하게 복음의 증인으로 살아가십시오. 하나님은 우리를 통해 그분의 선한 계획을 반드시 이루실 것입니다.

**한마디 기도**

오늘 내 곁에 서서 '담대하라'고 말씀하시는
주의 세미한 음성이 들려지게 하소서.

# 하나님께 소망을 둔 사람

사도행전 24:1-27

그들이 기다리는 바
하나님께 향한 소망을 나도 가졌으니
곧 의인과 악인의 부활이 있으리라 함이니이다(행 24:15)

한밤중 어둠이 깊어진 숲속에서 한 사람이 길을 잃었습니다. 길을 잃은 그 사람은 잠시 멈춰 섰습니다. 캄캄한 하늘을 올려다보니 별빛 하나가 보였습니다. 그 별빛은 길을 잃은 그의 마음에 희미한 방향을 제시했습니다. 그 별빛을 따라 발걸음을 옮기다 보니 어느새 숲을 빠져나오게 되었습니다. 소망은 어둠 속에서 길을 비추는 별빛과 같습니다.

사람은 누구나 나름의 소망을 품고 삽니다. 본문에 등장하는 세 사람이 있습니다. 변호사 더둘로, 총독 벨릭스, 그리고 사도 바울입니다. 이 세 사람의 삶의 모습은 극명하게 달랐습니다. 그 이유는 이 세 사람이 품고 있는 소망이 서로 극명하게 달랐기 때문입니다.

첫 번째, 변호사 더둘로입니다. 그는 '세상에 소망을 둔 사람'입니다. 더둘로는 예루살렘에서 체포되어 가이사랴로 호송된 바울을 로마 총독 벨릭스에게 고소하기 위해 대제사장 아나니아가 고용한 변호사입니다.

당시 변호사는 탁월한 수사학적 능력으로 대중을 설득하고 법정에서 논증하는 사람으로 일종의 대중 연설가였습니다. 1세기 당시에는 유대인들이 로마법에 정통한 이방인 변호사를 고용하는 경우가 종종 있었는데 더둘로는 그런 사람 중의 한 명이었습니다.

바울의 재판은 먼저 변호사 더둘로의 고발로 시작됩니다. 바울에 대한 변호사 더둘로의 고발은 가장 먼저 총독 벨릭스를 칭송하는 말로 시작됩니다. 그런데 그 칭송의 내용이 너무 지나칠 뿐 아니라 사실과 전혀 부합하지 않았습니다. 더둘로는 "우리가 당신을 힘입어 태평을 누리고"라고 했지만, 사실은 총독 벨릭스의 통치 기간 유대 지방은 다른 총독 때보다 더 불안하고 평화롭지 못했습니다. 또 더둘로는 "이 민족이 당신의 선견으로 말미암아 여러 가지로 개선되었다"라고 말했지만, 그의 통치 기간 동안 개선되기는커녕 자주 반란과 폭동이 발발해 백성의 삶은 더욱 피폐해졌습니다. 역사가 타키투스(Tacitus)에 의하면 총독 벨릭스는 한편으로 소요를 진압하고 다른 한편으로는 강도떼를 부추겨 약탈하도록 하여 그 약탈물을 나누어 가질 만큼 야비한 사람이었습니다. 그런데도 변호사 더둘로는 이런 총독 벨릭스를 "우리가 어느 모양으로나 어느 곳에서나 크게 감사하나이다"라고 칭송해 마지않습니다.

권력을 가진 총독 벨릭스의 환심을 사기 위한 아첨이자 거짓말이었습니다. 주경 학자인 윌리엄 바클레이(William Barclay)는 총독 벨릭스를 향한 변호사 더둘로의 이 같은 아첨에 대해 "구역질이 난다"라고 그의 주석에 적고 있습니다. 이런 터무니없는 찬사를 늘어놓는 더둘로의 의도는 하나입니다. 총독 벨릭스의 호감을 사서 자신들에게 유리한 판결을 이끌어 내려는 것입니다.

이어 더둘로는 "당신을 더 괴롭게 아니하려 하여 우리가 대강 여짜옵나니 관용하여 들으시기를 원하나이다"(행 24:4)라고 말합니다. 재판장인 총독 벨릭스의 심기를 살피는 노련한 변호사의 언변입니다. 이어 더둘로는 본격적으로 바울을 총독에게 고소합니다. 더둘로는 세 가지 혐의로 바울을 고소합니다. 첫째, 바울이 '전염병 같은 자'로서 로마 제국 곳곳에 다니며 소요와 분란을 일으킨다는 혐의입니다. 이는 곧 바울이 로마 제국의 공익을 위협하는 로마의 공공연한 적임을 적시한 것입니다. 여기서 흥미로운 것은 천하에 흩어진 유대인을 다 소요하게 하는 자라고 하면서 더둘로가 바울을 '전염병 같은 자'라고 규정한 것입니다. 바울이 전하는 복음이 당시 얼마나 파급력이 컸으면 더둘로가 이렇게까지 표현했겠습니까? 더둘로가 고소한 바울의 두 번째 혐의는 바울이 '나사렛 이단의 우두머리'라는 것입니다. 이는 바울을 거짓 메시아 운동가로 얽어맨 것입니다. 그리고 더둘로가 고소한 바울의 세 번째 혐의는 바울이 성전을 더럽히려 했다는 것입니다.

더둘로는 바울의 유죄를 확신한 듯, "당신이 친히 그를 심문하시면 우리가 고발하는 이 모든 일을 아실 수 있나이다"(행 24:8)라고 자신 있게 주장합니다. 하지만 더둘로가 적시한 바울에 대한 범죄 혐의는 하나같이 거짓되고 과장된 주장입니다. 바울은 로마 제국 곳곳에 다니며 생명과 구원의 복음을 전했을 뿐 소요와 분란을 일으킨 적이 없습니다. 나사렛 이단의 우두머리라고 정죄했지만, 그것은 유대교를 믿는 사람의 입장에서 본 악의적인 주장입니다. 마지막에 성전을 더럽히려 했다는 주장은 사실에 근거하지 않은 터무니 없는 거짓말입니다. 당시 바울은 예루살렘 성전에 올라가 정결 예식을 행했을 뿐입니다. 변호사 더둘로는 언변이 탁월한 사람이지만 그 탁월한 언변으로 사실을 왜곡했습니다. 자신의 목적을 이루기 위해 수단과 방법을 가리지 않았습니다.

변호사 더둘로가 "세상의 성공에 소망을 둔 사람"의 전형이라면, 총독 벨릭스는 "권력과 재물에 소망을 둔 사람"의 전형입니다. 벨릭스는 당시 유대를 다스리는 로마 총독으로 유대의 실질적인 지배자이자 바울에게 유무죄를 선고할 수 있는 권세를 지닌 재판장이었습니다. 재판장으로서 총독 벨릭스는 바울이 무죄하다는 것을 분명히 알았습니다. 하지만 그는 바울을 끝까지 풀어 주지 않습니다. 후임자가 오기까지 2년간이나 바울을 가이샤라에 가둬둡니다. 그렇게 바울을 풀어 주지 않고 구류하는 중에 총독 벨릭스는 아내 드루실라와 함께 와서 바울을 불러 '그리스도 예수 믿는 도'를 듣습니다.

자신을 부른 총독 벨릭스 앞에서 바울은 '의와 절제와 장차 오는 심판'을 강론합니다. 권력을 유지하기 위해 물불을 가리지 않을 만큼 불의했고, 다른 남자의 아내였던 드루실라를 빼앗아 자기 아내로 삼을 만큼 성적으로 절제하지 못한 삶을 살았던 총독 벨릭스 면전에서 '의'와 '절제' 그리고 '장차 오는 심판'을 강론했다니…. 대통령이 참여하는 우리나라 국가조찬기도회에서 설교자가 대통령의 잘못을 면전에서 지적하는 경우를 본 적이 없습니다. 하나같이 칭찬 일색입니다. 그런데 바울은 당시 유대의 최고 권력자 앞에서, 좌고우면하지 않고 거리낌 없이 말씀을 전한 것입니다.

바울이 면전에서 '의'와 '절제' 그리고 '장차 오는 심판'에 대해 강론하자 총독 벨릭스는 처음에 두려워합니다. 하지만 이내 "지금은 가라 내가 틈이 있으면 너를 부르리라"고 말합니다. 양심의 가책을 느끼면서도 결단은 뒤로 미룬 것입니다. 바울이 전한 의와 절제와 장차 오는 심판은 총독 벨릭스에게 들려온 구원의 복음이었습니다. 하지만 총독 벨릭스는 이 복된 복음에 끝내 응답하지 않았습니다. 그 이유가 무엇입니까?

"동시에 또 바울에게서 돈을 받을까 바라는 고로
더 자주 불러 같이 이야기하더라"(행 24:26).

이는 재판 과정에서 바울이 이방 교회들로부터 막대한 구제 헌금을
가져왔다는 이야기를 듣고 총독 벨릭스가 바울이 자신의 석방을 위해
뇌물을 줄 것으로 기대했음을 보여줍니다. 그래서 감옥에 갇힌 바울을
더 자주 불러 이야기를 나누었지만, 바울은 끝내 총독 벨릭스에게 뇌물
을 바치지 않습니다. 뇌물로 줄 돈도 없거니와 하나님의 뜻에 합당하지
도 않았기 때문입니다. 바울이 전한 복음을 듣고 잠시 두려워했을 뿐 뇌
물을 받을 기회만 기다리던 총독 벨릭스는 죄 없는 바울을 2년간이나 감
옥에 가두어 둔 채 방치합니다. 그의 소망이 권력과 재물에 있었기 때문
입니다.

세상의 성공에 소망을 둔 변호사 더둘로, 권력과 재물에 소망을 둔
총독 벨릭스와는 전혀 다른 소망을 품고 산 사람이 있습니다. 사도 바울
입니다. 변호사 더둘로가 자신을 전염병과 같은 자요, 나사렛 이단의 우
두머리라고 정죄하며 노련하고 화려한 언변으로 총독 벨릭스 앞에서 세
가지 죄목을 들어 자신을 고소하자 이에 대해 바울이 변론하기 시작합
니다. 바울의 변론은 변호사 더둘로와 같이 먼저 총독 벨릭스에 대한 언
급으로 시작됩니다.

"그가 대답하되 당신이 여러 해 전부터 이 민족의 재판장 된 것을
내가 알고 내 사건에 대하여 기꺼이 변명하나이다"(행 24:10b).

변호사 더둘로의 비굴한 아첨에 비해 총독 벨릭스에 대한 바울의 언
급은 매우 간략하고 절제되어 있습니다. 전혀 과장되지 않는 의례적인
수준의 언급입니다.

이어 바울은 자신이 성전을 더럽히려 했다는 더둘로의 주장에 구체
적인 알리바이를 제시하며 그 부당함을 변호합니다.

**"당신이 아실 수 있는 바와 같이**

**내가 예루살렘에 예배하러 올라간 지 열이틀밖에 안 되었고"**(행 24:11).

바울이 예루살렘 올라온 이유는 예배하기 위함이지 결코 소요를 일으키기 위함이 아니었습니다. 사실 반란을 도모하기에 12일은 누가 봐도 너무 짧습니다. 그러기에 바울은 재판장인 총독 벨릭스에게 **"그들은 내가 성전에서 누구와 변론하는 것이나 회당 또는 시중에서 무리를 소동하게 하는 것을 보지 못하였다"**(행 24:12)고 주장합니다. 과장되고 선동적인 더둘로의 주장과는 달리 사실에 기반한 바울의 주장은 매우 논리적입니다. 예배하기 위해 예루살렘에 올라온 바울은 성전에서 사람들과 더불어 토론을 벌인 적도 없고 성안에서 사람들을 선동한 일도 없었습니다. 만약 그런 일이 있었다면 천부장 루시아가 바울을 가이샤라로 호송하는 보고서에 그 내용을 기록했을 것입니다.

소요죄에 대한 자신의 무죄함을 변론한 바울이 재판장인 총독 벨릭스와 모인 사람들 앞에서 했던 고백이 있습니다.

**"그러나 이것을 당신께 고백하리이다 나는 그들이 이단이라 하는 도를 따라 조상의 하나님을 섬기고 율법과 선지자들의 글에 기록된 것을 다 믿으며"**(행 24:14).

이는 자신을 나사렛 이단의 우두머리라고 고발한 것에 대한 변론입니다. 그러면서 총독 벨릭스 앞에서 바울이 당당하게 고백한 소망이 있습니다.

**"그들이 기다리는 바 하나님께 향한 소망을 나도 가졌으니**

**곧 의인과 악인의 부활이 있으리라 함이니이다"**(행 24:15).

유대인들이 간절히 기다리는 것처럼 바울 역시 간절히 기다리는 하나님께 향한 소망이 있습니다. 그것은 "의인과 악인의 부활이 있으리라." 즉 '죽은 자의 부활'에 관한 소망입니다. 바울은 이 땅에서 부활에 대한 소망을 가지고 살았습니다. '소망'은 바울이 자신의 삶을 설명하는 핵심 용어입니다. 바울에게 있어 소망은 그의 믿음의 뿌리였고, 세상의 고난과 비난에도 흔들리지 않는 힘이었습니다.

복권방에 들러 로또를 사는 분들, 당첨 확률이 극히 낮기에 사면서도 별다른 기대를 하지 않는다고 하지만 이는 거짓말에 가깝습니다. 속으로는 자신이 1등이 되면 살 아파트의 위치까지 다 정해놓고 로또를 삽니다. 명당 가게라서, 좋은 꿈을 꿔서, 재미로, 타지에서 사면 당첨 확률이 높다는 속설을 믿고 등등, 사람들이 로또를 사는 이유도 가지각색입니다. 매번 꽝이지만 그런데도 포기하지 않고 또 삽니다. 언제나 그랬듯 당첨될 리 없다는 걸 알면서도 로또를 계속 사는 것은 기대하는 맛을 알기 때문입니다. 로또 복권을 사는 사람은 절대 자살하지 않는다고 합니다. 당첨에 대한 일말의 기대를 마음속에 품고 있기 때문입니다. 그러고 보면 로또 복권 한 장이 주는 소망이 결코 적지 않습니다. 하지만 그런 로또 복권 한 장이 주는 것과 비교할 수 없는 소망이 있습니다. 바로 하나님께 향한 소망입니다.

바울은 그 소망을 부활의 소망이라고 표현했습니다. 타임지가 선정한 20세기 최고의 기독교 변증가인 영국의 C. S. 루이스(Lewis)는 이렇게 말했습니다. "당신의 마음속에 이 땅의 그 무엇으로도 채워지지 않는 갈망이 있다면, 그것은 당신이 이 땅을 넘어선 무언가를 위해 창조되었기 때문이다." C. S. 루이스가 말한 "이 땅을 넘어선 무언가"는 무엇일까요? 저는 그것을 '소망'이라고 부르고 싶습니다.

인간은 빵으로 사는 것 같지만 실은 빵으로 살지 않습니다. 인간은 소망으로 삽니다. 신학자 에밀 브루너(Emil Brunner)는 "허파에 산소가 필요하듯 삶의 의미에는 소망이 필요하다"라고 말했습니다. 우리가 숨을 쉬지 않으면 살 수 없는 것처럼 소망 없이는 사람이 살지 못합니다. 소망은 창조주 하나님께서 인간에게 부여하신 최고의 선물입니다.

죽은 자의 부활에 관한 소망을 가진 바울이 살았던 삶이 있습니다. **"이것으로 말미암아 나도 하나님과 사람에 대하여 항상 양심에 거리낌이 없기를 힘쓰나이다"**(행 24:16).

바리새인과 사두개인을 비롯한 당시 유대 종교인들은 사람 앞에서의 의를 위해 보이지 않는 하나님 앞에서의 의를 상실하거나, 하나님 앞에서의 의를 위하여 사람 앞에서의 의를 무시해 버리는 형태를 보였습니다. 그러나 바울은 하나님과 사람 모두에게 양심에 거리낌 없기를 끊임없이 힘썼습니다. 바울이 하나님께 품은 소망은 단순히 미래에 대한 막연한 기대에 그치지 않고, 현재의 삶에 깊이 영향을 미쳤습니다. 우리가 품은 소망과 우리의 삶은 결코 무관하지 않습니다.

바울이 대제사장 아나니아를 비롯하여 모든 유대인들이 보고 듣는 가운데 재판장인 총독 벨릭스 앞에서 마지막으로 외친 소리가 있습니다. **"오직 내가 그들 가운데 서서 외치기를 내가 죽은 자의 부활에 대하여 오늘 너희 앞에 심문을 받는다고 한 이 한 소리만 있을 따름이니이다"**(행 24:21).

지금 심문을 받는 것은 자신이 지은 죄 때문이 아니라, 죽은 자의 부활에 대한 증인으로서 심문받고 있음을 바울이 명백히 한 것입니다.

재판장인 총독 벨릭스는 심리결과 바울이 죄가 없음을 알았습니다. 그럼에도 벨릭스는 바울을 석방하는 결정을 뒤로 미룹니다. 그렇게 하는 것이 자신에게 정치적으로 유익했기 때문입니다. 대신 총독 벨릭스는 구금한 바울에게 일정한 한도의 자유를 주고 친구들이 돌보는 것을 허락합니다. 바울은 구금된 2년여 시간 동안 어떤 불평도 없이 인내하며 하나님의 때를 기다립니다. 바울의 그 인내, 성품에서 나온 것이 아닙니다. 그가 품은 소망에서 나온 것입니다.

본문 속 세 인물은 각기 다른 소망을 품었습니다. 더둘로는 세상의 성공에, 벨릭스는 권력과 재물에 소망을 두었습니다. 그러나 사도 바울은 죽은 자를 살리신 하나님께 소망을 두었습니다. 우리의 소망은 어디에 있습니까? 세상의 인정입니까? 권력과 재물입니까, 아니면 하나님입니까? 하나님께 소망을 둔 사람은 흔들리지 않는 반석 위에 집을 세운 사람과 같습니다. 바울처럼 세상의 헛된 인정이나 권력에 매달리지 않고, 하나님께 소망을 두고 믿음의 길을 걸어가십시오. 그 길 끝에 영원한 생명과 평안이 있습니다.

**한마디 기도**
하나님을 향한 우리의 소망이 삶의 열매가 되게 하소서.

# 바울의 최선, 하나님의 경륜

사도행전 25:1-12

내가 가이사께 상소하노라(행 25:11b)

아내와 함께 산책을 하다 봉변을 당했다. 갑자기 하늘에서 주먹만 한 것이 떨어져 우측 어깨를 때리고⋯ 파편이 흩어지면서 온몸을 엉망으로 만들어 놓았다. 으악! 이게 뭐야? 새똥인 줄 알았는데⋯. 날아가는 새가 감을 물고 가다⋯ 그만 내 머리에 떨어뜨린 것이다. 감나무는커녕⋯ 가로수 한그루 없는 장소에서 전신주도⋯ 전선도 없는 텅 빈 장소에서 감에 맞았다. 인상을 찌푸리며 저 멀리 날아가 버린 새를 향해 구시렁구시렁 화풀이하고 있는데⋯ 아내가 휴지로 닦아주며 한마디 건넨다. "좋은 일 있으려니⋯ 라고 생각해요. 생각만 바꾸면 돼요." 어? 그 순간 갑자기 기분이 괜찮아졌다. 똥이 아니어서 다행이고, 새가 물고 가다 떨어뜨린 홍시의 냄새가 그다지 나쁘지 않아, 내 몸에서 감 냄새가 나는 것도 괜찮았다. 좋은 일이 있으려나? 우리에게 '좋은 일'은, 생각을 긍정적이고, 밝게 바꾸면서부터 이미 일어나기 시작한다.

제주온교회를 담임하는 주성학 목사님이 제게 보내온 글입니다. 글 제목이 '생각을 바꾸니 은혜가 됩니다'입니다. 하늘에서 갑작스레 머리에 떨어진 감으로 기분이 상했는데 일순간 기분이 좋아진 비결은 간단합니다. 생각을 바꾸었기 때문입니다. 생각을 바꾸면 느낌이 달라집니다. 그렇게 느낌이 달라지면 불평거리가 은혜 거리가 됩니다. 그런데 문제는 어떻게 생각을 바꿀 수 있느냐는 것입니다. 생각을 바꾸려면 사건에 대해 해석을 잘해야 합니다.

　　본문은 벨릭스에 이어 새로 유대 총독으로 부임한 베스도 앞에서 바울이 재판받는 내용입니다. 대제사장 아나니아는 변호사 더둘로까지 동원해서 바울을 고발했지만, 범죄 혐의를 입증할 수 없었습니다. 재판장 로마 총독 벨릭스는 원고와 피고 양쪽 입장을 모두 듣고 바울이 죄가 없다는 것을 알았습니다. 하지만 소망이 권력과 재물에 있었던 총독 벨릭스는 자신의 정치적 유익을 위해 바울을 2년간이나 감옥에 구류하여 둡니다. 총독 벨릭스는 이후 정치적 사건에 휘말려 쫓겨나고 후임 총독으로 베스도가 부임합니다.

　　총독 베스도는 부임한 지 사흘 만에 가이샤라에서 예루살렘으로 올라갑니다. 총독으로 부임한 후 첫 번째 일정을 예루살렘 방문으로 잡은 것은 그만큼 유대에서 예루살렘이 갖는 중요성 때문이었습니다. 부임하자마자 예루살렘을 방문한 신임 총독 베스도와 첫 상견례 자리에서 대제사장들과 유대인 중 높은 사람들이 가장 먼저 한 일이 있습니다.

　　**"대제사장들과 유대인 중 높은 사람들이 바울을 고소할새"**(행 25:2).

　　당시 예루살렘은 오랜 큰 흉년으로 힘들고 고통스러운 시기를 보낸 직후였습니다. 그런데 유대의 종교 지도자들이요, 정치 지도자들이 새로 부임한 로마 총독 베스도를 처음으로 만난 자리에서 요청한 내용이

고작 가이샤라에 2년째 구류 중인 바울의 재고소였다니…. 얼마나 안타까운 모습입니까?

바울을 재고소한 유대 지도자들은 신임 총독 베스도에게 현재 가이샤라에 구류 중인 바울을 예루살렘으로 이송 조치해 달라고 요구합니다. 유대 지도자들이 바울을 예루살렘으로 이송 요구한 것은 이송하여 오는 길에 사람을 매복시켜 바울을 암살하려고 계획했기 때문입니다. 참으로 악하기 그지없습니다. 벌써 2년의 세월이 흘렀건만 유대 지도자들은 바울을 죽이려는 계획을 여전히 포기하지 않고 있었습니다. 그들의 관심은 고통받은 백성들이 아니라 자신의 마음에 들지 않는 바울의 처단이었습니다. 부임 인사차 처음으로 만난 자리에서 대제사장들과 유대 유력인사들이 바울을 가이샤라에서 예루살렘으로 옮겨달라고 간절히 요청했을 때, 총독 베스도의 입장에서 이를 매몰차게 거절하기란 쉽지 않았을 것입니다. 그럼에도 총독 베스도는 유대인들에게 현재 바울의 가이샤라 구금은 적법하며, 자신도 곧 거기로 내려갈 테니 바울에게 잘못이 있다면 직접 내려와서 고발하라고 대답합니다. 그들의 요구를 정중히 거절한 것입니다.

이후 총독 베스도는 예루살렘에서 팔일 혹은 열흘을 더 머물다가 관저가 있는 가이샤라로 내려옵니다. 그리고 그 이튿날 재판 자리에 앉아 바울을 데려오라 명합니다. 이에 따라 바울은 또다시 재판정에 서게 됩니다. 2년 만에 신임 총독인 베스도와 적대적인 유대인들 앞에서 또다시 재판받아야 했던 바울은 참 억울했을 것입니다. 하나님이 바울을 잊으신 것일까요? 아닙니다. 총독 벨릭스는 바울을 잊었을지 몰라도 하나님은 바울을 잊지 않으셨습니다. 총독 베스도가 바울을 가이샤라에서 예루살렘으로 이송해 달라는 유대인들의 요청을 거절한 것이 하나님이 바울을 잊지 않으신 첫 번째 증거입니다. 만일 베스도가 그들의 요구를 들어주어 바울을 예루살렘으로 이송했다면 바울의 생명이 위태로웠을 것입니다. 하지만 그들의 요구를 총독 베스도가 들어주지 않았기에 바울의 생명은 보존될 수 있었습니다.

이어지는 재판 과정에서 우리는 하나님께서 바울을 여전히 잊지 않고 계심을 다시 한번 발견할 수 있습니다. 총독 베스도에 의해 바울이 재판장에 불려 나오자, 예루살렘에서 내려온 유대인들이 그를 에워싸고 벌 떼처럼 달려들어 여러 가지 죄목을 들어 바울을 고발합니다. 하지만 그 누구도 고발에 합당한 증거를 제시하지 못합니다. 바울이 무죄했기 때문입니다. 고발했지만 능히 증거를 대지 못하는 유대인들을 앞에 두고 바울이 재판장인 총독 베스도 앞에서 했던 최후 진술이 있습니다.

**"바울이 변명하여 이르되 유대인의 율법이나 성전이나 가이사에게나 내가 도무지 죄를 범하지 아니하였노라 하니"**(행 25:8).

유대인의 율법이나 성전은 종교적인 면을, 가이사에게는 정치적인 면을 말합니다. 바울은 종교적으로나 정치적으로 도무지 죄를 범하지 않았습니다. 그래서 거듭 재판을 받으면서도 여전히 당당할 수 있었습니다.

당당하고 담대하게 자신의 무죄를 주장하는 바울에게 총독 베스도가 뜬금없이 제안한 내용이 있습니다.

**"베스도가 유대인의 마음을 얻고자 하여 바울더러 묻되 네가 예루살렘에 올라가서 이 사건에 대하여 내 앞에서 심문을 받으려느냐"**(행 25:9).

재판장으로서 총독 베스도는 바울이 무죄하다는 것을 분명히 알았습니다. 베스도가 유대의 분봉왕 아그립바를 만나 재판을 소회하면서 건넨 말을 통해 그것을 확인할 수 있습니다.

**"원고들이 서서 내가 짐작하던 것 같은 악행의 혐의는 하나도 제시하지**

아니하고 오직 자기들의 종교와 또는 예수라 하는 이가 죽은 것을 살아 있다고 바울이 주장하는 그 일에 관한 문제로 고발하는 것 뿐이라"(행 25:18-19).

총독 베스도는 바울에게 죄가 없음을 분명히 인지했던 것입니다. 그런데 무죄를 선고하지 않고 왜 바울에게 다시 예루살렘으로 올라가서 재판받겠느냐고 제안했을까요? 9절 전반부 말씀을 보면 그 이유를 알 수 있습니다.

**"베스도가 유대인의 마음을 얻고자 하여."**

예루살렘에 올라가 내 앞에서 재판받겠느냐는 총독 베스도의 제안은 객관적으로 나름 공정하고 합리적으로 보였지만 그 실제 속내는 유대인의 환심을 사기 위해서였습니다.

"네가 예루살렘에 올라가서 이 사건에 대하여 내 앞에서 심문을 받으려느냐"라는 총독 베스도의 갑작스러운 제안에 대해 바울의 대답이 무엇입니까?

**"내가 가이사의 재판 자리 앞에 섰으니 마땅히 거기서 심문을 받을 것이라 당신도 잘 아시는 바와 같이 내가 유대인들에게 불의를 행한 일이 없나이다"**(행 25:10).

바울은 예루살렘에 올라가 재판받겠느냐는 총독 베스도의 제안을 즉각 거절합니다. 자신이 유대인들에게 불의한 일을 행한 적이 없기에 굳이 다시 예루살렘에 올라가서 재판받을 이유가 없어서입니다. 그러면서 이때 역으로 바울이 총독 베스도에게 요청한 것이 있습니다.

**"만일 내가 불의를 행하여 무슨 죽을 죄를 지었으면 죽기를 사양하지 아니할 것이나 만일 이 사람들이 나를 고발하는 것이 다 사실이 아니면 아무도 나를 그들에게 내줄 수 없나이다 내가 가이사께 상소하노라"**(행 25:11).

죄지은 것이 있어서 대가를 지불해야 된다면 사형까지도 기꺼이 감수하겠다는 것입니다. 하지만 자신을 고발하는 유대인들의 주장이 다 사실이 아니기에 자신을 그들에게 내주어서는 안 된다고 맞섭니다.

그리고 이어진 놀라운 한마디가 있습니다. **"내가 가이사께 상소하노라** (Caesarem appello)**."** 이 부분이 영어 성경에는 "I appeal to Caesar"입니다. 우리 귀에 낯설지 않은 'appeal'이라는 단어, 본문에서는 법적인 행위와 절차로서의 '상소하다'라는 의미와 함께, '호소하다'라고 하는 심정적인 의지가 어감에 함께 담겨 있습니다. 재판장인 총독 베스도가 예루살렘에 올라가 재판을 받겠느냐는 제안에 바울은 로마 황제 가이사에게 상소하기로 결단합니다. 황제에게 재판받을 수 있는 권리는 오직 로마 시민권자에게만 주어지는데 바울이 자신이 가진 로마 시민권을 이때 사용한 것입니다.

재판장에 감돌던 팽팽한 긴장은 "내가 가이사께 상소하노라"라는 바울의 한 마디로 맥없이 풀립니다. 로마 황제 가이사를 향한 상소는 당시 바울이 할 수 있는 나름의 최선의 선택이었습니다. 그렇게 하지 않으면 바울은 총독 베스도의 제안에 따라 가이사랴에서 예루살렘으로 이송되어 그곳에서 재판받아야 했고 그로 인해 큰 위험에 처할 수 있었습니다.

바울이 모든 증인들이 보는 가운데 "내가 가이사께 상소하노라"라고 외치자, 그로 인해 총독 베스도가 내린 최종 결정이 있습니다.

**"네가 가이사에게 상소하였으니 가이사에게 갈 것이라"**(행 25:12).

이를 다른 말로 하면 "너는 반드시 로마로 갈 것이다"입니다. 가이사의 재판은 오직 로마에서만 열리기 때문입니다. 가이사께 상소한 바울의 요청을 허락한 이 결정은 바울이 로마로 가는 길을 열어주는 디딤돌 역할을 했습니다.

바울은 자신이 로마에 가리라는 것은 알았지만 결박당한 죄수의 몸으로 가리라고는 전혀 상상하지 못했습니다. 이는 전혀 계획에 없던 일입니다. 인생을 살면서 예상치 못한 벅찬 은혜에 가슴 설레는 순간도 있지만, 도저히 감당할 수 없는 시련과 마주하기도 합니다. 때로는 긴 우회로를 돌아가야 할 때도 있고, 어떤 때는 한곳에 묶여 꼼짝 못하는 순간도 찾아옵니다. "이제 다 해결됐다!"라며 기쁨에 찬 순간에 오히려 길이 막히고 "이제 끝났다…"라며 절망에 빠질 때 뜻밖의 새로운 길이 열리기도 합니다. 하나님은 우리의 길을 인도하시되, 우리가 예측하지 못한 방법으로 인도하시는 경우가 많습니다. 기도 응답은 되었으나 때로 내가 바라고 원하던 방식은 아닐 수 있습니다. 그런데 겉보기에 돌아가 보이는 길처럼 불편했던 하나님의 인도하심이, 나중에 보면 우리가 예측하지 못한 놀라운 은혜로 이어질 때가 참 많습니다.

제가 힘들 때 즐겨 암송하며 위로받는 말씀이 있습니다.
**"기록된바 하나님이 자기를 사랑하는 자들을 위하여 예비하신 모든 것은 눈으로 보지 못하고 귀로 듣지 못하고 사람의 마음으로 생각하지도 못하였다 함과 같으니라"**(고전 2:9).
우리의 인생길에 하나님이 자신을 사랑하는 자들을 위하여 예비하신 것이 있음을 믿으십니까? 전능하시고 전지하신 하나님은 우리 인생에 무엇이 필요한지를 아십니다. 자녀의 필요를 부모가 예비하듯, 하나님은 그의 자녀들의 필요를 예비하십니다. 누구에게 예비하십니까? "자기를 사랑하는 자들을 위하여"라고 했습니다. 이것이 틀림없는 하나님의 약속임을 "기록된바"라는 단어를 통해 확인할 수 있습니다.
모리아산 정상에서 하나님의 말씀에 순종하여 눈에 넣어도 아프지 않는 사랑하는 독자인 아들 이삭을 번제로 드리기 위해 칼로 죽이려 했던 아브라함! 거기에 이미 하나님이 사랑하는 아들 이삭을 대신할 숫양을 수풀 뒤에 예비해 놓으리라고 그 누가 생각이나 했겠습니까? 출애굽한 이스라엘 백성들이 중무장한 애굽 군대가 뒤에서 추격하고 넘실거리는 홍해가 앞을 가로막을 때, 그 홍해가 갈려져 바다를 육지처럼 걸어서 건너리라고 그 누가 생각이나 했겠습니까? 바벨론에서 포로로 잡혀간 유다 백성들이 70년 만에 바사왕 고레스의 칙령에 따라 해방을 맞이해 다시 고국으로 귀환하게 될 줄을 그 누가 생각이나 했겠습니까? 십자가에 못 박혀 '엘리 엘리 라마 사박다니(나의 하나님, 나의 하나님, 어찌하여 나를 버리셨나이까?)'라고 절규하며 죽으신 예수님이 무덤에 묻힌 지 사흘만에 다시 살아날 줄을 그 누가 생각이나 했겠습니까? 우리가 제아무리 머리가 좋아도 하나님의 경륜을 다 헤아릴 수 없습니다.

### "내가 가이사께 상소하노라."

바울이 로마 황제인 가이사에게 한 상소, 사람의 눈에는 단지 법적인 절차와 과정으로 보였지만, 그 상소는 바울이 로마로 향하는 길을 여는 결정적인 계기가 되었습니다. 바울은 자신의 처한 상황에서 최선을 다해 믿음으로 선택했고, 하나님은 바울의 그 선택을 통해 자신의 뜻을 이루신 것입니다.

지하철을 타고 가다 보면, 수건, 양말, 냉토시, 손 선풍기, 목도리, 장갑, 수세미, 우비 등 다양한 물건들을 파는 잡상인을 가끔 마주칩니다. 판매하는 가격은 비싸지 않습니다. 비싸면 5천 원이요, 대부분 그 이하인 2천 원, 3천 원입니다. 그 물건 하나 팔면 얼마나 남을까요? 그런데 그 물건 하나를 승객들에게 팔기 위해 얼마나 최선을 다하는지…. 그 모습에 감동해 굳이 필요하지 않음에도 물건을 살 때가 있습니다.

내게 주어진 인생에 얼마만큼 최선을 다하고 있습니까? 하나님 앞에서 믿음으로 최선을 다하고 있습니까? "최고보다 최선이 더 귀하다"는 말이 있습니다. 내게 주어진 현재 상황 속에서 믿음으로 최선을 다하십시오. 그리고 하나님의 주권과 섭리를 절대적으로 신뢰하십시오. 그때 우리의 연약함조차도 사용하는 놀라운 하나님의 경륜을 만나게 될 것입니다.

**한마디 기도**

삶 속에 자기를 사랑하는 자들을 위하여 예비하신
하나님의 경륜을 만나게 하소서.

# 길을 보여주는 사람

사도행전 26:19-29

바울이 이르되 말이 적으나 많으나 당신뿐만 아니라

오늘 내 말을 듣는 모든 사람도 다 이렇게 결박된 것 외에는

나와 같이 되기를 하나님께 원하나이다 하니라(행 26:29)

암울한 일제 강점기와 해방 후 혼란한 시대를 사셨던 백범 김구 선생님이 평소 애송했던 시가 있습니다. "설야(雪野)"라는 시입니다.

> 눈 덮인 들판을 걸어갈 때(踏雪野中去)
> 함부로 걷지 말지어다(不須胡亂行)
> 오늘 내가 걸어간 발자국은(今日我行跡)
> 뒷사람의 이정표가 될 것이니(遂作後人程)

밤새 내린 눈 덮인 들판을 처음 걸어가면 그 걸어간 발자국은 뒤따라오는 사람들에게 선명한 이정표가 됩니다. 그래서 눈 덮인 들판을 처음 걸어가는 사람은 함부로 걸어서는 안 됩니다. 백범 김구 선생님이 이 시를 평소 애송했다는 것은 자신이 걸어가는 삶의 궤적이 뒤따라오는 사람들에게 깊은 영향을 미친다는 것을 평소에 인식하고 살았음을 보여줌

니다.

성경에는 신앙과 삶에 있어 이정표를 남긴 사람들이 수없이 등장하지만, 그중에서도 단연 두드러진 한 사람이 있습니다. 누구일까요? 바로 사도 바울입니다. 사도 바울은 고린도교회와 빌립보교회에 보내는 편지에서 이렇게 권면합니다.

"그러므로 내가 너희에게 권하노니,
너희는 나를 본받는 자가 되라"(고전 4:16).
"내가 그리스도를 본받는 자가 된 것 같이
너희는 나를 본받는 자가 되라"(고전 11:1).
"형제들아 너희는 함께 나를 본받으라"(빌 3:17).

바울에게 있어서 가장 부러운 것은 그가 이룬 크나큰 선교적 업적이 아닙니다. 하나님 앞에서 그리고 교회 앞에서 "본받으라"라고 말할 수 있었다는 것입니다. 바울은 이 말을 단 한 번도 아니고 세 번씩이나 했습니다.

**"나를 본받으라."**

바울이 교만해서 한 말이 아닙니다. 그만큼 철저하게 부름을 받은 이후 그리스도의 종으로 살았기 때문입니다.

본문은 사도 바울이 미결수로 감옥에 갇힌 채, 로마 총독 베스도와 아그립바 왕 앞에서 자신의 무죄를 변호하며 복음을 전하는 장면입니다. 당시 유대 지역의 일부를 통치하던 아그립바왕은 새로 임명된 베스도를 찾아 그의 관저가 있는 가이샤라로 문안을 왔습니다. 마침 바울이 가이사에게 상소하므로 보고할 내용을 찾던 총독 베스도는 찾아온 아그립바 왕에게 바울의 문제에 관해 조언을 구합니다. 아그립바왕은 이를 흔쾌히 받아들였고, 결국 베스도가 배석한 가운데 바울을 공개적으로 심문하는 자리가 마련되었습니다.

재판정에서 결박당한 죄수의 모습으로 선 바울은 과거에 철저한 유대교의 신봉자였던 자신이 다메섹 도상에서 부활하신 예수님을 만나 극적인 회심을 체험했음을 간증한 후 마지막으로 이렇게 주장합니다.

**"하나님의 도우심을 받아 내가 오늘까지 서서 높고 낮은 사람 앞에서 증언하는 것은 선지자들과 모세가 반드시 되리라고 말한 것밖에 없으니 곧 그리스도가 고난을 받으실 것과 죽은 자 가운데서 먼저 다시 살아나사 이스라엘과 이방인들에게 빛을 전하시리라 함이니이다 하니라"**(행 26:22-23).

이것이 바울의 법정 최후 진술입니다. 보통 죄수들 같으면 법정 최후 진술을 할 때 어떻게든지 자신의 무죄를 주장해서 풀려나고자 할 텐데 바울은 그 마지막 기회마저 예수님의 십자가와 부활의 복음을 전하는 기회로 삼습니다.

이런 바울에 대해 총독 베스도가 어떻게 반응합니까?

**"바울이 이같이 변명하매 베스도가 크게 소리 내어 이르되**

**바울아 네가 미쳤도다 네 많은 학문이 너를 미치게 한다 하니"**(행 26:24).

마치 봇물이 터지듯 거침없이 쏟아져 나오는 바울의 말을 총독 베스도가 "바울아 네가 미쳤다"라고 크게 소리 지르며 가로막습니다. 바울이 인간의 이성으로는 도저히 이해할 수 없는 죽은 자가 다시 살아나는 이야기를 역사적 사실이라고 전하며 믿으라고 하니 그가 미쳤다고 생각한 것입니다.

만약 바울이 돈이나 권력에 미쳤으면 베스도는 바울을 미쳤다고 하지 않고 참 열정적이라며 부러워했을 것입니다. 그런데 돈벌이도 명예도 안 되는 십자가와 부활에 그토록 인생의 전부를 걸고 있으니, 배스도가 보기에 바울이 너무 딱해 보였던 것입니다. 예수님을 위해 그 어떤 희생도 마다하지 않은 바울이 철저한 현실주의자였던 총독 베스도의 눈에는 마치 제정신이 아닌 미친 사람으로 보였던 것입니다. 하지만 이는 외눈박이만 사는 곳에 두 눈 가진 사람이 이상하게 여김을 받는 것 같이 무지에 기인한 오해입니다.

세상 사람들은 믿음으로 사는 사람들을 달가워하지 않습니다. 그래서 사도 요한은 성도들에게 **"형제들아 세상이 너희를 미워하여도 이상히 여기지 말라"**(요일 3:13). 세상은 예수 믿는 사람을 환영하지 않습니다. 자신들의 삶과 다르기 때문에 미워합니다. 복음을 전하는 바울을 대하는 총독 베스도의 모습이 그것을 잘 보여줍니다.

하지만 어떤 점에서 보면 바울을 향해 미쳤다고 소리친 총독 베스도의 말이 틀린 것은 아닙니다. 사실 바울은 예수에 미친 사람입니다. 총독 베스도가 바울을 향해 외친 "네가 미쳤다"라는 말은 원어 헬라어로 보면 '마이네'인데. 이 단어에서 파생된 단어가 '마니아(mania)'입니다. 흔히 마니아는 광적으로 집착하고 열광하는 단계까지 이를 때 쓰는 말입니다. 총독 베스도가 볼 때 바울은 '예수 마니아'였습니다.

미쳤다는 말을 전문적인 용어로 '중독(addiction)'이라고 합니다. 사실, 정도의 차이가 있을 뿐 무엇인가에 집착하고 열광하는 것은 삶 속에서 한 번쯤은 경험하는 일입니다. 돈에 중독되고, 성에 중독되고, 권력에 중독되고, 술과 담배에 중독되고, 낚시에 중독되고, 골프에 중독되고. 쇼핑에 중독되고, 일에 중독되고… 이루 헤아릴 수 없습니다. 요즘은 유튜브 중독도 심각합니다. 그런데 그런 중독은 대수롭지 않게 여기면서도 남보다 지나치게 예수 믿는 것 같으면 눈에 쌍불을 켜고 싫어합니다.

이런 사람에게 들려줄 이야기가 있습니다. 어느 한 청년이 예수를 그리스도로 영접한 후 마음의 기쁨을 감추지 못해, 자기 티셔츠에 "나는 예수에 미쳤다"라는 문구가 적힌 옷을 입고 다녔습니다. 그가 그 옷을 입고 거리를 다닐 때, 사람들은 "저 사람 참 별나다"라며 그를 한 번 더 쳐다보곤 했습니다. 그런데 그 티셔츠 뒷면에는 또 다른 문구가 적혀 있었습니다. "당신은 무엇에 미쳐 있습니까?" 사람이 행복해지는 비결 중 하나는 진정으로 가치 있는 것에 푹 빠져 미치는 것입니다. 미친 사람에게는 몇 가지 공통적인 특징이 있습니다. 언제나 웃고 다닙니다. 부끄러움을 모릅니다. 다른 사람의 눈치를 보지 않습니다. 얼마나 자유로운지 모릅니다. 또 미친 사람에게 나타나는 특징이 있는데 웬만해서는 아프지 않습니다. 그래서 미쳐야 할 것에 제대로 미친 사람은 행복합니다. 누군가 성공을 이렇게 정의했습니다. "사람이 미쳤다고 하면 성공이다."

오늘 우리의 문제가 무엇입니까? 예수를 믿기는 믿는데 미칠 만큼 믿지 않는다는 것입니다. 제대로 미치면 문제가 없는데 적당히 미친 것이 문제입니다. 예수 믿는데, 남편에게, 아내에게, 또는 주변에서 "너 미쳤냐?"라는 말을 들었다면 제대로 믿고 있는 것입니다. 반면에 지금까지 예수 믿어왔는데 사람들로부터 한 번도 "너 미쳤냐?"라는 소리를 들어보지 못했다면 우리가 제대로 예수 믿고 있는지를 한 번은 진지하게 점검해 보아야 합니다.

복음을 전하다가 총독 베스도로부터 "바울아 네게 미쳤도다. 네 많은 학문이 너를 미치게 한다"라는 조롱의 말을 들었을 때 바울이 그에게 대답한 말이 있습니다.

**"바울이 이르되 베스도 각하여 내가 미친 것이 아니요**

참되고 온전한 말을 하나이다"(행 26:25).

공개적인 자리에서 자신에게 미쳤다고 소리 지른 총독 베스도의 말을 들었음에도 바울은 화를 내거나 감정적으로 반응하지 않습니다. 왜냐하면 바울은 진짜 미친 것이 아니기 때문입니다.

바울은 총독 베스도를 향해 "각하여"라고 부릅니다. 바울이 정말 정신적으로 문제가 있는 사람이라면 이렇게 부를 수 없습니다. 바울은 베스도에게 "내가 미친 것이 아니요, 참되고 온전한 말을 하나이다"라고 했습니다. 이는 자기 말에 일점일획도 거짓이 없는 진실임을 강조하는 말입니다. 미친 사람은 참되고 온전한 말을 할 수 없습니다. 바울이 전한 복음은 헛소리가 아니라 온전한 말이었습니다. 사람이 제일 답답할 때는 진심을 말했는데 상대방이 그것을 받아들이지 않을 때입니다. 총독 베스도를 대하는 바울의 마음이 지금 그러했습니다. 총독 베스도의 마음은 고정 관념으로 마치 딱딱한 길가와 같이 굳어 있었습니다.

바울은 자신의 이야기를 받아들이지 못하는 총독 베스도에게 더 이상 말하지 않습니다. 대신 총독 곁에 앉아 있는 아그립바왕에게 담대하게 말합니다.

**"왕께서는 이 일을 아시기로 내가 왕께 담대히 말하노니 이 일에 하나라도 아시지 못함이 없는줄 믿나이다 이 일은 한쪽 구석에서 행한 것이 아니니이다"**(행 26:26).

기독교의 출발점이 되는 예수님의 죽으심과 부활은 비밀스럽게 어느 한구석에서 일어나거나, 누군가에 의해 날조된 것이 아니라 모든 사람들이 알 수 있도록 공개적으로 이루어진 일입니다.

그러기에 바울이 아그립바왕에게 단도직입적으로 물었던 질문이 있습니다. **"아그립바왕이여 선지자를 믿으시나이까 믿으신 줄 아나이다"**(행

26:27).

결박된 채 죄수로서 심문받던 바울이 도리어 자신을 심문하고 있는 아그립바왕에게 "선지자를 믿으시나이까"라고 당돌하게 묻습니다. 갑작스럽게 전혀 예기치 않은 질문을 바울에게 받은 아그립바왕은 순간 당황합니다. 하지만 눈치 빠른 아그립바 왕은 바울이 이를 기회 삼아 자신에게 복음을 전하고 있음을 알아차리고 뭐라고 응수합니까?

**"아그립바가 바울에게 이르되**

**네가 적은 말로 나를 권하여 그리스도인이 되게 하려 하는도다"**(행 26:28).

여기서 "적은 말로"라는 말은 '아주 짧은 시간 안에(in a short time)'라는 뜻입니다. 아그립바왕은 아주 짧은 시간에 자신을 설득하여 그리스도인이 되게 하려 하는 바울을 경계합니다.

이처럼 교묘하게 상황을 모면하려는 아그립바왕을 향해 바울이 담대하게 외친 한마디가 있습니다.

**"바울이 이르되 말이 적으나 많으나 당신뿐만 아니라 오늘 내 말을 듣는 모든 사람도 다 이렇게 결박된 것 외에는 나와 같이 되기를 하나님께 원하나이다 하니라"**(행 26:29).

참으로 놀라운 고백이 아닐 수 없습니다. 지금 바울은 유대의 분봉왕 아그립바와 유대의 사법 행정의 실권을 쥔 로마 총독 베스도 앞에 죄수의 신분으로 결박되어 있습니다. 그런데 그런 유력자들 앞에서 "모두 사람도 다 이렇게 결박된 것 외에는 나와 같이 되기를 하나님께 원하나이다"라고 외치다니….

도대체 무슨 근거로 바울은 이렇게 외쳤을까요? 지금 바울의 몸은 매여있지만, 영혼은 예수 안에서 참 자유를 누리고 있었습니다. 바울은 참된 행복이 예수 믿고 구원받아 천국의 소망을 품고 이 땅에서 주와 복음을 위해 사는 것이라는 사실을 분명히 알았습니다. 바울은 이 놀라운 은혜를 자신만 누리기를 원하지 않았습니다. 자기가 만나는 모든 사람들이 그 은혜를 누리기를 원했습니다. 그래서 "이렇게 결박된 것 외에는 나와 같이 되기를 하나님께 원하나이다"라고 외칠 수 있었던 것입니다.

누가 이렇게 당당하고 담대한 바울을 죄수라고 여기겠습니까? 당당하고 담대하여 자신에 찬 바울의 모습은 그 자리에 있던 모든 사람들에게 깊은 인상과 도전을 주었을 것입니다. 세상 사람들이 예수 믿는 사람들에게서 보고 싶은 것이 있습니다. 바로 이런 당당함과 담대함입니다.

가난합니까? "가난한 것 외에는 나와 같이 되기를 하나님께 원하나이다"라고 말하십시오.

병들었습니까? "병든 것 외에는 나와 같이 되기를 하나님께 원하나이다"라고 말하십시오.

못 배웠습니까? "못 배운 것 외에는 나와 같이 되기를 하나님께 원하나이다"라고 말하십시오.

부족합니까? "그 부족함 외에는 나와 같이 되기를 하나님께 원하나이다"라고 말하십시오.


우리는 내가 잘 살아야, 내가 건강해야, 내가 남보다 높은 자리에 있어야 사람들에게 "믿으라"라고 말할 수 있다고 자신을 제한할 때가 있습니다. 그런데 바울을 보십시오. 지금 결박된 채 심문받고 있습니다. 바울은 로마 총독 베스도와 분봉왕 아그립바 앞에서 전혀 움츠러들지 않습니다. 너무나 당당합니다. 그의 당당함, 외적인 조건이 아니라 예수 부활에 대한 분명한 확신 때문이었습니다. 우리가 세상 속에서 비굴한 것은 돈이 없어서가 아닙니다. 힘이 없어서가 아닙니다. 지식이 없어서가 아닙니다. 사실은 믿음이 없어서입니다.

바울은 복음을 전하는 대상을 자기 임의로 한정 짓지 않았습니다. 아그립바왕이나 총독 베스도와 같은 사람에게는 복음을 전해봐야 소용없다고 미리 속단하지 않았습니다. 하나님께서 만나게 해주시는 사람은 누구나 복음이 필요한 사람이라고 여겨 때를 얻든지 못 얻든지 전했습니다. 여기 "하나님께 원하나이다"라는 말은 "하나님께 기도한다"라는 말입니다. 바울은 자신을 재판하고 있는 사람들을 위해 기도했습니다. 그들도 자신처럼 예수 믿고 구원받기를, 참된 행복을 누리며 살기를 기도했습니다. 길을 잃는 사람들에게 가야할 길을 보여준 것입니다.

예수님은 제자들에게 **"내가 곧 길이요(I am the way)"**(요 14:6)라고 말씀하셨습니다. 예수님은 죽음에서 생명으로, 어둠에서 빛으로, 사탄의 권세에서 하나님께 나아가는 유일한 길입니다. 단순한 많은 길 중 하나가 아닌, 유일한 구원의 길입니다. 그래서 사도행전 4장 12절은 이렇게 선언합니다.

**"다른 이로써는 구원을 받을 수 없나니 천하 사람 중에**
**구원을 받을 만한 다른 이름을 우리에게 주신 일이 없음이라."**

예수님만이 유일한 구원의 길이시기에, 예수님을 믿는 우리는 세상에서 길을 잃어버린 사람들에게 '길을 보여주는 사람'이 되어야 합니다. 이것이 참된 그리스도인의 삶입니다. 바라기는 우리의 삶이 만나는 모든 이들에게 구원의 길, 생명의 길을 보여주는 사람으로 살아가는 은혜가 있기를 간절히 소망합니다.

**한마디 기도**
바울처럼 길을 보여주는 사람으로 살게 하소서.

# 말씀하신 그대로 되리라

**사도행전 27:9-26**

그러므로 여러분이여 안심하라

나는 내게 말씀하신 그대로 되리라고

하나님을 믿노라(행 27:26)

손에 땀을 쥐게 하는 텔레비전 드라마를 볼 때, 만약 그 결말이 해피 엔딩으로 끝난다는 사실을 미리 알고 있다면? 혹은 승부를 예측하기 어려운 스포츠 경기를 보면서, 우리가 응원하는 팀이 승리할 것을 이미 알고 있다면? 우리는 마음 졸이지 않고 그 드라마와 경기를 여유롭게 즐길 것입니다. 인생도 마찬가지입니다. 사망의 음침한 골짜기를 다닐 때, 그 골짜기 뒤에 원수 앞에서 멋진 잔칫상을 받고 머리에 기름 부음을 받으며 차고 넘치는 복을 얻게 된다는 믿음이 있다면 우리는 그 힘든 고난의 순간에 직면해도 두려워하지 않을 것입니다.

사도행전 21장 27절에 보면, 사람들의 한결같은 만류에도 불구하고 마게도냐에서 예루살렘으로 올라온 바울이 열이틀 만에 붙잡힙니다. 이후 26장 32절까지 장장 여섯 장에 걸쳐 지루한 재판 과정을 겪게 됩니다. 사도행전의 전체 장수가 28장인데, 그중 거의 5분의 1이 예루살렘에 붙들린 바울의 재판 이야기에 할애되고 있습니다. 그리고 27장이 시작되면서 마침내 바울이 배를 타고 로마로 출항합니다. 이는 바울이 손꼽아 기다리던 순간이었습니다.

그런데 바울이 황제 가이사에게 재판받기 위해 죄수의 신분으로 로마에 갑니다. 생명을 걸고 이방인들에게 복음을 전하는 바울을 눈엣가시처럼 미워했던 사탄은 죄수의 몸으로 로마에 끌려가는 바울을 보고 환호했을 것입니다. 바울의 몸이 결박되었기에 복음도 결박되었다고 기뻐했을 것입니다. 겉으로만 보면 그렇습니다. 하지만 실상은 하나님께서 로마 백부장의 철저한 보호 아래 가장 안전하게 바울을 로마 제국에 보내시고 있었습니다. 참으로 놀라운 하나님의 섭리요, 신묘막측한 하나님의 경영이 아닐 수 없습니다.

본문은 바울이 죄수의 몸으로 로마로 호송 되어 가던 과정에서 일어난 이야기입니다. 바울을 호송하던 배가 유대 가이샤라를 출발하여 그레데 연안의 미항이라는 곳에 이르게 된 때는 유대인이 금식하는 절기인 대속죄일이 한참 지난 초겨울이었습니다. 이런 때에 지중해를 건너 항해하는 것은 매우 위험했습니다. 왜냐하면 겨울철의 지중해는 강한 북동풍으로 인한 태풍이 자주 발생하기 때문입니다. 그래서 바울이 미항에서 함께 배를 타고 가는 사람들에게 했던 진심 어린 권고가 있습니다.

**"여러분이여 내가 보니 이번 항해가 하물과 배만 아니라**
**우리 생명에도 타격과 많은 손해를 끼치리라"**(행 27:10).

"내가 보니"라고 했습니다. 지금 바울이 하는 경고가 즉흥적으로 나온 말이 아니라는 것입니다. 하지만 바울의 이 경고는 백부장에 의해 받아들여지지 않습니다.

세 가지 이유가 있습니다. 첫째는 백부장이 보기에 항해의 비전문가인 바울보다 전문가인 선장과 선주의 말을 따르는 것이 더 합리적이라고 여겼던 것입니다.

두 번째 이유가 있습니다. 12절 전반부에 보면, **"그 항구가 겨울을 지내기에 불편하므로 거기서 떠나 아무쪼록 뵈닉스로 가서 겨울을 지내자 하는 자가 더 많으니"**라고 했습니다. 분명히 겨울철에 지중해를 항해한다는 것이 위험하다는 것을 백부장도 알았습니다. 그럼에도 그 항해를 중단하지 않은 것은 지금 정박하고 있는 미항이라는 항구가 겨울을 지내기에 불편하다는 의견이 다수였기 때문입니다. 그래서 좀 더 넓고 편한 곳인 뵈닉스 항구로 가려 했던 것입니다. 하지만 그렇게 더 편한 곳을 찾다가 이후 배에 탄 276명은 생명이 위협받는 큰 위험에 직면합니다.

'편한 것' 너무 좋아하지 마세요. 하나님이 우리를 부르신 자리는 '평안함'이지 '편안함'이 아닙니다. 주님께서 "평안을 네게 주노라"고 말씀하셨지, 언제 "편안을 네게 주노라"고 말씀하셨습니까? 이 땅에서의 우리 예수님의 삶은 '평안하셨습니까?' 아니면 '편안하셨습니까?' 여우도 굴이 있고 공중의 새도 집이 있으되 예수님은 머리 둘 곳조차 없이 사셨습니다. 이 땅에서의 예수님의 삶은 결코 편안하지 않았습니다. 하지만 마음은 늘 평안하셨습니다. 거친 풍랑도 예수님 마음의 평안을 뒤흔들지 못했습니다. 신앙생활을 편하게 하려는 마음, 이 자리에서 내려놓으십시오. 요령 피워도 잘되는 사람 부러워하지 마십시오. 거기에는 하나님이 주시는 상급이 없습니다. 건강할 때, 일할 기회가 주어졌을 때 주를 위해 힘써 수고하십시오. 몸은 힘들어도 거기에 보람이 있습니다.

백부장이 바울의 만류에도 불구하고 출항을 결정한 세 번째 이유는, 때마침 하늘도 도운 듯 항해하기 좋은 남풍이 순하게 불었기 때문입니다. 미항을 떠나 뵈닉스로 가기를 주장한 선장과 선주는 남풍이 불어오자 득의양양합니다. 그것 보라고…. 하늘도 우리를 돕지 않느냐며, 항해를 만류한 바울을 비웃습니다. 하지만 이는 섣부른 판단입니다. 출항한 지 얼마 되지 않아 순한 남풍은 순식간에 강한 북동풍으로 바뀌어, 유라굴로라는 광풍이 크게 몰아쳐 왔기 때문입니다. 백부장을 비롯한 선장과 선주가 이번 항해가 위험하다는 바울의 경고에 귀 기울이고 출항을 연기했다면, 충분히 피할 수 있는 위험이었습니다. 그러나 그들은 경고를 끝까지 무시했고, 결국 그 배는 유라굴로라는 광풍에 휩싸이고 맙니다. 우리의 삶도 이와 비슷하지 않습니까? 하나님께서 다양한 사건을 통해 미리 경고하셨음에도, "괜찮겠지"라고 자신을 안심시키며 무시하고 있지는 않습니까? 고집부리면 결국 손해는 자신에게 돌아옵니다.

하나님께서 바울을 통해 미리 위험을 경고하셨음에도 불구하고, 이를 무시하고 출항한 배는, 유라굴로라는 거센 광풍 속에서 이루 말할 수 없는 고통을 겪습니다. 강한 광풍에 의해 원래 가려던 항로를 끝내 포기할 수밖에 없었고, 그로 인해 선장과 선주가 치러야 했던 대가는 실로 막대했습니다. 18-19절은 그로 인한 손실을 이렇게 기록합니다.

**"우리가 풍랑으로 심히 애쓰다가 이튿날 사공들이 짐을 바다에 풀어 버리고 사흘째 되는 날에 배의 기구를 그들의 손으로 내버리니라."**

유라굴로라는 큰 광풍을 만나지 않았다면, 배에 탄 사람들이 그 귀중한 것들을 스스로 버렸을까요? 결코 그렇지 않았을 것입니다. 처음부터 내버린 것이 아니라, 광풍이 닥치고 나서야 어쩔 수 없이 내버리게 된 것입니다. 사람은 자신이 소중하다고 여기는 것을 쉽게 내버리지 못합니다. 그러다 더 소중한 것을 위해 어쩔 수 없이 포기해야 하는 상황이 되어야 비로소 내버립니다. 인생에서 만난 예기치 않은 큰 광풍이 우리에게 주는 선물이 있습니다. 바로 우리의 삶에서 무엇이 정말 소중한 것인지를 분별하게 합니다. 또한, 소유보다 더 중요한 것은 바로 생명이라는 진리를 깨닫게 해줍니다.

그렇게 짐을 계속 바다에 내버리며 배를 가볍게 해 위기를 넘기고 있었지만, 더 심각한 문제는 배에 타고 있는 사람들의 마음속에 소망이 점점 사라지고 있었다는 것입니다.

**"여러 날 동안 해도 별도 보이지 아니하고 큰 풍랑이 그대로 있으매**
**구원의 여망마저 없어졌더라"**(행 27:20).

이는 당시 도무지 멈출 기색조차 없는 거대한 광풍 앞에 선 사람들의 절망적인 마음을 잘 보여줍니다. 그렇게 희망이라고는 찾아볼 수 없던 깊은 절망의 순간에 죄수 바울이 일어나 그들 가운데 서서 비로소 말하기 시작합니다.

바울은 먼저 그들이 이전에 자신의 권고를 받아들이지 않은 것에 대해 아쉬움을 표현합니다.

**"여러분이여 내 말을 듣고 그레데에서 떠나지 아니하여**
**이 타격과 손상을 면하였더라면 좋을 뻔하였느니라"**(행 27:21b).

바울이 죽음에 직면해 살 소망을 잃은 이들에게 과거의 잘못을 언급한 이유는 그들을 정죄하려는 것이 아닙니다. 실패를 통해 교훈을 얻게 하려는 것입니다. 그래야 똑같은 실수를 반복하지 않을 수 있습니다. 새로운 출발은 항상 과거에 대한 깊은 성찰과 반성에서부터 시작됩니다. 하지만 바울은 거기에만 머물지 않습니다.

이어지는 22절 말씀입니다.

**"내가 너희를 권하노니 이제는 안심하라**
**너희 중 아무도 생명에는 아무런 손상이 없겠고 오직 배뿐이리라."**

회초리를 든 후 아픈 부분을 다시 보듬듯, 바울은 멈추지 않는 광풍으로 살 소망을 잃는 사람들을 향해, "안심하라"고 위로합니다. 이어 바울은 "너희 중 아무도 생명에는 아무런 손상이 없겠고 오직 배뿐이리라"고 단언합니다. 극심한 고난 가운데 있을수록 우리가 해야 할 중요한 일이 있습니다. 바울처럼 입을 열어 믿음으로 하나님의 역사를 선포하는 것입니다. 바울이 "너희 중 아무도 생명에는 아무런 손상이 없겠고 오직 배뿐이리라"고 선포했을 때, 사람들은 그 말을 온전히 믿지 못하고 의심 섞인 시선으로 바라봅니다. 그러나 시간이 흐르며, 바울의 믿음의 고백이 현실로 이루어지는 장면을 직접 보게 됩니다.

시대가 어둡고 암담할수록 믿음의 사람들은 희망을 외치고 긍정의 메시지를 전해야 합니다. 우리가 세상을 향해 희망을 외치고 긍정의 메시지를 전하기 위해서 할 일이 있습니다. 먼저, 하나님의 음성을 들어야 합니다. 바울이 극한의 절망 속에서도 소망 가득한 선언을 할 수 있었던 이유는 근거 없는 낙관주의나 자기 확신 때문이 아닙니다. 그것은 간밤에 하나님이 들려주신 확실한 음성을 듣고, 그 말씀을 믿음으로 붙들었기 때문입니다.

바울이 간밤에 들었던 주의 음성이 무엇입니까?

**"나의 속한 바 곧 나의 섬기는 하나님의 사자가 어제 밤에 내 곁에 서서 말하되 바울아 두려워하지 말라 네가 가이사 앞에 서야 하겠고 또 하나님께서 너와 함께 항해하는 자를 다 네게 주셨다 하였으니"**(행 27:23-24).

하나님은 바울에게 "두려워하지 말라"고 하십니다. 바울 역시 끝없이 몰아치는 큰 광풍 앞에서 내심 두려워하는 마음이 있었던 것입니다. 하나님께서 두려워하지 말라고 하시면서 바울에게 주신 두 가지 약속이 있습니다. 첫째, "네가 가이사 앞에 서야 하겠다"라고 약속하십니다. 둘째, 하나님은 바울에게 "너와 함께 항해하는 자를 다 네게 주셨다"라고 약속하십니다. 이는 바울만이 아니라 바울과 함께 배에 타고 있는 모든 사람들의 생명까지도 모두 구해 주시겠다는 것입니다.

바울이 그 배에 타고 있었기 때문에 함께 있는 사람들이 복을 받았습니까? 아니면 화를 받았습니까? 모두가 복을 받았습니다. 바울이 탄 배가 큰 광풍을 만났음에도 사람들이 모두 살아나게 된 것은 믿음의 사람바울이 그 배에 타고 있었기 때문입니다.

예수 믿는 사람은 세상을 향해 바로 이런 사람이 되어야 합니다. 그리스도인은 세상을 향해 갑질하며 군림하는 사람이 아닙니다. 그리스도인으로 살다 보면, 우리는 세상 사람들 앞에서 '갑'이 아닌 '을'의 처지에 놓일 때가 많습니다. 힘이 없어서가 아니라 복음 전파에 방해가 되지 않기 위해서입니다. 그리스도인으로 살아가는 우리의 사명이 있습니다. 그것은 내가 속한 공동체 안에서 바울처럼 은혜와 축복의 통로가 되는 것입니다.


간밤에 하나님의 사자를 통해 소망 어린 약속의 말씀을 들은 바울은 그 내용을 배안에 있는 다른 사람들에게 담대하게 선포합니다. 바울이 그렇게 선포할 수 있었던 이유가 있습니다.

**"그러므로 여러분이여 안심하라**

**나는 내게 말씀하신 그대로 되리라고 하나님을 믿노라"**(행 27:25).

당시 주위 상황을 떠올릴 때, 그 순간에 "나는 내게 말씀하신 그대로 되리라고 하나님을 믿노라"는 말을 사람들 앞에서 고백하는 것은 절대 쉽지 않은 일입니다. 그럼에도 바울은 담대히 고백합니다.

겉모습만 보면 바울은 로마로 끌려가는 죄수에 불과합니다. 그러나 과연 그를 죄수라 부를 수 있겠습니까? 배 위에서 주도권은 백부장, 선장, 선주, 다수의 사람들에게 있는 것처럼 보였습니다. 하지만 진정으로 그 배를 이끌어간 사람은 바로 바울이었습니다. 이런 바울이 타고 있었기에 유라굴로라는 초대형 광풍을 만났음에도 당시 배에 있던 276명 중 단 한 명도 죽지 않았습니다. 절망적인 상황 속에서도 하나님을 신뢰하고 그분의 말씀을 붙드는 한 사람이 있다면, 그 공동체는 결코 무너지지 않습니다.

성경 전체를 보면, 하나님은 구원의 방법을 고민하신 적이 단 한 번도 없습니다. 넘실대는 홍해 앞에서나, 철옹성과 같았던 여리고 성 앞에서도, 하나님은 전혀 고민하지 않으셨습니다. 그러나 하나님을 온전히 신뢰하는 믿음의 사람이 없으므로 인해 근심하셨습니다. 불의와 불신이 팽배한 이 시대에 꼭 필요한 사람이 있습니다. 하나님의 음성을 듣고, 세상 사람들에게 "안심하라, 나는 내게 말씀하신 그대로 되리라고 하나님을 믿노라"고 담대히 선언하는 사람입니다.

동해안 삼척의 추암해변에 가면 촛대바위 주변에 조각공원이 아담하게 조성되어 있습니다. 추암해변 주변 조각공원을 둘러보던 중 제 눈길이 머물렀던 한 조각상이 있었습니다. 한 사람이 팔을 휘저으며 앞으로 나아가는 모습이 새겨진 이 조각상의 제목은 "바람이 불어도 가야 한다 (Go through harsh winds)"입니다.

우리가 걷는 믿음의 여정 가운데 로마로 가던 사도 바울이 만난 유라굴로라는 광풍처럼 예기치 못한 거센 바람을 만날 때가 있습니다. 그때 우리는 좌절하거나 두려움으로 걸음을 멈추지 말아야 합니다. 아무리 바람이 거세게 불어도 앞으로 나아가야 합니다. 바람이 불어도 나아가야 하는 이유는 '내게 말씀하신 그대로 이루시는 하나님'을 우리가 믿기 때문입니다.

두려움과 용기는 놀라운 공통점이 있습니다. 둘 다 전염성이 매우 강합니다. 그러나 그 결과는 동이 서에서 멀 듯 완전히 다릅니다. 한 사람의 두려움은 공동체 전체를 낙심하게 하지만, 한 사람의 용기는 공동체 전체에 희망과 위로를 가져옵니다. "나는 내게 말씀하신 그대로 되리라고 하나님을 믿노라"라는 바울의 고백은 큰 풍랑으로 구원의 여망을 잃어버린 사람들에게 살아갈 힘과 용기를 주었습니다. 바울처럼 두려움이 아닌 믿음으로, 주저함이 아닌 확신으로, 삶 속에서 "나는 내게 말씀하신 그대로 되리라고 하나님을 믿노라"라는 고백을 선포하며 나아가십시오. 그 길 끝에서 하나님의 놀라운 구원의 역사를 반드시 보게 될 것입니다.

**한마디 기도**

큰 광풍 앞에서도 하나님을 신뢰한
바울의 영성을 품고 살게 하소서.

# 담대하게 거침없이

**사도행전 28:11-31**

하나님의 나라를 전파하며

주 예수 그리스도에 관한 모든 것을

담대하게 거침없이 가르치더라(행 28:31)

하늘에 구멍이라도 뚫린 듯 쏟아지기 시작한 빗속에 텅 빈 경주 트랙을 달리는 마지막 주자가 있습니다. 승부는 진작에 가려졌으니 포기할 법도 하지만, 선수는 멈추지 않습니다. 2023년 5월 8일, 캄보디아 프놈펜에서 열린 제32회 동남 아시안게임 여자 육상 5,000미터 결승에 출전한 캄보디아 육상선수 보우 삼낭입니다. 이미 6분 전 우승자가 가려졌고 다른 선수들도 속속 결승선을 통과한 뒤, 보우 삼낭이 홀로 트랙을 뛰던 즈음 억수 같은 비가 쏟아지기 시작합니다. 그런데도 그는 거센 폭우를 뚫고 비에 흠뻑 젖은 가운데 경기를 끝까지 완주합니다.

그렇게 보우 삼낭이 22분 54초 만에 마지막 결승점을 통과하자 꼴찌였음에도 관중석에서는 환호와 격려의 함성이 터졌습니다. 보우 삼낭은 결승점을 통과한 후 참았던 울음을 터트리며 캄보디아 국기를 들어 올립니다. 경기 후 방송 인터뷰에서 왜 도중에 포기하지 않았느냐는 질문에 보우 삼낭이 했던 대답입니다.

"인생에서 조금 느리든 빠르든 목적지에 결국 도달한다는 걸 보여주고 싶어서 끝까지 뛰었습니다. 우리는 포기하지 말고 최선을 다해야 합니다."

사람마다 걷는 보폭이 다르듯 주어진 인생을 사는 모습도 각각 다릅니다. 어떤 사람은 느리고 어떤 사람은 빠릅니다. 하지만 우리는 모두 도중에 포기하지 않았기에, 나름대로 최선을 다했기에 이곳에 있는 것입니다. 여기에 이르게 하신 하나님의 은혜에 감사드립니다.

부활하신 예수님은 예수님으로 인해 붙잡혀 갈까 두려워 문밖에도 나가지 못하는 제자들에게 **"오직 성령이 너희에게 임하시면 너희가 권능을 받고 예루살렘과 온 유대와 사마리아와 땅끝까지 이르러 내 증인이 되리라"**(행 1:8)고 약속하셨습니다. "예루살렘을 넘어 온 유대로, 유대를 넘어 사마리아로, 사마리아를 넘어 땅끝까지 이르러 내 증인이 된다"라고⋯.

현실과 너무나 거리가 먼 허황한 이야기처럼 들렸습니다. 그런데 30여 년의 시간도 채 지나지 않아, 복음이 예루살렘을 넘어 유대, 사마리아 그리고 유럽까지 전해지더니, 제국의 수도 로마까지 전해집니다. 그 이야기가 본문의 이야기입니다. 믿음 안에서 꾸는 꿈은 반드시 이루어집니다. 마침내 제국의 심장인 로마에 도착하여 복음을 전하는 바울의 모습이 그 증거입니다.

바울이 로마에 입성하기까지 그 과정은 참으로 힘들었습니다. 예루살렘으로 올라가 재판받으라는 유대 총독 베스도 제안에 달리 선택의 여지가 없었던 바울은 최후로 가이사께 상소합니다. 이후 바울은 황제 가이사에게 재판받기 위해 로마에 압송됩니다. 그런데 그를 압송하던 배가 항해 중에 유라굴로라는 큰 광풍을 만나 바울을 비롯하여 그 배에 탄 276명이 모두 수장될 위기에 직면합니다. 큰 광풍을 만났음에도 배

안에 타고 있는 276명 중 단 한 명도 생명을 잃지 않고 모두 구원받습니다. 로마에서 복음을 전할 사명을 가진 바울이 타고 있었기 때문입니다. 그런데 위험은 바다에만 있지 않았습니다.

난파된 배에서 가까스로 멜리데 섬에 상륙한 바울은 추위를 녹이기 위해 불을 쬐다가 나무 묶음 속에 있던 독사에게 물리고 맙니다. 멜리데 섬 원주민들은 독사에게 물린 바울을 보고 **"진실로 이 사람은 살인한 자로다 바다에서는 구조를 받았으나 공의가 그를 살지 못하게 함이로다"**(행 28:4)라고 수근거립니다. 그런데 독사에게 물렸음에도 죽지 않자 원주민들이 바울을 신으로 추앙할 정도로 권위를 인정하게 됩니다. 놀라운 역전입니다. 하나님을 사랑하는 자 곧 그 뜻대로 부르심을 입은 자에게는 모든 것이 합력하여 선을 이룹니다.

이후 멜리데 섬에서 석 달을 머문 바울과 일행은 그 섬에서 과동한 알렉산드리아 배를 타고 다시 목적지인 로마를 향합니다. 수라구사와 레기온과 보디올을 거쳐 마침내 바울 일행은 목적지인 로마에 도착합니다. 수많은 위기를 넘기며 마침내 로마에 도착한 바울의 심경이 어떠했을까요? 마음 한편에는 깊은 안도감이, 다른 한편에는 알 수 없는 미래로 인해 마음에 짓눌림이 있었을 것입니다. 그런데 그 마음의 짓눌림은 그리 오래가지 않았습니다.

**"그곳 형제들이 우리 소식을 듣고 압비오 광장과 트레이스 타베르네까지 맞으러 오니 바울이 그들을 보고 하나님께 감사하고 담대한 마음을 얻으니라"**(행 28:15).

어떻게 알았는지 바울이 로마에 당도했다는 소식을 전해 들은 그곳 형제들이 압비오 광장과 트레이스 타베르네까지 맞으러 나옵니다. 바다의 섬처럼 나 홀로라고 생각했는데 이미 로마에도 주를 믿는 형제들이 있었습니다. 전혀 기대하지 않았는데 광장으로 자신을 맞으러 나온 로마의 형제들로 인해 당시 바울이 경험한 은혜가 있습니다.

**"바울이 그들을 보고**

**하나님께 감사하고 담대한 마음을 얻으니라"**(행 28:15b).

바울이 얼마나 위대한 사도입니까? 하지만 그 역시 누군가의 위로와 격려가 필요한 연약한 인간이었습니다. 누군가의 위로와 격려가 필요 없을 만큼 그렇게 강한 사람은 세상에 없습니다.

현재 미국 워싱턴 중앙장로교회를 담임하여 섬기는 류응렬 목사님의 『사람마다 향기다』라는 책에 보면, 자신이 미국 이민 목회를 하면서 들어본 말들 중 가장 격려가 되었던 말이 소개되어 있습니다. "목사님, 우리 교회를 통해 목사님의 꿈을 마음껏 펼치세요. 우리 교회는 하나님이 목사님에게 주신 그 비전을 이루어 드리는 것만 해도 최고의 교회가 될 겁니다." 류응렬 목사님은 그 한마디를 "목사에게 날개를 달아 준 한마디"라고 고백합니다. 우리가 건네는 한마디가 누군가에게 평생 잊을 수 없는 위로와 격려로 기억되기를 바랍니다.

형제들의 따뜻한 환대 속에 마침내 로마에 입성한 바울은 도착한 지 사흘 만에 로마에 사는 유대인 중 높은 사람들을 청하며 만납니다. 그리고 그들에게 로마에 자신이 쇠사슬에 매인 바 되어 죄수로 끌려온 것은 자신이 지은 죄 때문이 아니라 **"이스라엘의 소망으로 말미암아"**(행 28:20)라고 말합니다. 대개 사람들은 고난이나 역경이 끝나면 자신의 성공담을 자랑하고 싶어 합니다. 로마에 당도하기까지 바울은 유라굴로라는 큰 풍랑에서 살아남은 이야기, 독사에게 물렸으나 죽지 않은 이야기 등, 자랑할 만한 무용담이 차고 넘쳤습니다. 하지만 바울은 이후 다시 자신을 찾아온 사람들에게 자신의 과거 무용담을 자랑하지 않고 가장 먼저 복음을 전합니다.

그 모습이 23절입니다.

**"그들이 날짜를 정하고 그가 유숙하는 집에 많이 오니 바울이 아침부터 저녁까지 강론하여 하나님의 나라를 증언하고 모세의 율법과 선지자의 말을 가지고 예수에 대하여 권하더라."**

자신을 찾아온 유대인들에게 아침부터 저녁까지 바울이 강론한 내용은 하나님 나라와 예수 그리스도에 관한 것이었습니다. 바울이 **'하나님 나라'**와 **'예수 그리스도'**를 강론하자 믿는 사람도 있었지만 믿지 않고 거부하는 사람도 있었습니다.

바울이 전한 복음을 듣고 사람들이 보인 모습은 오래전 선지자 이사야가 말씀을 전할 때 이스라엘 백성들이 보인 모습과 동일했습니다. 선지자 이사야가 마치 피를 토하는 심정으로 하나님의 말씀을 전했지만, 이스라엘 백성들은 듣기는 들어도 도무지 깨닫지 못했습니다. 마음이 우둔하여져서 그 귀로는 둔하게 듣고 그 눈은 감았기 때문입니다. 같은 비를 맞지만, 산 나무는 더 살고 죽은 나무는 그 비로 더욱 썩는 것처럼 거듭난 자는 하나님의 말씀을 들을 때에 더욱 생명이 풍부해지고 그렇지 못한 자는 더 강퍅해집니다. 그래서 들을 귀 있는 자가 복된 것입니다.

유대인들에게 자신이 전한 구원의 복음이 받아들여지지 않는 상황 중에서도 바울이 마지막까지 멈추지 않고 한 일이 있습니다.

**"바울이 온 이태를 자기 셋집에 머물면서**
**자기에게 오는 사람을 다 영접하고"**(행 28:30).

바울은 이후 2년간 자기 셋집에 머물면서 자기에게 오는 사람을 다 영접했습니다. 여기 '셋집'은 '세(hire)를 내는 집'이라는 뜻입니다. 오늘날의 월세 혹은 전셋집이라고 할 수 있습니다. 바울의 셋집에는 호의적인 사람만이 아니라 적대적인 사람들도 찾아왔을 것입니다. 하지만 바울은 찾아오는 사람이 누구든지 차별하지 않고 다 영접했습니다.

그렇게 이태동안 자기 셋집에 머물면서 자기에게 오는 사람을 다 영접한 바울이 마지막까지 한 일이 있습니다.

**"하나님의 나라를 전파하며 주 예수 그리스도에 관한 모든 것을
담대하게 거침없이 가르치더라"**(행 28:31).

사도행전은 1장의 예수님께서 제자들에게 말씀하신 '하나님 나라'로 시작해서 마지막 28장 바울이 전하는 '하나님 나라'로 끝나고 있습니다. 마치 '하나님 나라'라는 단어가 사도행전 전체를 감싸 안고 있는 모습입니다. 바울은 자신이 구금된 로마의 셋집에서 하나님 나라와 예수 그리스도에 관해 **'담대하게 거침없이'** 가르칩니다. 여기 '담대하게 거침없이'라는 표현은 단순한 언어적 수사가 아닙니다. 이는 사도행전 전체의 결론적 주제를 담고 있습니다.

먼저 '담대하게'입니다. '담대하게'는 헬라어로 '파레시아(παρρησα)'인데, 이는 우리 말로 '담대하게 말하기'로 직역할 수 있습니다. '파레시아'는 아첨을 거절하고 진실에 토대를 둡니다. 그로 인해 필연적으로 고난이 뒤따릅니다. 그 생생한 본보기가 바로 우리 주님 예수님입니다. 왜 유대 종교 지도자들이 그토록 예수님을 죽이려 했을까요? 예수님께서 돌처럼 굳어진 그들의 잘못된 종교적인 관행을 지적하며 '파레시아'했기 때문입니다. 예수님을 따르며 닮기를 원하는 제자들에게 그래서 꼭 필요한 신앙적 덕목은 바로 '파레시아'입니다.

'파레시아'와 함께 주목해야 할 단어는 짝을 이룬 '거침없이'라는 단

어입니다. '거침없이(ἀκωλύτως)'는 문자적으로 '그 어떤 장애물도 없이' 라는 뜻으로 방해를 받지 않는다는 의미입니다. 이는 외적인 박해에도 위축되지 않고 복음을 전파하는 모습으로 바울을 통해 전파되는 복음을 그 누구도 막을 수 없었다는 역설적인 승리를 보여줍니다. 쇠사슬에 매였으나 '담대하게 거침없이' 로마의 셋집에서 복음을 전하는 바울의 모습은 그 어떤 어려운 시대 일지라도 복음을 전해야 하는 교회의 사명을 상기시킵니다.

로마에서 바티칸 성당 다음으로 두 번째로 규모가 큰 성당이 있습니다. 로마에서 참수형을 당한 바울의 시신이 묻힌 곳에 바울을 기념하여 지어진 성 바울 대성당입니다. 그 성 바울 대성당 앞 정원에 말씀의 검을 가지고 있는 바울의 동상이 서 있습니다. 그 바울 동상의 받침대에는 라틴어로 다음의 글이 새겨져 있습니다.

PRAEDICATORI VERITATIS

DOCTORI GENTIUM

"실로 사람들에게 진실만을 가르쳐 준 사람"

숨을 거두는 마지막 순간까지 '담대하게 거침없이' 하나님 나라와 예수 그리스도의 복음을 전한 바울에게 가장 적합한 호칭입니다. 복음은 시대의 바위와 장벽을 만나지만 '담대하게 거침없이' 복음을 전하는 사람을 통해 반드시 은혜의 바다에 도달하게 됩니다.

이제 사도행전을 마무리하면서 마지막으로 생각할 것은 사도행전의 마지막 28장 31절이 오늘날 이 시대를 살아가는 우리에게 던지는 도전입니다.

**"하나님의 나라를 전파하며 주 예수 그리스도에 관한 모든 것을**
**담대하게 거침없이 가르치더라"**(행 28:31).

사도행전의 대미를 장식하는 이 마지막 28장 31절은 사도행전을 끝
맺는 결론치고는 다소 밋밋해 보입니다. 그럼에도 사도행전은 열린 결
말로 끝을 맺습니다. 그 마지막이 마침표가 아니라 쉼표처럼 끝을 맺습
니다. 이후 바울의 삶은 어떻게 되었는지, 그의 재판은 어떤 방향으로
진행되었는지에 관해서는 아무런 언급도 하지 않습니다. 다만 바울을
통해 하나님 나라와 주 예수 그리스도에 대한 말씀이 로마에서 '담대하
게 거침없이' 계속해서 전파되고 있음만을 보여줍니다. 이와 같은 결말
은 뭔가 극적인 장면을 기대했던 사람들에게는 아쉬울 수 있습니다. 하
지만 사도행전의 열린 결말이 오늘 우리에게 던지는 중요한 메시지가
있습니다.

그것은 복음의 바톤이 이제 바울에서 교회에 맡겨졌다는 상징적인
선언입니다. 다시 말해, 사도행전의 열린 결말은 이 시대에 사도 바울이
건네준 복음의 바톤을 이어받아 땅끝까지 복음을 전할 사람을 부르고
있는 것입니다. 그 부르심에 응답할 준비가 되어 있습니까?

사도행전은 28장으로 끝났지만, 복음 전파는 사도행전 28장에서 끝
나지 않습니다. 쓰여야 할 '사도행전 29장(Acts 29)'이 아직 남아 있습니
다. 그 사도행전 29장은 믿음으로 응답하는 사람을 통해 쓰일 것입니다.
이 땅의 교회가 이 시대에 사도행전 29장을 써 내려가는 교회가 되어야
합니다. 우리의 인생이 '사도행전 29장(Acts 29)'을 써 내려가는 인생이
되어야 합니다.

**복음은 반드시 승리합니다.**

**한마디 기도**

'담대하게 거침없이' 복음을 전하므로
우리의 남은 인생이 사도행전 29장의 이야기가 되게 하소서.

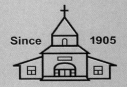
Since 1905